Kronik

CUMHURİYET'İN İLK YÜZYILI
1923-2023

—

İLBER ORTAYLI – İSMAİL KÜÇÜKKAYA

KRONİK KİTAP: 22
Türkiye Tarihi Dizisi: 3

YAYIN YÖNETMENİ
Adem Koçal

EDİTÖR
Can Uyar

KAPAK TASARIMI
CUMBA.CO

MİZANPAJ
Kronik Kitap

1. Baskı, Ekim 2012
35. Baskı, Ekim 2023, İstanbul

ISBN
978-975-2430-08-2

KRONİK KİTAP
Şakayıklı Sk. No8, Levent
İstanbul - 34330 - Türkiye
Telefon: (0212) 243 13 23
Faks: (0212) 243 13 28
kronik@kronikkitap.com

Kültür Bakanlığı Yayıncılık
Sertifika No: 49639

www.kronikkitap.com
kronikkitap

BASKI VE CİLT
Optimum Basım
Tevfikbey Mah. Dr. Ali Demir Cad. No: 51/1
34295 K. Çekmece / İstanbul
Telefon: (0212) 463 71 25
Matbaa Sertifika No: 41707

CUMHURİYET'İN İLK YÜZYILI

1923 - 2023

İLBER ORTAYLI - İSMAİL KÜÇÜKKAYA

Kronik

İLBER ORTAYLI

1947 yılında doğdu. İlk ve orta öğrenimini İstanbul ve Ankara'da tamamladı. 1965'te Ankara Atatürk Lisesi'nden mezun oldu. Ankara Üniversitesi Siyasal Bilgiler Fakültesi (1969) ile Ankara Üniversitesi Dil ve Tarih-Coğrafya Fakültesi Tarih Bölümü'nü bitirdi. Viyana Üniversitesi'nde Slavistik ve Orientalistik okudu. Chicago Üniversitesi'nde yüksek lisans çalışmasını Prof. Dr. Halil İnalcık ile yaptı. "Tanzimat Sonrası Mahalli İdareler" ile doktora derecesi, 1979'da "Osmanlı İmparatorluğu'nda Alman Nüfuzu" çalışmasıyla da doçent unvanı aldı. 1983'te istifa etti. Viyana, Cambridge, Kudüs, Oxford, Berlin ve Moskova üniversitelerinde misafir öğretim üyeliğiyle birlikte seminerler ve konferanslar verdi. Yerli ve yabancı bilimsel dergilerde Osmanlı tarihinin 16.-19. yüzyılı ve Rusya tarihiyle ilgili makaleler yayımladı. 1989'da Ankara Üniversitesi Siyasal Bilgiler Fakültesi İdare Tarihi bilim dalı başkanı olarak göreve başladı. Ortaylı, 2005-2012 arasında Topkapı Sarayı Müzesi Başkanlığı görevini sürdürmüştür. 2002-2014 arasında Galatasaray Üniversitesi Hukuk Fakültesi'nde Hukuk Tarihi dersleri veren Ortaylı, hâlen bu üniversitede misafir öğretim üyesi olarak ders vermeye devam etmektedir. Almanca, İngilizce, Fransızca, Rusça ve Fars dillerinde yazışma yapabilir. Ortaylı, Uluslararası Osmanlı Etüdleri ve Avrupa İranoloji Cemiyeti üyesi, Rusya Federasyonu Bilimler Akademisi Şarkiyat Şubesi onursal profesörü ve Bosna Hersek, Makedonya ve Karadağ Bilim ve Sanat akademileri üyesidir.

İSMAİL KÜÇÜKKAYA

1972 Kütahya Simav doğumlu. İlk ve orta öğrenimini Kütahya'da tamamladı. 1993 yılında Gazi Üniversitesi İletişim Fakültesi Gazetecilik Bölümü'nden mezun oldu. 1991 yılında *Hürriyet* Gazetesi'nde başladığı muhabirlik görevine daha sonra *Sabah* ve *Star* gazetelerinde devam etti. 2000 yılında *Akşam* Gazetesi'nde köşe yazarlığına başladı. 2003 yılında Akşam'daki yazılarının yanı sıra SKYTÜRK Televizyonu Ankara Temsilciliği görevine getirildi. 2005–2008 yılları arasında *Akşam* Gazetesi'nin Ankara Temsilcisi olarak çalıştı. 2008-2013 yılları arasında *Akşam* Gazetesi'nin Genel Yayın Yönetmenliği'ni yaptı. 2013 yılı Eylül ayından itibaren FOX Televizyonu sabah haber kuşağını hazırlayıp sunmaktadır. Aşina Kitaplar'dan yayınlanan İlber Ortaylı, Hilmi Yavuz, Ahmet İnam, Erol Göka ve Cengiz Güleç'in çeşitli kitaplarının editörlüklerini yaptı. 2008 yılında *Cumhuriyetimize Dair* adlı kitabı yayına hazırladı. 2016'da *Korkma* adlı kitabı kaleme aldı.

İÇİNDEKİLER

ÖNSÖZ 7
SUNUŞ 9

1 **1923'E GİDEN YOL** 15
"SON İMPARATOR" ABDÜLHAMİD 17
İTTİHATÇILAR VE BİRİNCİ DÜNYA SAVAŞI 32
MİLLÎ MÜCADELE YILLARI 47
BİRİNCİ MECLİS VE CUMHURİYET'İN KURULUŞU 58

2 **MUSTAFA KEMAL ATATÜRK** 71
TÜRKİYE MAREŞALİ 73
SALTANAT'TAN CUMHURİYETE GİDEN YOL 90
CUMHURİYET; YENİ VATAN, YENİ CEMİYET 107
ATATÜRK'ÜN ÖZEL HAYATI "İNKILAPÇININ ÇOCUĞU OLMAZ" 114
DİNÎ HAYAT VE DÜZENLEMELER 119
KEMALİZM 126

3 **İSMET İNÖNÜ DEVRİ** 131
"İKİNCİ ADAM" 133

4 **ADNAN MENDERES DEVRİ** 151
CUMHURİYET TARİHİNİN ALTIN YILLARI MI? 153

5 **KARIŞIKLIKLAR DEVRİ** 175

1960'LARDAN 1980'LERE 177

6 **ÖZAL'DAN ERDOĞAN'A** 201

1980'LERDEN 2000'LERE 203

TÜRKİYE'DE SİYASİ DEĞİŞİM 214

DIŞ POLİTİKA 220

7 **2023'E DOĞRU TÜRKİYE/YÜZÜNCÜ YILINDA CUMHURİYET** 231

NASIL BİR TÜRKİYE? 233

NASIL BİR CUMHURİYET? 271

DİZİN 285

ÖNSÖZ

Elinizdeki kitap Cumhuriyetimizin ilk yüzyılı üzerine bir değerlendirme. Cumhuriyet, Türklerin cumhuriyeti, Osmanlı İmparatorluğu da Türklerin imparatorluğu olduğuna göre ikisinin arasındaki kültürel, siyasi, idari ve hukuki devamlılık açıktır. Bu nedenledir ki kitapta Tanzimat dediğimiz Türkiye'nin modernleşme döneminden başlayarak Cumhuriyet'in 100. yılı olan 2023'e doğru safha safha ilerliyoruz.

Türklerin son iki asrı bütün Doğu dünyasında ve Balkanlarda dikkatle gözden geçirilmesi gereken büyük bir tarihi yolculuktur. Bu nedenle de Dünya Tarihi'nin önemli bir parçasıdır ve dikkatle üzerinde durulmalıdır.

İsmail Küçükkaya dostum bana yakın tarih üzerine sorulu-cevaplı bir mülakat önerdiğinde geçmişten günümüze Cumhuriyet'in tarihini yeni baştan anlatmak gerektiğini ve okurlarımıza âdeta bir rapor vermem gerektiğini düşündüm. Son yüz elli yılın olayları, iktisadi veriler ve anayasa metinlerinin ayrıntılı tahlilinden çok, bazı halde kültürel hareketlere de değinecek bir panorama çizmek istedim.

Bir başka deyişle yakın tarihin bu ilginç panoraması bazı görüşlerimle ve bence literatürde gözden kaçan bazı yazarların deyişlerinden verilen referanslarla sunulmalıydı. Bu kitap ileride planladığım bir tarih çalışması için görüş ve yöntemimi okuyucunun değerlendirmesine de açıyor.

Her türlü değerlendirmeyi şükranla karşılayacağımı belirtmek isterim. Bu kitabın oluşumunda redaksiyonun payı büyük, bu zahmetten kaçınmayan Adem Koçal'a teşekkür borçluyum.

İlber Ortaylı
Eylül 2012
Cağaloğlu

SUNUŞ

"Cumhuriyetimize Dair" söyleyeceklerimiz var.

"Cumhuriyet muhabbetleri"nden oluşan elinizdeki bu kitap, klasik bir tarih çalışması değil, akademik eser ise hiç değil. Sadece bir dizi Cumhuriyet sohbeti...

Ülkemize, devletimize, kendimize ve yakın tarihimizin son asrına bakış...

İlber Hoca ile muhtelif zaman ve mekânlarda yıllar boyu bir araya gelişlerimizin her biri, tadına doyum olmaz tarih, kültür, edebiyat, şehir ve yaşam sohbetleriyle dopdoluydu.

Kitaplarıyla bize Osmanlı'yı sevdiren bilge tarihçimizden bu kez Cumhuriyetimizi, onun kurucusu büyük Atatürk'ü, devletimizin bugüne kadarki serüvenini dinleme şansına nail oldum. Bu, aynı zamanda ülkemizin zor bir coğrafya etrafında şekillenen ve dünya tarihiyle etkileşen en zorlu serüveninin hikâyesiydi. Ben merakla sordum, o da sabırla anlattı. Bazen İstanbul'da uzun bir akşam yemeğinde, bazen bir Urfa, Mardin gezisinde, kimi zaman hafta sonu buluşmalarında veya saray ziyaretlerinde "biz Türkleri" konuştuk...

Yakın tarih anlatılarındaki egemen boşlukların ve kesintilerin farkındaydım. Uzun sohbetlerimiz bu eksikliği gidermeye yönelikti. Söyleşiler gelişip derinleştikçe kendimi bu açıdan daha da şanslı hissetmeye başladım. Keza 2008 yılında yayınlanan *Cumhuriyetimize Dair* isimli kitabımın hareket noktasını da o boşlukları doldurma çabası oluşturuyordu. Kitap çok ilgi görmüştü.

Biz sohbetlerimize hiç ara vermeden devam ediyorduk. Zaman akıyordu, yeni bir kitap için kolları sıvadık. Kendisiyle derinlemesine bir Cumhuriyet incelemesi yaptık.

Yetinmedik, geleceğe ışık tutarak, 2023'ü de konuştuk. Çalışmanın bu yönü, bir tarihçinin gelecek okuması bağlamında ilginçti ve inanıyorum ki İlber Hoca için de heyecan verici bir deneyim oldu.

Çünkü biliyorduk ki, tarihsel süreçlere sadece devrini tamamlamış, kapalı ve ölü zamanlar olarak bakamazdık. Çabamız, geçmişle günümüz arasındaki iç içe geçmiş bağlantıları görebilmek adına kıymetliydi. Tarihe sadece entelektüel merak ve ilgiyi gidermek için değil, bugünü daha doğru bir bakışla kavramak için bakıyorduk.

Evet, nitekim öyleydi... Tarih aslında görkemli, yıkıcı, yakıcı veçheleriyle hemen yanı başımızda bizimle yaşamaya devam edendi. Ama ne idealize edilmiş bir Osmanlı tarihi anlatısı ne de idealize edilmiş Cumhuriyet okuması bu tarihsel boşlukları doldurabilirdi. Birbirinden yalıtılmış, koparılmış ya da birbirini itham eden tarihsel redlerin yarattığı bilinç kaybı maalesef yabancılaşmamızı daha da ağırlaştırmaktan başka bir işe yaramıyordu.

Hâlbuki "Türk çağdaşlaşmasında" Osmanlı döneminin sahip olduğu otokratik ve mekanik mantığın Cumhuriyet tarafından da devam ettirilmesi bir tesadüf değildi. Osmanlı seçkinlerinden Cumhuriyet elitlerine geçen siyasal araçların kullanımındaki sosyal mühendislik benzerliği de...

Kısacası, Cumhuriyet'i içtenlikle seven, ona gönülden bağlı, Atatürk'e derin minnet duyan kuşaklar olarak bu eksik ve kendi gerçekliğimize yetmeyen, zeminsiz bakışın dışına çıkmak zorundaydık.

Tarih süreklilikir, kopamaz. Kesintiye uğramış gibi görünse bile akmaya devam eder. Tarihimiz bir bütün ve onu anlamak için kopuş-süreklilik ilişkisi içinde ona bakmak zorundayız. Biz onu görmesek, yokmuş gibi davransak bile o kendi mekanizmasını çalıştırır.

Bu kitabı yapmamızın temel sebebi budur.

Bizi her daim geçmişle diyaloğa çağıran İlber Hoca, düşünce dünyamızın değerli entelektüelidir. Kültürümüzün bütün yelpazesine aşina bir tarihçi... Dünyanın tarihsel koşullarıyla bizim geçmişimizin paralel okumasını eşzamanlı olarak yapar. Hem mukayeseli hem de senkronize değerlendirebilen bir zihin berraklığına sahiptir. Bunlar bizim ihtiyacımız olan geleceği kurma bilgi ve yönteminin anahtarıdır.

Elbette Cumhuriyet de Osmanlı da bizimdir ve Türklerin tarihidir. Yıkılan imparatorluğun ardından Cumhuriyet'i kurarken tarihte ilk defa devletimizin adına "Türkiye" dedik. O güne kadar Batılılar bizi öyle tanımlıyordu ama biz kendimize hiç 'Türkiyeli' dememiştik... Ta ki Cumhuriyet'e kadar... Osmanlı Türklerin imparatorluğuydu ama bir yandan da pek çok kavmi ve milleti içinde barındırıyordu. Şüphesiz Cumhuriyet, 20. asrın çağdaşlaşma ve refah yaratma idealiyle kurulmuş, "ulus devlet" olarak Türk devlet geleneğinin devamıdır. Osmanlı'yı cihan imparatorluğuna taşıyan ve modern cumhuriyeti kuran öz aslında aynıdır.

Cumhuriyet'in İlk Yüzyılı'na yeni devletimizin yapı taşlarının döşendiği Osmanlı İmparatorluğu'nun modernleşme döneminden başladık.

Bir yandan Atatürk ve silah arkadaşlarının yetiştiği II. Abdülhamid'in modernlik arayışı içinde geçen yıllarını, ama aynı zamanda istibdad günlerini ve buna karşı isyan edip hürriyet arayan genç Osmanlı subaylarını ele aldık.

Millî Mücadele dönemini, özgürlük havasının egemen olduğu Cumhuriyet'in ilk iki yılını ve tek partili zorlu zamanları, ardından gelen çok partili siyasal yaşamın başladığı 1946-1950'li yılları...

1913 Babıali Baskını'yla başlayan darbeler tarihini...

Yeni devletin ilk gününden itibaren çözmeye çalıştığı kadim problemleri; Kürt Sorunu'nu, "irtica" meselesini ve eğitim konusunu...

İslâmcılıktan milliyetçiliğe, merkez sağdan sosyal demokrasiye bütün siyasal akımları...

Türk siyasi tarihinin ana damarlarını...

Demokratik, hür rejim arayışlarımızı...

1876'dan 1924'e ve 1982'ye anayasa metinlerimizi... Bizleri 2023'e taşıyacak yeni anayasa özlemimizi...

Asırlık dış politikamız, ikili ilişkilerimiz, uluslararası kuruluşlardaki temsiliyetimiz, Kıbrıs Barış Harekâtı, AB macerası ve Ortadoğu politikalarımızı...

Şehirleşme, üniversiteleşme, gecekondulaşma, ekonomik büyüme, yolsuzluklar, gündelik yaşamdaki nitelik ve kalite kaybı gibi en güçlü sosyolojik dinamik ve gelişmeleri...

Yani bizi biz yapan ve bugünlere taşıyan önemli tarihsel dinamikleri...

Değişen dünya içinde kendisini durmaksızın dönüştüren bir ülke olduğumuz aşikâr... 2000'li yıllarda bir kez daha kabuk değiştiren yepyeni bir sürecin içine girdik. Dolayısıyla bu hızlı ve radikal yeniden yapılanmanın bütün sancı ve sıkıntılarını da yaşayarak yol alırken, Cumhuriyetimiz birinci asrını doldurmak üzere... Üstelik 21. yüzyılın küreselleşmiş dünyasında, büyüyen ekonomisiyle kendini bu yüzyılın aktör ülkeleri arasında konumlama iddiasında... Tüm bu koşullar göstermekte ki Türkiye Cumhuriyeti'nin kendine has tarihi, toplumsal ve siyasal gerçekliği yeniden ve daha da yakından bakılmayı ve yorumlanmayı hak ediyor. Biz bunu yaparken kendimizi kolaycı, toptancı, inkârcı, reddiyeci, methiyeci veya yüceltici kalıplara mahkûm etmedik. Olguların tarihsel koşullarını yok saymadan, bugünün zihin kategorileriyle ve angajmanlarıyla kendimizi sınırlandırmadık.

Bu kitap bir yorum kitabıdır, yüzyıllık Cumhuriyetimizin yorumu...

Bu kitabın temeli *Cumhuriyetimize Dair*'dir. Bu nedenle Aşina Kitaplar'a ve onun kurucusu Nihal Kemaloğlu'na teşekkür borçluyum. Elinizdeki *Cumhuriyet'in İlk Yüzyılı*'nın ortaya çıkmasında ve hazırlanmasında büyük katkıları olan Kronik Kitap'a ve editörüm Adem Koçal'a içtenlikle teşekkür ediyorum.

İsmail Küçükkaya

1

1923'E GİDEN YOL

"SON İMPARATOR" ABDÜLHAMİD

29 Ekim 1923'te Cumhuriyetimiz kurulunca tarihte ilk defa kendi adımızla andığımız, "Türkler" dediğimiz bir devlet kuruluyor: Türkiye Cumhuriyeti. Türk kimdir?

Türklerin etnik yapısı bellidir. Türkler Asyalıdır. Hem de Doğu Asyalıdır. Orhun bölgesi Altayların eteğindedir. Bu kavim Moğollarla etnik yönden ilgili değildir. Çünkü birtakım orijinal kelimeler, sayılar Moğollardan ayrı olduğunu gösteriyor. Âdetler çok farklı. Türkler, 10. asırda İslâmlaşmaya başlamıştır. Çok da uzun sürmüş, 18. asra kadar devam etmiştir. Türkler göçebe, at göçebesidir. İşte bunun için çok teşkilatçıdır, çok askerîdir. Cins cins göçebeler vardır. Mesela Arap göçebesi de Arap'la aynı değildir, çok dinamiktir. Kendine göre sanatı vardır, dili güzel kullanır, mantıklıdır. Çok ekonomiktir. Çölü sever ve iyi hareket eder. Çöl Arapları, mektep bitirse bile iş tutmak için çölüne döner. Şehirde kalanla hiç bağdaşamaz. Ortaçağ'da devlet çöl Araplarından gelme bir organizasyondu. Türk devlet geleneği de bunun için köklüdür. Kökü eskiye gider.

"Osmanlı Barışı" (Pax Ottomana) ve günümüzde "Türk Barışı" diyerek bir özgün modelden bahsediyoruz. Türk modeli denilince ne anlayacağız, ne gibi unsurların üzerinde duracağız?

Türkleri konuşurken önce büyük bir coğrafyada ve inanç dünyasında Türkiye'nin öncülük rolünü bileceğiz. Bu önemli bir konudur. Bize modellik edecek başka kimse yok, ulus yok. Biz herkesin modeli olma durumundayız.

Bu modelin ne olduğuna gelince... Bir kere laik bir milliyetçilik, ikincisi modernleşme. En başta zaruri olarak yapılmış, başkalarının tepkisini çekmiş. Hâlbuki öyle olmaması gerekiyordu. Zaman geçtikçe bunların kaçınılmaz yönelimler ve gelişmeler olduğu anlaşılıyor.

Türklerin toplumsal özelliklerini anlatırken tarih boyu mültecilere kucak açmasını özellikle vurguluyorsunuz.

Türkiye İmparatorluğu çok mülteci kabul etmiştir ve bu mültecilerin topluma katkısı çoktur; sadece Avrupa'dan gelenler değil, geçmişte İran- Orta Asya üzerinden gelenler de. Hint'ten göç edenleri de ta Ortaçağlardan beri kabul etmiştir.

Bu bize nasıl bir işaret verir? Avrupa, Yahudileri uzaklaştırırken biz nasıl kucak açıyoruz? Bu bizim hangi özelliğimize işaret ediyor?

İmparatorluk, sığınanı alır çünkü işine yarar, kullanır da. Onu da düşünür ve bilir. Zanaat gelir, sanat, maharet gelir o insanlarla, para gelir. Onu da görür. Ama ilk baştaki tutumu çok alicenap ve geniş görüşlü bir tutumdur. Yabancı düşmanı toplum, zaten imparatorlukla bağdaşır bir vak'a değildir.

Devlet geleneğimiz içinde ayırt edici özelliğimiz olarak Türklerin askerî sistemi ve teşkilatı öne çıkıyor.

Türkiye'nin ayırt edici özelliğinin başında asker toplum olması gelir. Türkler asker toplumdur. Anadolu'ya Avrupa'daki kavimler göçüne göre daha geç gelip yerleştik. Türk olarak burayı fethediyorsun ve ayakta durmak zorundasın. Ayrıca Türk göçebeliği müthiş bir örgütlenmeye dayanır. Her göçebe birbirine benzemez ve göçebelerin kendilerine göre bir yapıları var. Mesela 6. asırda İstemi Yabgu'ya giden Bizans Elçisi Kilikyalı Zemarkhos bile Göktürkler'in ilginç yaşamını görüp seyahatnamesinde tarif etmiştir; bu önemli eser henüz Türkçeye çevrilmedi.

İkincisi, o askerliğin kapalı bir zümreye ait olmaması, Türklerin en seçkin adamlarının asker olmasını sağlamıştır. Bu memlekette tıbta, mühendislikte hatta resim ve tercümede bile reform askerlerden başlıyor. Unutmayalım; Ahmed Cevdet Paşa gibi hukukçu ve de tarihçi bir adliye nazırı II. Abdülhamid devrinde sistemi modernleştirmeye başlıyor. Bundan önce reformcular askerî kanatlardı, ilk defa Tanzimat'ın büyük adamları bu geleneği değiştirdi. Devlet, askerî teşkilattır zaten. Hâlâ öyledir. Türkiye'de anti militarist hava olmaz, yaşamaz. Çünkü en teşkilatlı kesim onlardır. Mesela darbe yapıyor, çekiliyorlar. Çünkü terfi aksamıyor. Terfi aksayınca baştakiler gidecek. Terfi sistemi de, örgütlenme de önemlidir. Orada okuma ve kariyer esasları önemli. Bu, özellikler kaybolmaz. Onun için toplumda en çok itimat edilen zümre askerlerdir. Bunu tenkit için "darbeci gelenek"le aynileştirmek gerekiyor. Kimse darbeciliği savunamaz, ama toplum yapısını bilmek gerekir.

Türklerin dünya tarihine katkısı askerlik, teşkilatçılık ve idari mekanizma alanında mı yoğunlaşıyor?

Bulunduğu coğrafya zorlar; sadece dünya tarihinde değil, İslâm dünyası çerçevesinde dahi askerî medeniyettir. İlk önce ordu kuruyor. Sonra orduyu yerleştirecek kışla kuruyor ve orada yeni bir hayat başlıyor. Türkiye budur. Daha 11. asırda başlamış. Çölün ortasında yapılan kervansaray, dağın başında bir kaledir ve kıtalar arası ticareti korur. 13. asırda böyle muhteşem yapılar her yerde görülmez. Şehrin içinde bir sürü mescitler... Bu insanların askerî ve idari katkısı şuradan anlaşılıyor. Dolmabahçe güzeldir, orijinaldir ama Avrupa'da 16., 17. ve 18. asır saraylarının görkemiyle mukayese kabul etmez. Selçuklulardan birçok askerî eser hâlâ dimdik ayakta. Konya Alaaddin Camii denilen ulu caminin yanındaki Alaeddin Köşkü denilen, Selçuklu hükümdar sarayından ise tek duvar kalıntısı var. Bu gösteriyor ki mimaride de hakiki katkı doğrudan doğruya askerîdir.

Bu tarihî gücün gereğini dünden bugüne yeterince yansıtabildiğimizi söyleyebilir misiniz?

Türkiye yakın zamana kadar kabuğuna çekilen, etrafa karışmayan bir ülkeydi. Bu zaman diliminde içtimai vicdan ve şuurunun da kabuğuna çekildiğini görüyoruz. Bu, okul kitaplarına kadar yansıdı. Yeni nesil Balkanları bilmiyor. Dedesi şehit düşmüş, gömülmüş 1912–1913 bozgununda... İnsanlar oradan bin bir zorlukla göç etmiş. Anadolu'dan kime baksan oradan gelmedir; İstanbul'da, Trakya'da, İzmir'de, Orta Anadolu'da, Eskişehir'de yığınlarla karşılaşırsın...

Eskiden milletimiz bu yakın tarihin en acı günlerini hayal meyal hatırlıyordu, bugün ise gençler hiç bilmiyor. "Geçmişi unut, ileriye bak" yavesiyle yakın tarih unutuluyor, zihinden çıkarılıyor. Hakikat çarpıtılarak ortaya konuluyor. Şimdi, burada bakın Türk ne oluyor? Türk, geniş coğrafyada gezinen bir kavimdir. Bu çok açıktır. Milattan sonra 6. asırda Orta Asya'da Göktürkler var. Oradan 1500'lerde hiç kimsenin aklına gelmeyecek bir mesafe ve yerde, Bosna sınırında oturuyorlar. Bin senede olacak iş değil. Sürülerle gelip gitmesi söz konusu değil. Bir devamlılıkla yerleşiyor, oturuyor, çekiliyor, iz bırakıyor. Göçebe Türk deniyor. At göçebeleri denen insanlar nasıl örgütleniyor? Bu çok ilginç, çok tuhaf. Âdeta çekilme, kaybolma kapasitesi yok. Türk kavminin özelliklerinin gelişmesi üzerinde bunun payı var ve bir noktadan sonra yerleşme ve örgütlenmesi artık göçebe yerleşimi ve örgütlenmesi değil. Buna dikkat etmek gerekir. İran, Horasan farklı; Anadolu ve yukarı Mezopotamya farklı ve hele Balkanlar çok farklı safhalar ve nitelik gösteriyor.

Bu yapının ana taşıyıcısı Türkçe mi?

Çok açık. Tarihî deneyim bunu gösteriyor. 11. asır ortalarında Horasan'a, bugünkü Türkmenistan'dan sızıyorlar. Diğer Türkleri yani güçlü Gazne Devleti'ni yeniyorlar ve İran'a sızıyorlar. Devlette ilim hayatında Farsça, Arapça kullanılıyor ama orduda Türkçe kullanılıyor. O insanlar buralara geliyorlar. Türkçe yaygın dil oluyor. Belli bir organizasyonu var. Asker, Türkçe olarak dilini muhafaza ediyor. Türkler, askerî bir örgütlenmedir. Derslerde "Her Türk asker doğar," diye bir slogan var. Lafı böyle bir slogana getireceğiz ama bu doğrudur. Slogan bir şey anlatıyor. Yapılanma askeridir. Mimariye bakın; sivil mimari kamusal ve askerî mimari eserlerin yanında geri kalır. Toplumda esas askerî harcama yapılır. Sadrazam konaklarından elde pek azı kaldı. İbrahim Paşa Sarayı malum o da kamulaştırılarak ayrı bir askerî işlev gördü. Bir de 19. asrın Mısırlı hanedan üyelerinin yalı ve konakları var. Sadrazam Said Halim Paşa Hidiv hanedanından. Buna karşın hangi yapılar günümüze kadar kaldı? Askerî yapılar; ya mektep ya da kışla kaldı. Endüstrinin kalıcı olanı orduya üretim yapandır. Girdiği yerde yaşayandır. 1200'lerde Türkler Anadolu'da ve 250 sene sonra nerelere yayılmışlar?

Osmanlı ve Türklük ilişkisi son derece önemli ve üzerinde durulmaya değer bir konu. Çok kavimli imparatorluktan Türk ulus devletine geçişimizin arka planındaki bitmeyen bir tartışma bu. Tarihsel bağlamını anlamak için soruyorum; padişahlarımızın içinde neden sadece Sultan Abdülhamid'e "Türk Hakanı" denilmiş?

Çünkü kendisi Türk hükümdarıdır ve bunun da bilincindedir. Diğer padişahlar kendilerini daha ziyade Müslümanların halifesi olarak görürken, Abdülhamid bu ulusu kimin taşıyacağının farkına varmıştır. Diğer yandan sorumluluklarının da bilincindedir ve Müslüman değerlerini de sahiplenir. Hiç kimse Abdülhamid kadar Arapları başa geçirmemiş, hiç kimse onun kadar Kürtlere iltifat etmemiştir. Arnavut'a ve Boşnak'a onun kadar değer veren yoktur. Türklere ayrı bir sevgisi var mıydı bilemeyiz ama ihtimam gösterdiği anlaşılıyor; doktor olmayan Anadolu'ya doktor getirmiş, çocukların yetişmesi için okul yaptırmıştır. Bunlar bugünle ölçüldüğünde olağan sayılabilir ama o dönem için çok büyük hadiselerdir. Sadece medeniyet bağlamında değil, kolaylık açısından da hizmet etmiştir. Mesela demiryolu atılımı sayesinde asker sevkiyatını hızlandırmıştır.

Cumhuriyet'in kurucu kadrolarının yetiştiği dönem Sultan Abdülhamid günleri. Osmanlı modernleşmesinin de dönüm noktası. Çok tartışmalı bir tarihsel kişilik. Kimdir II. Abdülhamid?

Sultan Abdülhamid, Sultan Abdülmecid'in oğludur. Önce babasından bahsedelim. Biliyoruz ki Sultan Abdülmecid 1838'de 16,5 yaşındayken tahta geçmiştir. Kendisi yakışıklı fakat bünyece o zamanlar çok yaygın bir hastalık olan veremden muzdaribti. Sultan Abdülmecid'in hayatı söz konusu olduğunda devamlı sefahatle geçen bir ömürden söz edilir. Bu da doğru değil; kendisi Osmanlı tarihinin yeni hükümdar tipidir. Öncelikle insan sarrafı bir yanı vardır. Mehmed Emin Âli Paşa, başlangıçta ulemadan Cevdet Efendi olan Ahmed Cevdet Paşa, Fuat Paşa ve Mustafa Reşit Paşa ile çok yakın bir ilişkisi vardır. Hepsiyle yüz yüze konuşur ve onların dilinden anlar. Yani 16 yaşında genç bir çocuk olarak tahta çıkmış ama yanı başında bulduğu devlet adamlarının oyuncağı olmamıştır. Belki çok iyi yetişmiş değildi ama zeki bir insandır. Hayatında saray, eğlence, musiki, ince bir yemek zevki vardır ama bununla kalmaz; hakikaten Türk hayatını reforme etmiş bir sultandır. Topkapı Sarayı'nın devlet yönetimi için müsait bir külliye olmadığını ve burada 19. asrın büyük bir devletinin temsil edilemeyeceğini görmüştür. Şehirde halkın Rusya Sefareti'ne ne gözle baktığını idrak edince (İstanbul Rusya'nın bir şehri, Sefaret de Çar Sarayı olacak söylentileri), Dolmabahçe'yi yaptırmıştır. Aslında Dolmabahçe buna rağmen geniş bir saray değildir.

Sultan Abdülhamid Han aslında şehzadelerin en büyüğü değildir ve o dönemde tahta geçmesi beklenmiyordu. Biliyorsunuz, esas olarak Osmanlı'da ekber evlat sistemi vardır. Yani Abdülmecid'den sonraki varis Sultan Mahmud'un ikinci oğlu olan Abdülaziz'dir.

Biraz Sultan Abdülaziz'den bahseder misiniz?

Abdülaziz yakışıklı, uzun boylu, kuvvetli bir adamdı. Türkiye tarihçiliği son derece zayıf olduğu ve son derece sorumsuz yazarlar bulunduğu için, padişahı halk dilinde tasvir ediyor ve güreş tutan, horoz dövüştüren, sürekli yemek yiyen adam portresi sunuyorlar; oysa bu da çok yanlış bir sunumdur.

Emre Aracı, Abdülaziz'in, Tanzimat Devri sarayında Avrupa müziği tarzında besteler yaptığını tespit etmiş ve orkestra için armonize etmişti. Sultan Abdülaziz hem alaturka hem alafranga bestekâr olmasının yanı sıra, ressamdır. Biz sadece Sultan Murad'ı biliyoruz ressam olarak ama Abdülaziz ondan daha iyi bir ressamdır. Sporcudur ve söylenenlerin aksine kumarbaz değildir. Ayrıca Abdülaziz çok namuslu bir hükümdardır. Malum, saltanatının sonlarında Mahmud Nedim Paşa tarafından moratoryum ilan edileceği zaman, bu paşa üç kişiye kıymeti düşürülmeden önce borç senetlerini satmalarını teklif etti. Bu üç kişiden birincisi moratoryum için kendisine cesaret verdiği söylenen Rusya sefiri İgnatiyev, ikincisi Midhat Paşa, üçüncüsü de Sultan Abdülaziz'dir. İlk ikisi senetlerini hemen satmışlardır. Zaten Beyoğlu'nda İgnatiyev'i sevmezler ve bu olaydan önce de ona "Monteur Pacha", yani "Yalancı Paşa" gibi lakap taktılar. Midhat Paşa da bu işe katılmakla çok kredi kaybetmiştir. Aslında mali piyasanın ne olduğunu anlamadığı ve kurallarını tanımadığı çok açıktır. Sultan Abdülaziz ise "Olur mu öyle şey? Param batarsa batar," demiş ve senetlerini sattırmamıştır.

Burada bir parantez açalım: Mahmud Nedim Paşa'nın Rusların piyonu olduğu söyleniyor ki kesinlikle abartmadır. Mahmud Nedim Paşa, İgnatiyev'i başkalarına karşı, yalan haber için kullanıyor? Şöyle ki; İgnatiyev, Paşa'dan duyduklarını merkeze rapor ediyor, sonradan bunların yalan olduğu da ortaya çıkınca, İgnatiyev'e "yalancı" diyorlar ama Pera'daki diplomatlar bu yalan habere göre rapor yazmış oluyorlar. Rusya sefiri onun için sevilmeyen bir tipti.

Sultan Abdülaziz'in başka ilginç özellikleri de vardır: mesela ona göre modern bir imparatorluk deniz yolu, demiryolu, telgraf ve fabrikadan oluşur ki bunlar doğrudur. Fakat Sultan Abdülaziz'in en büyük katkısı, Mısır probleminden sonra imparatorluğun imtiyazlı ünitelerle parçalanmasını önlemeye çalışmasıdır. Mısır meselesinden uzaklaşmamak, bizim orada halen bir hükümranlık hakkımızın bulunduğunu göstermek için Mısır'a bile gitmiştir. Sultan Abdülaziz Avrupa seyahati yapmıştır; bu, Avrupa'yı gezme ve öğrenme seyahati değil, doğrudan doğruya Avrupa kamuoyunu etkileme seyahatidir. Nutuk vermiş, gittiği yerlerde vals gibi kendi besteleri çalınmış, kendi bestelediği marşlarla karşılanmıştır. Yanında da veliaht Murat Efendi vardır; gayet gösterişli ve kültürlü bir adamdır o da. Piyano çalan, Fransızca konuşan, iyi dans eden bir veliahttır. II. Mahmud ve Sultan Abdülmecid Han imparatorluğu gezmiştir ama Sultan Abdülaziz Han ilâveten Mısır'a da, Avrupa'ya da gitmiştir.

Bu seyahatlerde şehzade Abdülhamid yanında mıydı?

Evet, Abdülhamid ikinci veliaht olarak yanındaydı. Abdülhamid Avrupa'yı öylesine görmüş biri de değildir.

Sultan Abdülaziz, Abdülhamid'in babası Abdülmecid Han öldüğünde tahta geçiyor. Bu sırada Abdülhamid'in tahtla doğrudan bir alakası yoktur; politika, tarih, bilhassa finans ve iktisat öğrenir. Babası Sultan Abdülmecid gibi, annesi Tîrimüjgan da verem. Annesi genç yaşta ölünce Abdülmecid Han dördüncü kadınefendisi, çocuğu olmayan Perestû Kadınefendi'ye onu büyütmesini emrediyor. Perestû fevkalade zeki ve çok şefkatli bir kadındır ve çok iyi bakmıştır şehzadeye. Abdülhamid de bunu unutmaz ve ileride padişah olunca Perestû, Valide Sultan olmuştur. Mesela öğle yemeklerini hep birlikte yerlermiş ki bu çok nadir olan bir şeydir. Abdülhamid o dönem için çok görülmemiş tavırlar sergiliyor; etrafı geziyor, yüzüyor, sabah soğuk duş alıyor, piyasa ve finansla ilgileniyor. O dönemde fotoğraf sanatını onun kadar ustalıkla kullanan biri daha yoktur. Fotoğraf çektirir, satın alır. Bisiklete biner. Döneminde tuhaf karşılanan Avusturya İmparatoriçesi Elizabeth (Sisi) gibi, o da kültürfizik yapan bir hükümdar tipi olarak biliniyor. Abdülhamid sağlık açısından kuvvetli olmak için sabahları yumurta yer, marangozluk yapar ama birinci sınıf bir marangozluk gerçekten.

Sultan Abdülhamid'le ilgili bir diğer tespitiniz onun "son imparator" olduğu yönünde. Bu konuda neler söyleyebilirsiniz?

II. Abdülhamid Han eğer I. Abdülhamid'in döneminde yaşasaydı, Osmanlı İmparatorluğu'nun Şark dünyasındaki kaderi değişmiş olurdu. Bu, onun kişiliğiyle ilgilidir. Eğer tarihte içtimaî şartların ve dünya şartlarının dışında kişilerin rolü var ise, II. Abdülhamid bu bakımdan en kayda değer şahsiyettir.

Osmanlı İmparatorluğu'nu kendilerince küçümseyenler olabilir ama imparatorluk birtakım büyük portrelerin oluşturduğu bir tarihtir. Devletin kuruluşundan 16. asrın sonuna kadar bütün hükümdarların hepsi büyük mareşallerdir, askerî dehalardır. İtiraf etmek gerekir ki İslâm dünyası ilmî üstünlüğünü 15. asırda tamamlamıştır. Yani 15. asırdan sonra İslâm dünyası tıbta, astronomide, matematikte, kimyada öncü rolünü terk etmiştir. Açık konuşmak gerekirse, aslında milletimizin, yani Türklerin devleti olmasa, İslâm dünyası askerî ve idari vasıflarını da kaybedecek ve çoktan gerilemeye başlayacaktı. Hıristiyan dünyasının dirildiği, toparlandığı, organize olduğu, teşkilatlandığı, ilerlemeler kaydetmeye başladığı bir devirde bu üstünlüğü onlara kaptırmayan, onları geciktiren, onları birkaç asır için durduran, doğrudan doğruya Türklerin kurduğu Osmanlı İmparatorluğu'dur.

Çok açıktır ki, bu imparatorluğun kuruluş ve gelişmesinde büyük hükümdarların payı vardır. Bunlardan birisi de, "hükümdarların sonuncularından ve geç geldiği için önemi anlaşılamayan" II. Abdülhamid Han'dır. Kendisi "yavaşlama" asrında ortaya çıkmıştır. Yapabileceği fazla bir şey yoktur. Cihanşümul bir imparatorluğun sonuna gelinmiştir. Bu bakımdan II. Abdülhamid "dünya imparatorlukları" yani muhtelif dinler ve dillerden birtakım milletlerin bir arada yaşadığı cihanşümul denilen imparatorlukların üçüncüsü ve aslında sonuncusunun son hükümdarıdır. Çünkü kendisinden sonraki hükümdarların ikisinin de şahsiyet olarak kayda değer bir yanı yoktur. Sultan Reşad iyi niyetli, dindar, kendine göre malûmatı, bilgisi olan ve Farsça bilen sevimli bir ihtiyardır. Son hükümdar VI. Mehmed Vahdeddin, daha zayıf bir eğitim görmüştür ve ileri yaşta tahta geçmiştir. Bir yenilginin, çöküntü zamanının tahta çıkardığı bir hükümdardır. Ondan da fazla bir siyasî çıkış beklenemez. Dolayısıyla bütün dünyada en son hükümdar tipi, tarihî, hukuki, müessese olarak son üniversal imparator (son Roma imparatoru) II. Abdülhamid Han'dır.

Sultan Abdülhamid halifeliğin üzerinde çok durmuş...

Müslümanlardaki hilafet müessesesini yetki ile temsil eden son kişi kendisidir. 19. asırda ve 20. asrın başında hilafet müessesesini oldukça iyi kullanan (ki çok hazin bir tablodur, yeryüzü Müslümanlarının %80'e yakını yabancı bayrak altında yaşamaktadır)

II. Abdülhamid'dir. Doğduğu dünya iç açıcı değildir. İngiltere İmparatorluğu kalabalık sayıda Müslüman'a sahiptir. Bizimkini katbekat geçer. Ardından Fransız Cumhuriyeti gelir. O da bir sömürge imparatorluğudur.

Abdülhamid'in dış politikası, sözü edilen bu devletlerle ilişkileri nasıldı?

İngiltere'nin dış politikadaki tercihleri Sultan Abdülhamid devrinin ana hatlarını oluşturur. Mısır'ın işgali ve Ortadoğu'da etkin İngiliz nüfuzunun kurulması; bir müddet sonra İngiltere'nin Kuveyt'e sızmaya çalışması, Hamidiye Dönemi boyunca haklı bir İngiliz endişesi yaratmıştı. İngiltere yavaş yavaş Türkiye'den uzaklaşmaya başlamıştı. Bu arada Rusya, savaşlar boyunca Türkiye karşısında ne kadar lojistik sorunları ve komuta kademesinde umulmadık noksanları olduğunu, yeni bir savaş çıkarsa ne kadar çok zorlanacağını görmüştü. III. Aleksandr (Çar unvanı sulhseverdir) haklı olarak sulh politikası gütmeye başladı. Rusya kısa bir süre Almanya'ya yaklaştı ise de, çok çabuk bir biçimde Fransa tarafı tutuldu. Bu gösterişçi bir yaklaşımdı. Tıpkı Abdülhamid Ḥan'ın Almanya taraftarlığının gösterişçi olması gibi.

Bu devrin Osmanlı'sı ile diğer imparatorlukları mukayese edebilir miyiz?

Okullarda böyle öğretiliyor, ama bunlar aslında "imparatorluk" değildir. Bunlar millî devlettir ve deniz aşırı sömürgeleri vardır; yani asla Roma gibi, Sasaniler gibi, İslâm Abbasî İmparatorluğu gibi bir imparatorluk değillerdir. Bunlar, tebaalarına "eşit insanlar" olarak bakmazlar. Roma'nın İlliryalı, Libyalı ve Suriyeli imparatorları var. Bizans'ın Ermeni asıllı imparatorları var. Oysa Britanya ve Fransa için bu düşünülemez. Bunların bir ana vatan halkı, bir de sömürge ülkeleri vardır. Bu bakımdan imparatorluk değillerdir ama böyle deniyor. 19. asırda bir tane imparatorluk vardır; o da Osmanlı İmparatorluğu'dur. Memâlik-i Mahrûsa-yı

Osmâniyye ismi ve unvanı da bu mevhumu muhafaza eder. Çünkü imparatorluklar, yedlerindeki memleketleri himaye ve hıfz etmekle mükellef kuruluşlardır ve bunun adı böyledir. Bu anlamda eski Roma İmparatorluğu ve Bizans ne ise (tabiî İkinci Roma, yani Hıristiyan Roma'dır), Sasaniler ne ise, bizimki de öyledir.

Yalnız burada çok büyük bir güçlük vardır. Biz modern zamanlarda tüfeğin, topun, modern idarenin, deniz aşırı ticaretin ve gelişmiş gemiciliğin hâkim olduğu bir dünyada bu sistemi yürütmeye çabalayan bir milletiz; yani 15. ve 16. asırlarda imparatorluk kurmak, milattan önce 3. asırda, milattan sonra 5.-10. asırlarda imparatorluk kurup yönetmeye benzemez. Ayrı bir tarihî miras ve çevre ile muhatabsınız. Himayeniz altındaki milletlerin her birinin kendi mazisi, kişiliği, kendi kalıntısı vardır ve etrafınızda değişen, kuvvetlenen başka bir dünya vardır. Siz bunlara rağmen, bunlarla birlikte dünyada, büyük bir imparatorluğu kurup götürmeye devam ediyorsunuz. Bu çabanın son batışı II. Abdülhamid devridir.

Peki, biz bu şuura sahip miyiz?

Şimdi burada tarih ve şuur olarak değişmemiz lâzım. Bizim battığımız, çürüdüğümüz, çöktüğümüz doğru değildir. Senelerce bu memlekette hem sağda hem solda insanlara tarihte bu öğretiliyor. Bunun kadar manasız, bunun kadar gerçekle teması olmayan, indî, üstelik de tahribkâr bir yorum yoktur. İnsanların bir kısmı bunu safdilliğinden, üzüntüsünden söyler. Bir kısmı da cehaletinden ve siyasi amacından söyler. Hiçbir şekilde battığımız falan yoktur. Biz diriyiz. Daima değişiyoruz, daima değişen dünya şartlarına kendimizi uydurmaya çalışıyoruz ve öncü olmak için kavga ediyoruz. Üstelik önümüzde model de yoktur. İslâm âleminde Türkler için model yoktur; çünkü biz modern bir dünyada muasır medeniyeti hem benimsemek, hem de onunla kavga ederek tarihimizi ve kimliğimizi korumak zorunda olan bir milletiz. Bunu yaparken çok büyük kahramanlıklar, çok asil manzaralar çizdiğimiz gibi hayrete şayan kusurlar ve şaşkınlıklar da sergiliyoruz. Hepsi kendi çizdiğimiz tarihî senaryoya, yazdığımız maceranın muhtevasına dâhildir.

Onun için burada yeise kapılarak, gayriilmî bir tarih çizilemez. "Biz batıyoruz" ne demek, 75 milyonluk bir kitle batar mı? Bu mümkün değildir. Bu sikleti emecek deniz bulunmaz. Bu tarihe yakından baktığınız zaman, görürsünüz ki bu insanlar her zaman devlet şuuruna sahip olmuştur. Her zaman mücadele etmek zorunda kalmışlardır ve mücadele de etmişlerdir.

Sultan Abdülhamid döneminde demiryolu atılımları ve okul ıslah çalışmaları dikkat çekiyor.

Anadolu ve Mezopotamya'nın zenginliklerini inceleyip değerlendirmek isteyen Alman sermayeli şirket için imtiyaz alıp demiryolunu döşemeye başlamak, II. Abdülhamid devrinde gerçekleştirilen önemli bir yatırımdır. Demiryolu için verilen garanti akçesi, Osmanlı maliyesi için ağır bir borçlanma getiriyordu ama Almanların demiryolu döşeme tekniği de Fransız ve İngilizlerinkiyle mukayese edilemeyecek kadar hızlı idi.

4 Mart 1889'da işe başlarken Osmanlı Anadolu Demiryolu Şirketi olarak teşkilatlanan Alman sermayesinin arkasında, İngiliz ve Fransız bankacılığına göre daha etkin ve yenilikçi yöntemlerle çalışan Dresdner Bank ve Deutsche Bank vardı. 2 Haziran 1890'da 40 kilometrelik İzmit-Adapazarı hattı tamamlandı. Başlangıçtan 3 sene sonra Ocak 1893'te ise açılış yapıldı. 16 tünel ve birçok köprüyle birlikte 180 km'ye ulaşan tepelerin yarılmasıyla açılan güzergâhtan geçerek hedefe ulaşan demiryolu aslında 1892'nin son gününde Ankara'daydı. Kısa sürede 500 km'ye yakın yol inşa edilmişti.

Haleb ve Şam'ın bağlantısının kurulması bir yana, asıl önemli yatırım Şam ile Medine arasındaki Hicaz demiryoludur. II. Abdülhamid döneminin bu öz mühendislik başarısı, bütçedeki düzenlemelerden çok İslâm dünyasının her tarafından toplanan ianelere dayanır. Bu Osmanlı konsolosluk ağının da bir başarısıdır. Bilhassa başlangıçta kullanıldığı halde eğitimi çok daha eskiye uzanan Türk mühendisler kısa zamanda inşaatı ve teknik bilgiyi kavramışlardır. Bu sebeple Hicaz demiryolu yerli mühendisliğin de bir atılımı sayılmalıdır.

19. asrın son çeyreğinde bu memleketin mektepleri ıslah ediliyordu. İnsanları daha fazla okuyordu ve bu memleketin insanları sadece bir imparatorluğun değil, İslâm âleminin, Şark dünyasının sahibi olma şuuruna ermişlerdi. II. Abdülhamid devrinde Türkçe eğitim veren oluşumların, büyük vilayet merkezlerindeki sultanilerin ve Konya, Beyrut, Selanik'teki Hukuk ve Şam'daki Tıb Mektebi gibi kurumların gerçekleştirilmesinin önemli bir atılım olduğunu unutmayalım. Bunlar İstanbul Darülfünun'dan sonra taşradaki üniversitelerin çekirdeği olacaklardı. Biz bu yolda hatalar yaptık. O zaman da yaptık, ondan sonra da yaptık. Büyük şecaat, büyük başarılar gösterdik ama çok basiretsiz hareketlerimiz de oldu. Trajediler de yaşadık.

Sultan Abdülhamid devrinden alacağımız miras ve dersler neler?

Bir imparatorluğun bakiyyesi üzerindeyiz ve ona mirasçıyız. Geleceğimizi inşa ediyoruz; nitelik ve nicelikçe gelişen bir nüfusumuz var. Bu iftihar vesilesi olabilir ama bir yanıyla da büyük bir mesuliyet getirir.

Zaruret içindeki Gürcistan hemen bize bakıyor. Orman yangınlarını dahi söndürüyoruz. Kafkasya'nın, Kuzey Karadeniz'in işsiz halkı buraya geliyor. Osmanlı'nın bıraktığı kültürel miras ve din yüzünden Bosna ezildi ve elan eziliyor. Bu dünyaya ilgisiz kalamayız. Kaldı ki beynelmilel ve ikili anlaşmalarla Balkanlarda ve Ortadoğu'da korumamız altında olan Türk azınlıklar var.

İnfirakçı bir politikayı bugünün Türkiye'si güdemez. Bu irredantist veya emperyalist bir politika değil, o söz konusu olamaz. Türk milleti bu coğrafyaya vitrin arkasından ilgisizce bakamaz.

Sultan Abdülhamid tarihe nasıl maloldu?

Abdülhamid döneminin samimi tarih ve toplum bakışında kısır bir nesil yarattı. Okullar mühendis, tabib, veteriner ve kurmay yetiştirdi, ama hukukçu değil. Gençlik ona düşman oldu. Niçin Talât ve Enver gibi pekala meziyeti de olan vatanperverler onun etrafında değildi? Yanılma ve kusuru tek tarafta arayamayız.

Bugünkü yöneticiler kendilerine sorsunlar: "Acaba 100 sene sonra insanlar bizi anmak için de konuşur mu?" diye. Bu çok önemli bir şey. Demek ki burada tarihe mal olan bir kişilik vardır. Cihan Harbi'nin en zor günlerinde, "Hakan-ı sâbık" vefat ettiğinde Beylerbeyi Sarayı'ndan cenazesi kaldırılmış, cenaze mahalle aralarından geçirilmiş ve nihayetinde Divanyolu üzerinde Sultan Mahmud Türbesi'ne ulaşmış. O dönemde İttihat ve Terakki'nin harp içinde diktası var. Zaten harpte herkesin her istediğini yazıp söylemesi de beklenmemeli. Ama evlerin pencerelerinden birtakım kadınlar çıkıyor ve şöyle diyorlar: "Bize ekmeği 10 paraya yediren, kömürün okkasını 5 paraya aldıran padişahım, bizi bırakıp nereye gidiyorsun?"

Demek ki, bir insan, bir yönetim orada kendini aklamıştır. Onun da kara tarafları vardır ama muhasebe yapıldığı zaman, aklarla karalar ayrılır ve ortaya ne çıkmış, ona bakılır. Tarihçi bu bilançoyu namusla, dikkatle, ilmî hassasiyetle yapmak zorundadır. Bunu yapmaz da çalakalem giderse, işte o zaman İstanbul sokaklarında pencerelerden uzanıp ağlayan kadınlar tarihçiyi yalancı çıkarırlar.

İTTİHATÇILAR VE BİRİNCİ DÜNYA SAVAŞI

İttihat ve Terakki'nin hedefi neydi? İttihat ve Terakki içindeki ayrışmalar nasıl ortaya çıktı?

İttihat ve Terakki bir talebe cemiyeti olarak Tıbbiye'nin bahçesinde kuruldu. Kuruluşu bir tesadüf değildir çünkü yemin eden kurucular muhtelif etnik gruplardandı. Osmanlı'da Müslümanlık başat ve ayırıcı bir faktördür. Zihnimizde dinlerin ve etnik grupların ayrı ve kesinlikle birbirinden rahatsız olmadıkları bir manzara canlanmamalı; böyle bir hal mevcut değildir. Bu bir hayal, bir temennidir. Geçmiş içinse temenni olmaz. Bazı konularda bir ayrımcılık yapılmadığı doğrudur ama hâkim sınıfa girmek için tercihen Müslüman olmak gerekir. Tanzimat ile birlikte birdenbire başka bir yapı ortaya çıkıyor. İçeride Rum ve Ermeniler var. Abdülhamid devrinde Makedonya'da Süryani, hatta Yahudi hâkimler ve savcılar görüyorsunuz. Bölgesel temsil değil, merkeziyetçi usule binaen, tayinle gelmişler. Hariciye Nezareti'nde de bunun gibi pek çok unsurlar var. Burada hem insan malzemesinden yararlanma eğilimi var, hem de dış dünya ile kaynaşmaya yönelik politika nedeniyle onların katılımcı isteklerine karşı bir iltifat ve dışa karşı bir gösteriş var. Yoksa hiç kimse 19. yüzyılda Müslüman olan bir devlette Ermeni bir hariciye nazırı yardımcısı, maliye bakanı, büyükelçi, vali beklemez. Tabii şartlar bunu doğuruyor; Ahmed Cevdet Paşa ve

Fuat Paşa gibi becerikli adamların 1861'de hazırladığı Cebel-i Lübnan Nizamnamesi büyük devletlere kabul ettirilmek istendiği zaman, Lübnan'da mutasarrıflık makamına Ermeni Katolik David Paşa'nın tayini ile başlayan ve Fenerli Rumlar ile devam eden bir süreç var. Fakat bunlar özellikle talep edilen işlemlerdi. O zaman Rusya'nın Müslüman bir üst düzey yetkilisi var mı? Yok. Yahudi bir bakan yardımcısı var mı? Yok. Yahudiler açısından aynı sorun Avusturya idaresinde de var. İşte Osmanlı'daki bu kozmopolit yapının ortasında bir "ittihad-ı anasır" ifadesi ortaya çıkıyor. Bunun vurgulanmasında bir geleneğin etkisi olsa bile, dış dünyaya karşı "Biz Osmanlılar tüm unsurlarımızla bir aradayız!" manasında bir gösteriş mesajı da var. Aslında haklı bir yanı da var çünkü ırkçılık yapılmamıştır. Ama bu muhtelif ırklardan oluşan Enderun'da eğitim gören kişi iyi bir Müslüman olarak çıkmıştır. Sarayda yetiştirilen kadın da nereden geldiği önemsenmeden, iyi bir eğitim görüyor, sonra iyi bir Müslüman oluyordu.

Bu iki kurumda eğitim önemli ve sıkıdır. Harem'in eğitimine baktığınızda 16., 17. hatta 18. asır başları için tüm dünya ölçeğinde iyi bir eğitim veriliyordu diyebiliriz. Bizde gerçek anlamda kadınlara yönelik eğitimin geri kalması 18. asır ortalarında başlamış ve 19. asırda zirveye çıkmıştır. 19. asırda kadın eğitiminde bir açık kapatılmak istendi ve tuhaftır ki bunu yapan muhafazakâr Türklerdi. Cevdet Paşa'nın "Dar'ül Muallimat", yani Kız Öğretmen Okulu için ne kadar çaba gösterdiğini unutamayız. İttihat ve Terakki, adı üzerinde bütün unsurların birleşmesi ve ilerlemesi yoluyla meşrutiyet, yani anayasal monarşi istiyordu. Peki daha evvel böyle bir şey var mıydı? Çok belirsiz biçimde vardı. Mesela bir Kuleli olayı var ama kimse ceza almadı. Askerî okulda veya subaylar arasında ayaklanma tertipleyip ceza almamak mümkün mü? Okuldan atarlar, hatta infaz ederler ve bu kanuna da uygun olur.

II. Abdülhamid istibdadına karşı ayaklanan, dağa çıkan genç subaylar meşrutiyet yolunu açtı. Osmanlı gençleri, subayları ne istiyordu?

Tanzimat, "yeniden düzenleme" demektir. Bu devirde birtakım Osmanlı gençleri çıkıp hürriyet istiyorlar. Anayasa anlayışları doğrultusunda basın hürriyeti istiyorlar. Parti kurmak istediklerinden emin değiliz. Sadrazam Mehmed Emin Âli Paşa'nın ve onun ardından, onunla nitelik bakımından kıyaslanamayacak olan Mahmud Nedim Paşa'nın baskılarından şikâyet ediyorlar. Elbette bu harekete Sultan Abdülaziz'in izin vermesi mümkün değildir. Namık Kemal'in de dâhil olduğu Jön Ottoman (Yeni Osmanlı) dediğimiz grubun manifestosu önemli fakat etkisizdir. Etkili örgütlenme Jön Türkler ile başlar ve askerlerden, memurlardan oluştuğu için örgütlenme kapasitesi yüksektir. O dönemde Rusya'da ve İran'da da bu tür örgütlenme eğilimleri var ki Mason örgütleriyle paralel gidiyor. 19. asırda bizim Şark ülkelerindeki masonik hareketlenmeler dünya masonları tarafından pek ciddiye alınmıyor. Abdülhamid sultası zamanında rahatça konuşulabilen, jurnalcilik yapılması beklenmeyen iki yer vardı: Bir tanesi padişahın elinin altında olan Mabeyn-i Hümayun'daki memurlar, ikincisi de Mason locası. Konuşurlar, tartışırlar, ritüelleri tatbik ederler ve burada kimse tehdit edilmez. Belki içeride padişahın adamları da vardı, bilemiyoruz ama onlar da muhtemelen bu havaya uyuyorlar ve benimsiyorlardı.

Jön Türkler imparatorluğun çökmekte olduğunu görüyorlar mıydı?

Evet, herkes gibi onlar da görüyorlardı. Bunu önlemek için de kanuni ve hukuki bir idare istiyorlardı. İkinci planda imparatorluğun iktisadi ve sınai zayıflığı konuşuluyordu ama ilk planda padişahın kendisi ve dikta var. Asıl meseleler; azınlık örgütleri, rejim ve istibdattır. Aslında Romalılar için diktatoryanın ayıp olmaması gibi, istibdat da Müslümanlar için ayıp bir şey değildir. Romalılar ciddi işler için diktatoryayı savunur ve diktatör tayin ederler. İslâm'da da "istibdad" ve "müstebit" beceri barındıran bir tarzdır. O yüzden istibdad kelimesinin pejoratif olarak kullanılması, aslında lügat bakımından yanlıştır ve bir İttihatçı icadıdır. Ümit Hassan, "II. Abdülhamid'in ha'l fetvasında istibdaddan bahsedilmez" diye işaret etmiştir ki edilmemesi sebep olarak normaldir, çünkü doğru bir suçlama olmazdı.

İlk elde İttihatçılar hükümete katılır. Ancak Balkan Savaşları ve Babıâli Baskını dönüm noktası oluyor. Bundan sonra, İttihatçılar hükümeti kuruyor ve kendileri perde arkasını terk ediyor. Geçiş dönemi olarak Abdülhamid'in az lekelenmiş eski vezirlerini kullanarak, kötü adamları tasfiye imkânı yaratıyorlar. Neden Memduh Paşa'ya sürgün dışında bir şey olmuyor, hırsız Fehim Paşa ise neden Bursa yolunda linç ediliyor ve neden Arap İzzet Paşa zor kurtuluyor? "Ama efendim, o da çok ileri gitmişti" şeklinde yaratılan bir havayı 27 Mayıs'ta yaşadık. Hem Cumhuriyet Halk Partisi'ni tenkit ediyorlar, hem de Demokrat Parti'nin rotayı fazla şaşırdığını söylüyorlardı. Bu ara kanat hep vardır. Mesela DP'nin 10 yıllık iktidarının ikinci yarısındaki Hürriyet Partisi mensupları... Hiçbiri muvaffak olamadı, üstelik sistem müsait olmasına rağmen ahalinin verdiği reyleri de sahiplenemediler ve Halk Partisi'ne katıldılar.

Ama özellikle Mustafa Kemal ve Enver Paşa arasında bir rekabet oluşuyor, Edirne'ye önce kim girecek yarışından başlayan bir rekabet...

Her yerde subaylar arasında rekabet vardır. Bunu söyleyenler hem Enverciler hem de bizim resmî tarihçi dediğimiz amatör Kemalistlerdir. Bir taraf Enver'in, diğer taraf Mustafa Kemal'in kıskandığını söylüyor. Fakat dik kafalı ve eleştiren zabitin sevilmemesi genel bir durumdur. Enver Paşa'nın Gelibolu müdafaası sonrası, Harp Mecmuası'na Mustafa Kemal'in fotoğrafının konulmasını istemediği doğrudur. Fakat Harp Mecmuası'nın kapağına fotoğrafı koyulmayan bir diğer kişi de Şehzade Osman Fuad Efendi'dir, kendisi hanedandandır. Buradan anlayabiliriz ki temayüz eden kurmayı ve zabiti sevmezler. Ama şunu da unutmamak lâzım: Enver Paşa, Mustafa Kemal'in şahsında, savaşmaktan yana olmayan kimseleri istemiyor. Yani "Savaşa girmeyelim, bekleyelim, bize saldırırlarsa saldırırız, talim gören ordumuzla onlara karşı koyacak gücümüz var..." görüşünde olanlara karşı, "Savaşa girelim, çünkü girmezsek İngiltere ve Rusya bizi parçalayacak!" fikrini savunuyor. Fakat öbür taraf bunu ciddiye almıyor. Mesela İsmet Paşa'nın 1914'te bir ifadesi var: "Şu ana kadar Alman askerî ve bilimsel kuvvetine hayran olmayı anlayabiliriz ama Marnes'daki duraklamadan sonra bundan vazgeçmeliyiz," diyor. Çünkü o cephede Mareşal Geoffrey, Almanya'yı çok kuvvetli olduğu halde durdurdu. Hâlbuki Rusya cephesini dağıtan Almanya üstün kuvvetlerini anında Fransa cephesine sevk etmişti. Almanya daha ilk anda Rusları Tannenberg bataklıklarında mahvederek şöhretini pekiştirdi ve Rusya'nın çok zayıf olduğu ortaya çıktı. Ordudaki üç asker bir tane tüfekle savaşıyordu. Komutanların çoğu niteliksiz ve yolsuzluğa bulaşmışlardı, Çar anlamadığı halde işlere karışıyordu. Donanım kötü, yolların düzeni fena. Bu haldeyken bile büyük bir vatanperverlik duygusuyla "Tanrı ve Çar adına" ama daha çok "Mukaddes Rusya" adına savaştıkları için Galiçya'da Avusturya'yı durdurdular. Avusturya ordusu tüm donanımına ve silah üstünlüğüne rağmen burada fazla bir şey yapamadı, Almanların yardımına muhtaç kaldılar.

Birinci Dünya Savaşı bir dönüm noktası mıdır?

1914'ün Temmuz ve Ağustos ayları Avrupa'yı barut fıçısı haline getirmişti. Saraybosna'daki bir teftiş gezisi sırasında karısıyla (arşidüşes diyemiyoruz, çünkü o unvan bu burjuva kıza çok görülmüştü) birlikte suikasta kurban giden Franz Ferdinand,

Avusturya İmparatorluğu'nun Balkanlardaki iştihasını ve Bosna-Hersek'in idaresindeki zaafını da ortaya koydu. Sırbistan, suikastçıyı muhakeme edecek ve cezalandıracaktı, ama Avusturya "Biz buna güvenmeyiz, siz adaleti gerçekleştirecek derecede bir devlet düzenine sahip değilsiniz, kendiniz teröristsiniz," diyordu. Avusturya İmparatorluğu'nun bu müdahalesi, devletin istiklalini tanımamak ve taarruz niyetini açığa çıkarmak olarak nitelendirildi. Tabii Rusya hemen küçük kardeşi Sırbistan'ın hâkimiyetini korumak yolunu seçti. Zaten uzun zamandır kutuplaşmalar başlamıştı. Avrupa'nın iktisadi ama daha ziyade siyasi menfaat ve çıkar çatışmaları su yüzüne çıkıyordu. Rusya, Fransa ve İngiltere'yle birlikte ittifakın içindeydi. Reval Görüşmesi'nde Osmanlı İmparatorluğu'nun paylaşılması konusu bile görüşülüp kararlaştırılmıştı. İşte bu olay, genç Türk hükümetini ayaklandırdı. Paylaşılmaktan kurtulmak gerekti; -aslında suçlamamak lâzım- İngiltere ve Fransa blokuyla ittifaka girmek için çok uğraştılar ama bugün nasıl reddediliyorsak o zaman da reddedildik. Zaten Balkan Harbi'ndeki facia nedense Türk ordusunu yakından tanımayan büyük devletlerde bir tahfif havası yaratmıştı. "Bu ordudan ve bu devletten kimseye bir hayır gelmez" anlayışı ortaya çıkmıştı. Buna karşılık, Türk ordusunun modernizasyonunu ve alttan üste bütün kademelerini daha yakından tanıyan Almanya bloku askerî çevreleri aynı fikirde değildi. Onlar ittifaka Osmanlı İmparatorluğu'nu aldılar ve sonun başlangıcı böyle oldu.

Enver Paşa savaşın Avrupa'da kazanılacağını düşündüğü için en iyi askerlerini Osmanlı topraklarının dışında olan Galiçya'ya yolluyor.

Evet, çünkü biz çölde İngilizlerle mücadele ederek bu savaşı sona erdiremezdik. Burada stratejik bir yanlışlık yok gibi görünüyor ama kazandığımız şey önemli değil. İngiltere Fransa'ya çok fazla değil, yüzeysel olarak yardım ediyor. Öte yandan Almanya, Osmanlı'yı doğrudan dışarıda bırakmamakla akıllılık ettiğini gösteriyor ama elbette bu tüm Alman ordusu için geçerli değil. Alman bahriyesi kesinlikle Türk ittifakına karşıydı. Bizi savaşa zorlayan yoktu aslında. Hatta buradaki büyükelçi Hans Freiherr von Wangenheim bile istemezdi çünkü Alman bahriyesinin görüşünü benimsemişti ve kendi değerlendirmesine göre halimizi beğenmiyordu. Büyükelçi kanaatini yüksek sesle belirtince, Kayzer onu haşladı; çünkü o da Alman kara ordusunu dinliyordu. Zayıf bir ordu, savaşta iyi bir müttefikten ziyade yük olur. Nitekim Avusturya, bütün Cihan Harbi boyu Almanya için öyle olmuştur.

Enver Paşa "Rusya gelip bizi yutacak, ayrıca Balkanlarda kaybettiğimiz toprakları almamız lâzım!" şeklinde düşünüyordu. Ama bu nasıl olacaktı, bilmiyorum. Çünkü Yunanistan sonradan İngiliz safına geçse bile, başta Almanya ile yakın ve muhtemel müttefikti. Yine Bulgaristan da Almanya ile müttefikti. Almanya, müttefiklerinin topraklarını bize mi verecekti ki? Olmayacak bir beklenti... Biz savaşa girdiğimiz zaman İtalya, Yunanistan ve Bulgaristan için büyük bir Alman taraftarlığı söz konusuydu. Balkan Harbi'nin getirdiği kırıklık ve Rusya'ya doğru yol alır mıyız hesabı da bu kararın alınmasında etkili olmuştur. Sadece bazı Alman kurmayları ve özellikle Avusturyalı askerî yetkililer, Osmanlı'nın halen güçlü olduğunu, müttefik olmasını istiyor ve haklı çıkıyorlar. İngiltere batıda çok meşgul değildi, tamamıyla bütün harbi Türklerle savaşarak geçirdi ve kolayca galib gelemediği aşikâr... Çok vakit harcadı, çok para harcadı, çok asker yitirdi ve günden güne düşmanımız oldu.

İttihat ve Terakki Birinci Dünya Savaşı'ndan sonra yok olup gitti mi, tasfiye oldu ama zihniyeti sürüyor mu?

İttihat ve Terakki Cemiyeti 1918'in sonunda kaybedilen savaşın ardından kendini feshetse ve önderleri yurtdışına iltica etse de, Türk siyasi hayatından çekilmiş değildir. İttihatçılık bir "şiar" yani misyondur ve "İttihatçı" demek hayatları pahasına dayanışma içinde olan yoldaşlar topluluğu demektir. Yolları ayrılmış olsa dahi, yoldaşların sorumlulukları bir ölçüde devam ederdi. 1926'da idam edilen ünlü Maliye Nazırımız Mehmed Cavid Bey'in oğlu, hepimizin tanıdığı Şiar Yalçın'ı, Hüseyin Cahit (Yalçın) Bey büyütmüştür. Aynı zat, evvelce beraber oldukları fakat sonra yolları ayrılıp muhalif cepheye geçen ve İzmit'teki feci hadisede linç edilen Dâhiliye Nazırı Ali Kemal Bey'in kendisine sığınan eşini ve oğlunu himaye etmiş ve yurtdışına göndermiştir. Bu çocuk ünlü büyükelçimiz Zeki Kuneralp'tir.

İttihatçılar nerede olursa olsun birbirleriyle ilişkileri olan, belirli zamanlarda ortak hareket edebilen bir zümreydi. İstanbul'daki Fransız işgal komutanı Franchet d'Esperey "Her şeye rağmen bütün dinamizmin miskin ve çürük ihtiyar Türklerde değil, bu genç Türklerde olduğunu" haklı olarak belirtmiştir. Cumhurbaşkanımız Celal Bayar, Demokrat Parti'nin baş kurucusudur ama "Benim partim" diye söz ettiği Demokrat Parti değil, "İttihat ve Terakki" idi ve o Yassıada'da yargılanırken dahi İttihatçıydı.

Hiç kuşkusuz önde gelen İttihatçılar dışarıdaki Enver Paşa'nın yanında olsalar da, geniş üye zümresi her yerde Ankara'daki hükümetin etrafında toplandı. Partinin asıl inatçı unsurları Enver ve Talat Paşa'nın adamlarıydı. Ankara'ya Enver'i getirmek için her türlü siyasi manevrayı denediler ama eski İttihatçılar Millî Mücadele'ye katıldı.

Savaşın ilk iki yılı iyi geçiyordu. Vatanın kurtarılacağı düşünülüyordu. Sonra ne oldu da savaş Osmanlı'nın aleyhine sonuçlandı?

İngiltere'ye ısmarlanan zırhlıların gelmemesi, gemi için ödenen miktara el konması, daha önceden Reval Görüşmesi'ni izleyen tepkiler gibi birtakım olaylar kaderi örmeye başlamıştı. Şurası bir gerçek; genç Türkler belki ilk başta haklı görünüyordu, ama haklı ve doğru görünmenin ötesinde doğruya ulaşmak, yani kendine güvenmek ve büyük harp dışında kalarak, ince bir politikayı yönetecek kadrolar bu hükümet çevrelerinde yoktu. Büyük Harp, imparatorluğun yıkımını getirdi. Bugün buna ağıt yakacak değiliz; imparatorluklar yıkılmak için kurulurlar. Türklerin imparatorluğu da er veya geç idare ettiği milletleri ve bu geniş memaliki bırakmak zorundaydı. Ama okullarını boşaltacak kadar gençlerini yedek subay harbinde harcamak, demircilerini ve çiftçilerini cephelerde yok edecek ve iktisadiyatını onlarca yıl kalkınamayacak derecede boğazlamak bu hükümetin suçu olmuştur. Türkiye İmparatorluğu'nu bu kadronun dar anlayışı veya hesapsız ideali, basiretsiz politikaları, ani kararları çok erken ve çok pahalı bir şekilde yok etmiştir. Bu aynı zamanda millî sınırları da mahvetmiştir. Unutmayalım; Misâk-ı Millî sınırları içine, mütareke ilan edildiğinde, ordunun elinde olan yerler de dâhildi. Oysa sonunda bunların bazılarını alamadık. Mesela Hatay bile ancak 1939'da takip edilen politikalar ve denge oyunlarından iyi istifade etmek suretiyle anavatana katılabildi.

Birinci Dünya Savaşı başka ülkelerde ne gibi sonuçlar doğurdu?

Büyük Harb'in yarattığı sıkıntılar sadece Türkiye'ye yönelik değildir. Rusya harbe girmek istediği zaman buna hiç hazırlıklı değildi; nitekim savaş başladıktan sonra her üç Rus askerine bir tüfek düşüyordu. Silah yetersiz… Ulaştırma ve sağlık hizmetleri de bundan daha iyi değildi. Böyle bir ordu savaşa gireceği zaman genelkurmayın zafer çığlıklarına karşı, sadece akıllı Maliye Nazırı Kont Vitte ve onun etrafındakiler "Bu savaşta kimse kazanmayacak, sadece siz değil, hiç kimse kazanmayacak; tahtlar, taçlar, anane, din her şey yok olacak," diye feryatla cevap vermişlerdi. Galiba zaman çok acı bir şekilde Kont Vitte'nin feryatlarını haklı çıkardı. Birinci Cihan Harbi'ni sadece kaybedenler değil, aslında sözde kazananlar da kaybettiler. Dünya değişti ve bu değişen dünya birtakım acıların içinden geçmek zorunda kaldı. Bu acılar neydi? Hayatında ayakkabı giymemiş insanlar orduya girince çizme giymeye başladılar. Bunlar nasıl karşılanacaktı? Hiçbir devletin maliyesi, bu aşırı donanımlı, kalabalık orduların ihtiyacını karşılayacak durumda değildi. Para düzeni alt üst oldu; banknotlar çıktı. Bu karşılıksız basılan banknotlar harp sonunda ayrı bir ekonomik kriz dünyası yarattı. Kadınlar iktisadi hayatın içine girdiler, fabrikalara kadar gittiler; bu onları çok zedeledi, sonunda ister-istemez feminist hareket gelişti ve Batılı toplumlar kadınların taleplerine cevap vermek zorunda kaldı. Bunlar Birinci Cihan Harbi'nde gösterilen fedakârlıkların onda birinin bile karşılığı değildi. Tahtlar ve taçlar yerinden oldu; sadece Osmanlı İmparatorluğu değil, Habsburgların Avusturya-Macaristan İmparatorluğu, Rusya'nın Romanov Hanedanı ve aslında ananesi zayıf da olsa Alman İmparatorluğu da rejim olarak tarihe karıştı ve doğudaki topraklar elden çıktı ki 20 yıl içinde Polonya'ya taarruz ve neticesinde İkinci Cihan Harbi başlayacaktır. Bütün bu olaylar bir tek gerçeği ortaya çıkarmıştır; savaş yıkıcı rüzgârlarını estiriyordu, galipler bile yorgundu. Ama yorgun olan galipler başka yollara tevessül ettiler. Yenilenlerden, maddi ve manevi kayıplarının acısını çıkarmaya kalktılar; çok insafsız bir dizi antlaşma ortaya çıktı.

Bu antlaşmaları biraz anlatır mısınız? Antlaşmalar hangi bakımdan insafsızdı?

Bunların hepsi Paris'te tezgâhlandı ve bugünkü Paris'in o zamanki banliyölerinde, hatta Versailles Sarayı'nda ayrı ayrı antlaşmalar yapıldı. Almanya'yla Versailles Antlaşması yapıldı; bu aslında 1871'de Sedan'da alınan yenilginin bir intikamıydı. Aynı yerde Alman İmparatorluğu ilan edilmişti ve o zamanın Fransa'sını dize getirmişti; bunun intikamı gene burada alındı. Fakat iş bununla bitmeyecekti, Versailles'ın intikamı ikinci harbte Compiègne ormanında bu vagondaki mütareke ile alındı; "Alman tarihinin en şanlı zaferi" olarak ilan edildi. Allah'tan İkinci Cihan Harbi'nden sonra vagon kullanmak gibi bir budalalığa hiç kimse tevessül etmeyecekti. Avusturya-Macaristan ile St. Germain Antlaşması imzalandı; imparatorluk parçalanmıştı, Avusturya sosyalistleri küçük bir devletin cumhuriyetini ilan etmişlerdi. Bu antlaşmayla Avusturya'nın artık hiçbir şey talep edecek hali kalmadı; büyük bir iktisadi sıkıntı ve imparatorluğun yıkıntısıyla hayatına devam etmek zorundaydı ama edemedi, 1938'de ilhak edildi, hatta bu ilhakı Avusturya kendi teşvik etti ve işgalci Almanya'yı bekledi. Zavallı Macaristan'la Trianon Antlaşması imzalanmıştı; Hırvatistan, Slovakya, Ukrayna'nın bir kısmı elden çıktı, Adriyatik'teki Macarlara ait Split limanı elden çıktı, bu limandan elde kalan sadece donanmasını kaybeden Amiral Horthy ve olmayan krallıktır. Bir müddet sonra Macaristan'da Bela Kun bir Sovyet idaresi kurduğu zaman Amiral Horthy 20 bin jandarmayla bu komünist cumhuriyeti dağıttı ve (donanmasız) amiral olarak kendini (kralsız) kral naibi olarak da ilan etti. Macaristan küçülmüştü. Küçülenler sadece emperyal topraklar değil, aynı zamanda Macarların yoğun olarak yaşadığı, bugünkü Romanya'nın Erdel, Eski Yugoslavya'nın içindeki Temeşvar eyaleti ve Slovakya'ydı. Bu irredantizm özlemi Macaristan'ı daha çok sıkıntılara sokacaktır. Nihayet Neuilly Antlaşması'yla Bulgaristan, Balkanların en çok ezilen ve Bulgarların yaşadığı toprakları Romanya ve Yunanistan'a bırakmak zorunda kalan devletçiği oldu.

Türkiye içinse Sevr Antlaşması hazırlanmıştı. Anavatanın parçalanıp, paylaşılması masadaydı.

Türkiye'ye dayatılan antlaşma çok ağırdı. Türklere "Avrupa'da yeriniz yok ve Anadolu'da da kim isterse istediğini sizden alır, kurak Anadolu yaylasının bir tarafına sokulsanız ve İstanbul'da da yaşama hakkı elde etseniz ne nimet!" havasında bir antlaşmadır.

O sırada Anadolu'da durum nasıldı?

Yorgun Britanya ordusunun Anadolu işgalini yapacak hali yoktu. "Para bizden, can sizden" hesabıyla Venizelos'un Megali

İdea'sı âdeta desteklendi. Paris civarındaki antlaşmalarda, Sevres Porselen Fabrikası'nda yapılan imza töreni hariç hemen hepsinde, büyük Giritli Venizelos basında yer alan en popüler diplomattı. Âdeta Yunanistan bir zafer ve imparatorluk sarhoşluğu içine itilmişti. Tek akıllı adam, gelecekte faşist diye suçlanacak olan General Metaksas'tı. Metaksas "Bize küçük ve onurlu Yunanistan yeter, Küçük Asya'da yapacağımız bir şey yok," diyordu. Haklıydı. Karşıdaki orduyu tanıyordu. Bu yenilgi zamanında bile imparatorluk ordusunun bazı şeylere müsaade etmeyeceğini anlamıştı. Hele İzmir'in işgalinden sonra, Yunan ordusunun daha da içerilere hareket edeceğini duyunca düpedüz isyan etti. Yunanistan için "Küçük Asya Faciası" denilen macera böyle başlamıştı. Yenilgiden sonra, facianın müsebbipleri, bilhassa askerî komutanların hemen hepsi cezalandırılacaktır. 1919'un 15 Mayıs'ında İngiltere, Küçük Asya'ya İzmir limanından Yunanistan'ı çıkardı. Bu galiba hem müttefikler arasında hem de Türk halkı ve askerleriyle yeni statü arasındaki çatışmayı yüzeye çıkardı. Fransa, takip edilen politikadan memnun değildi. Bizzat İstanbul'a bir fatih gibi giren, Balkan cephesinin muzaffer komutanı Franchet d'Esperey hiç de bazılarının sandığı gibi mutlak Türk aleyhtarı değildi. Aksine Anadolu'da genç Türk takımının başlattığı mücadeleyi gördüğü zaman sarf ettiği söz şudur: "Bu genç Türkler her şeye rağmen Türk halkının dinamizmini temsil ediyor ve geleceği bunlar inşa edecek, ihtiyar Türk takımından iş çıkmaz." Fransa, başlayacak Millî Mücadele'de Türk tarafının yanında değilse bile, tarafsız olmayı seçti ve bir müddet sonra da Kilikya'da, Çukurova'da uğradığı bozgun üzerine müttefiki İngiltere'nin oyununa gelmedi ve Ankara'yla anlaşmayı seçti. Hiç şüphesiz ki daha başından elenen, savaş boyunca yaşadığı bütün facia görmezlikten gelinen İtalya ise yeni Anadolu hükümetine müzahir olmayı seçmiştir.

Cihan Harbi yıkım oldu. Peki o yıkımdan bize ne kaldı, felaket bize ne öğretti?

Biz Cihan Harbi'nde büyük devlet olduğumuzu bir tarafıyla gösterdik, bir tarafıyla da dünyadan bihaber insanların elinde olduğumuzu gördük. Her şeye rağmen Cihan Harbi'nde biz bir vatan ve millet olduğumuzu ispat ettik. Tarihte çok az milletin böyle bir destan yazma kabiliyeti olmuştur. Şansı da az olmuştur, kabiliyeti de az olmuştur. Gelibolu gibi bir olay herkeste görülmez. Hatta asker geçinen memleketlerde bile olmaz bu. Almanların Gelibolu'su var mı? Yok! Çünkü Almanya saldırır, vatan savunmaya gelince çözülür. O şuur derin değildir aslında. Ama Ruslar ve Fransızlarda hep vardı.

Biz Gelibolu'muzla, Sarıkamış'ımızla, Haleb'imizle vatan savunmasını bilen nadir milletlerden olduğumuzu göstermişizdir. Bu, tarihin getirdiği bir seciyedir ama aynı zamanda da bir eğitim ve teşkilatlanma meselesidir. Eğer biz 19. asrın sonu ile 20. asrın başı ve sonunda bu seciyeyi göstermişsek, her zaman büyük komutanlarımız, büyük devlet adamlarımız ortaya çıkmış ise, pekâlâ rahat rahat işgalcilerle uyuşma yolunu seçebilecekken bağımsızlık için kafa tutmuş ve bunu da başarabilmişsek bunun bir geleneği var demektir.

Bu savaşa girmeseydik anavatanı kurtarabilir miydik? Mustafa Kemal savaşı öğrendiğinde "Enver'den bundan başkasını beklemezdim. Osmanlı buradan sağ çıkamaz," diyor.

Bu savaşla Osmanlı büyük kayıplara uğramıştır. Coğrafyamız yerle bir oldu; basit taktiksel hatalar yüzünden, Balkanlar ve Rumeli'deki anavatan topraklarımızı kaybettik. Birinci Cihan Harbi'nde de Haleb, Musul ve Antakya'yı kaybettik. En fenası da, bu savaşa girmeseydik Kudüs gibi, Mekke ve Medine gibi yerler elimizde kalabilirdi. Yalnızca imparatorluğumuzu ve topraklarımızı değil, Tanzimat'tan bu yana başlayan kalkınmanın ana unsuru olan insanlarımızı kaybettik. Yani iyi çiftçimiz, iyi zanaatkârımız, iyi mühendisimiz, bunların hepsi bu savaşta yitip gitmiştir. Okullar, sınıflar boşalmıştır. O kadar ki daha liseyi bitirmemiş gençler yedek subay olarak alınırken "Dönen olamaz ama eğer olursa, buraya değil doğrudan Darülfünun'a gidin!" denilmiştir. Bu savaş döneminin yarattığı nüfus yıkımı ancak 1950'lerde onarılabilmiştir. Türkiye âdeta birdenbire parçaları yok olmuş bir vatan haline gelmiştir ki biz neredeyse Ege'yi, yani Batı Anadolu'yu kaybedecektik. Kâzım Karabekir Paşa bile "Şimdilik Ege'yi ve İstanbul havalisini bırakalım, Doğu ve Orta Anadolu'yu kurtaralım!" demiştir. Seçkin komutan o şartlarda başka ne diyebilirdi ki? Diğer şekilde düşünmek, Akdeniz'i hedeflemek ise başka türlü bir dehadır.

Bu ülke çok büyük insan kaybıyla hayata bağlanmaya çalıştı. Bu hali bırakın okulda, fabrikada, tarlada, demiryolunda hissetmeyi, devlet hayatında da çok hissetmişizdir. Herhangi bir akıllı bakan, çalışacak doğru düzgün kadro bulamamıştır. İyi ki Hitler'in elinden eğitimli ve seçkin adamlar kaçtı da, Refik Saydam onlarla bir şeyler yapmaya çalıştı. Tabii bir ideolojik körelme de meydana gelmiştir. Mesela üniversitede hoca olmak yerine, taşrada doktor olup kendini kurtarmak düşüncesi topluma hâkim olmuştur. İdeallerin çapı zayıflamıştır. Tabii bu atmosferde bile cumhuriyetçi kadrolar, gerek parti gerekse hükümet olarak çok büyük işler başarıyor. O günün Halk Partisi millî mücadele şartlarında doğdu ve o insanların asgari müşterekleri vardı: Memleket kurtarılacak, yeniden inşa edilecek, cehalet izale edilecek, sağlık temin edilecek. Memlekette bir olumsuzluk havası hâkim olsa da "Biz başarabiliriz!" inancı mevcuttu. Mesela insanlar kendilerinden beklenmeyecek tıbbi operasyonları başarıyorlar.

Elbette, öte yandan memleketin çok karanlık manzaraları var; okuma yazma oranı düşük, eğitim çok kötü durumda.

Rusya'da da ihtilalden sonra %90'a varan bir cehalet vardı ama diğer yandan da, bir sahiplenme ve işi üstlenme vardı. Çünkü kurulmuş bir gelenek var. Aynı şekilde Osmanlı'da da bu tür bir gelenek kurulmuş ki zor da olsa ayağa kalkmayı başardık. Arkasında asırlar olan bir imparatorluk geleneği bu. Bu birikimden gelen bazı kadrolar var.

Bu hareket nasıl başarılı oldu? Millî Mücadele'yi o şartlarda nasıl kazandık?

Anadolu Hareketi, dağılmayan ve her şeye rağmen ananesini, hiyerarşisini, emir-komuta zincirini elde tutan bir ordu başarısıdır. Burada devlet mekanizmasının bütün unsurları ele geçirilip kontrol altına alınmıştır. Eski bir imparatorluğun getirdiği yeni bir dinamizmle işler yürütülebilmiştir. Bu hareketi İstanbul'daki Damad Ferit Paşa ve çevresi sık sık İttihatçılıkla suçluyordu. Mustafa Kemal Paşa'nın etrafındakilerin İttihatçılıkla olan bağları çoktan kopmuştu ve İttihat Terakki liderlerinin onları artık gözden çıkardığı, onların da berikilerden artık hiç hazzetmediği hepimizin malumudur. Ama bu gibi suçlamalarda haklı bir taraf da vardır; Ankara'daki ilk meclis binası bile İttihat Terakki Kulübü olarak yapılmıştı ve nihayet milletin en dinamik unsurları, Franchet d'Esperey'nin de vaktinde tespit ettiği gibi, bu fırkanın saflarındaki genç unsurlardı. Bunların bir kısmı eski İttihatçı liderleri tutuyorlardı. Hatta Enver Paşa'yı iltica ettiği Almanya ve Rusya'dan geri getirip Millî Mücadele'nin başına geçirmek gibi hayalleri olanlar da vardı. Ama bir kısmı bunun artık yürümeyeceğini ve ittihatçılığı bu anlamda terk etmek ve Anadolu Müdafaa-yı Hukuk Grubu etrafında Mustafa Kemal Paşa'ya kesin olarak katılmak gerektiğini anlamışlardır. Kalabalık unsuru da bunlar oluşturuyordu zaten.

MİLLÎ MÜCADELE YILLARI

Millî Mücadele'de neden Mustafa Kemal ve arkadaşları ön plana çıktı?

Modern Osmanlı istibdadının (otokrasi) kurucusu Abdülhamid Anadolu'da en güçlü liseleri kuran, Tıbbiye'de ve Harbiye'de yabancı dil eğitimini geliştiren hatta modern anlamda 1900'de Darülfünun'u yeniden teşkil edip açan hükümdardır; ama onun devrinde felsefe eğitimi yoktur, hürriyet konuşulmaz. Türkiye'deki sansürcü eğitimin bir nevi başlangıcı gibi düşünebiliriz. Abdülhamidçi anlayış; insanlar okusunlar, mühendis olsunlar, zabit olsunlar, zanaatkâr olsunlar istiyor, fakat filozof olmaları zinhar hedef değil.

Peki Abdülhamid neslinden kimler çıkıyor? Mustafa Kemal Paşa, Enver Paşa, Fevzi Paşa, Karabekir Paşa hep bu devrin adamları. Bunlar fevkalade iyi yetişmiş kurmaylardır ve Prusya'daki veya Avusturya'daki subaylardan hiçbir eksikleri yoktur. Sahayı da, silahları da çok iyi tanırlar. Fakat bu şahısların tarih ve iktisada hâkimiyeti varken, coğrafya ve dünya siyaseti konusunda vukufları yoktur. Yine de sezgileri vardır ki bu son derece önemlidir. İyi bir meslek eğitimleri, tecrübeleri vardır ve imparatorluğu çok iyi tanırlar. Ne Avusturya subayları, ne Rusya subayları onların yaşadığı tecrübeye sahipti. Bu çok önemli. İngiliz zabiti gezicidir, tetkik eder, her yere gider ama Osmanlı zabitleri Ortadoğu ve Balkan coğrafyasını tanımakta, tecrübeleri itibariyle İngilizler kadar iyiydi.

Mustafa Kemal; Kâzım Karabekir, Refet Bele, Fevzi Çakmak'ın da içinde bulunduğu bu kuşak içinden neden öne çıkıyor?

Böyle sorulara cevap vermek çok zordur. İki nedeni var: Öncelikle, Mustafa Kemal'in çok daha yoğunlaştırıcı bir zekâsı vardır. Aslında hepsi çok okur. Mesela Enver Paşa, Kâzım Paşa. Fakat Mustafa Kemal bazı konularda yoğunlaşmıştır ve çok farklı açılardan bakabilme yeteneği kazanmıştır. İkincisi ise, şahsi dramı epey etkilidir. Yani çocukluğu, yaşamı, yaşadığı zorluklar... Önce kendi hayatında bir hırs ve yükselme gösterir, ardından bulunduğu milletle kendi kişiliğini yükseltir. Doğu Avrupa ülkelerindeki insanlar kendi dar bireyciliklerini geçmek için, bulundukları millî ve etnik kurumun yücelmesine çalışırlar ki bu durum onlara bir kişilik kazandırır. 1971'de eski Avusturya subaylarından biri bana şöyle demişti; "O zamanlar bir Avusturya subayı ilahtı!" Fransız subayı, Alman subayı kendince bir ilahtır o dönemde. Buna ulaşmak için, bireyin kendi kapasitesini aşması için duyarlılığının fazla olması gerekir. Çünkü onu asıl tamamlayacak unsur, sosyal kimliktir ve ona yönelmesi gerekir. Ben Mustafa Kemal'de bunu görüyorum. Altan Deliorman *Mustafa Kemal Balkanlarda*[1] kitabında aktarır: Şakir Zümre ile Sofya'da bir lokantada otururlarken, köylü kılıklı ama zengince biri geliyor. Garsonlar onu kabul ve hizmet etmiyorlar. O kişi de itiraz ediyor ve "Bulgaristan'ı ben besliyorum, bu pasta benden geliyor, paranızı da veriyorum," diyor. Mustafa Kemal buna şahit oluyor ve etkileniyor.

Başka bir vaka: Bir gün Şakir Zümre ile operaya gidiyorlar ve Mustafa Kemal "Şakir, kim ne derse desin, Balkan Harbi'nde

1 Altan Deliorman, *Mustafa Kemal Balkanlarda*, Türkiye Yayınevi, 1959.

mağlûp olmamızın sebebini şimdi daha iyi anlıyorum. Ben bu adamları çoban diye bilirdim. Hâlbuki baksana operaları bile var. Operada oynayacak sahne sanatkârları, müzisyenleri, dekoratörleri hepsi yetişmiş. Opera binası dahi yapmışlar," diyor. Demek ki bağdaştırıcı bir bakış açısı var.

Mustafa Kemal, bir Osmanlı subayı olarak Hanedan'ın dikkatini çekiyor. Vahdeddin ne bekliyor ondan? Bir yakınlaşma var.

Mustafa Kemal'in kritikleri çok önemli. Almanya, Avusturya, Fransız cepheleşmelerini çok iyi analiz ediyor ve Vahdeddin bunu görüyor. Vahdeddin'in hata yaptığı tek nokta; Damad Ferit Paşa gibi bir adamı iki kere tayin etmesidir. Karadeniz (Pontus) bölgesindeki ayaklanmayı ancak Mustafa Kemal'in organizasyon ve yönetme kabiliyeti bastırabilir diyerek onu yönlendiriyor. Karadeniz'i kaybetmek gibi bir tehlike var ve bu noktada Vahdeddin'e yönelik baskılar var. Bazıları Vahdeddin'in âdeta uyuduğunu, hatta devleti sattığını, bazıları da sadece Mustafa Kemal'in vatanı kurtardığını söylüyor ki bunların ilki abartılmış veya toptancı yorumlar.

Mustafa Kemal'in üstün meziyetleri arasında hangisi öne çıkıyor?

Mustafa Kemal'de üstün bir adam tanıma yeteneği var. Devlet hayatında ve orduda herkesi iyi tanıyan böyle istisnai insanlar vardır. Bazı kimseler de bu yetenekten yoksundur. Bu iki tip arasında geniş bir yelpaze vardır. Mustafa Kemal bu yelpazenin zirvesidir, kimlerle nereye gidebileceğini çok iyi bilir. Anadolu'ya çıkarken yanında olan gruba bakın; mesela, içlerinde Refik Saydam var ki bu adam Türkiye Cumhuriyeti'nin en büyük sağlık bakanıdır, büyük bir teşkilatçıdır. O zamanın kötü şartlarında, bütün sağlıklı unsurların yok olduğu bir dönemde sağlık taraması yaptırmıştır.[2] Çok yaygın olan veremi, sıtmayı hatta frengiyi yok etmiş, yok edemediği noktalarda engellemiştir. Hem de sülfamit ve penisilin gibi icatlar henüz hayata girmediği halde yapmıştır bunları. Bu, Mustafa Kemal'in insanları nasıl tanıdığının bir örneğidir. Diğer isimler de yine ilgi çekicidir. Örneğin, Mazhar Şevket. Mustafa Kemal bu insanlarla Anadolu'yu dolaşıyor.

Vahdeddin'e gidip hem padişahla ilgili hem de kendisi için talepte bulunuyor. Harbiye nazırlığını istiyor, birkaç kez bunu tekrarlıyor.

Mondros Mütarekesi yapıldığı zaman, Mustafa Kemal henüz Batılılar tarafından suçlu ve maceracı olarak nitelenmiş değil; iyi bir asker olarak görülüyor. Harp suçlusu değil ve Ermeni meselesine de karışmamış olduğu için hiç göze batmıyor. Kendisi de zaten radikal mevzulara karışmamış, gayet yavaş hareket etmiştir. Vahdeddin'e gidip kendisini genelkurmay başkanı yapmasını ve Vahdeddin'in de ordunun başkomutanı olmasını istemiştir. Ama Sultan Reşad gibi değil, gerçekten başkomutan olmasını istemiştir ve kendisi de onun yardımcısı olmayı talep etmiştir. Vahdeddin ise çok zor durumda ve bu konuya çekingen yaklaşmıştır.

Bunun gibi, Mustafa Kemal hem karşı tarafa durumu hissettirmiyor hem de kim nerede ne yapabilir biliyor. Kâzım Karabekir Paşa "O beni tanımıyordu ama ben onu tanıyordum," demiştir ama tam doğru değil. Mustafa Kemal de onu tanıyordu. O onu takip ettiği gibi, o da onu takip ediyor. Zira Doğu mevzilerinin komutanı olacak kadar sağlam ve değerli bir adamı tanımadan edemezdi. Belli ki onun hakkında zihninde dosya tutmuştur. Bizim tarihimizde böyle basiretli devlet adamları da vardır, son derece zayıf kişilikler de.

---

2 Mülteci Profesör Dr. Albert Eckstein'in çalışmalarının anlatımı için şu kitabı okuyunuz: *Bozkır Çocuklarına Bir Umut*, Haz. Nejat Akar, Gürer Yayınları, 2008.

Böylece, önce bir örgüt kuruluyor. Bu örgüt bildiğimiz partiler gibi değil. Gerçi İttihat ve Terakki de bildiğimiz anlamda bir parti değildi ama en azından bir Balkan komite örgütüydü. Müdafaa-i Hukuk Cemiyeti öyle bir şey değil ama fedai cemiyeti olmadığı gibi çiçek toplama derneği de değil. Bu kimselere İttihatçı diyenler var ama bu doğru değil. Cihan Harbi'nde maceraperest karar verip başarısız olanlar değil, onlara muhalif olanlar var bu yapıda. Mustafa Kemal onları bir araya getiriyor. Hiçbirinin ne Enver Paşa'yla ne Talat Paşa'yla bir ilgisi kalmış, vaktiyle onlara karşı bir meyli olmuş ama onlar artık geride kalmış.

Mustafa Kemal'in ittihatçılığı konusu. Cemiyete giriyor ve çıkıyor.

Onun Şam'da Vatan ve Hürriyet Cemiyeti kurucusu olduğu, oradan Selanik'e geçip İttihat ve Terakki Cemiyeti'ne geçtiği söylenir. Cemiyetteki rolü, kimin ne kadar ağırlık sahibi olduğunun ispatı mümkün değildir ama az çok bellidir. Cemiyet içindeki bazı İttihatçılar diğer küçük grupları gözlemler, kontrol eder, denetler. Güvenilir olup olmadıklarını anlamaya çalışırlar. Mustafa Kemal muhtemelen bu şekilde gözlenmiş ve bir itimat sağlamıştır ama çok erken diyebileceğimiz bir çağda İttihatçı diktasının memleketi selamete götürmeyeceğini anlamıştır. Bu söz resmî tarihte de yer alır. Gerçek bir söylem ama zamanla totolojiye dönüşmüştür. Ne demektir selamete götürmemek? Bu kişiler ideallerinde samimi, davalarında cesur, Abdülhamid'in sansürlü yönetiminde bir şeyler başaracak kadar maharetli. Bazen bizim generallerimize Franco benzetmesi yapıyorlar ki bu çok yanlıştır. Çünkü Franco askerlik bilmez politika bilirdi; bizimkiler ise politika bilmeyip askerlik biliyorlar.

Yani siyasette başarı olamadılar mı?

Elbette. Siyaseti nereden öğrenebilirler ki? Askerlikten yeni çıkmışlar ve bir anda çok partili sisteme geçiliyor.

Peki, Mustafa Kemal'i uzaklaştıran şey, Enver Paşa'nın devleti Almanların yanında savaşa sürüklemesi mi?

Mesele orada başlıyor. Bu kişiler kurmaydır. 19. asırda yeniçerilik lağvedildikten sonra Cevdet Paşa'nın bir tespiti vardır: "Yeniçeri Ocağı'nın kaldırılması, Rusya'nın askerî teşkilatlanmasını kaldırmasına benzemez. Onların strelitzleri sırtlarında ur iken, bizimkisi kalbimizdeki bir kanser gibiydi ve bu yüzden de etkileri çok şiddetli oldu." Karakola, maliyeye kadar (vergi toplama), işlere hep yeniçeriler bakıyordu ki ortalık o yüzden karışmıştır. Orduyu uzun zamanda büyük zorluklarla kurarken, kurmaylık gibi akıllıca bir iş de gerçekleştiriliyor. Kısa sürede bu alanda Avrupa'nın eğitimine ulaşıyoruz. Kurmaylarımız fevkalade uyanık ve tecrübeliydiler. Şam, Makedonya, Yemen derken Prusyalı, Rusyalı meslektaşlarından daha iyi piştiler. Özellikle Ruslardan çok öndedirler, çünkü Rusya isyanlarla uğraşmıyordu. Zaten Rus topraklarındaki halkın büyük kısmı, bugünkü Türki devletlerdeki Türklerdi. Müslümanların milliyetçi ayaklanmaları olmuştur ama Şeyh Şamil olayından sonra, Rusya askerinin iç isyanları bastırmak gibi bir problemi olmamıştır. Bunlar bir kere yenilip tabi olduktan sonra başkaldırmaz, silaha başvurmazlar. Geri kalanları da Polonyalılar ve Yahudilerdir. Yahudiler Rusya'da bir şehir azınlığı değil, önemli bir halk grubudur. Son ciddi ayaklanmalar Polonyalıların Macarlar ile ortaklaşa giriştikleri isyanlardır ve Rusya onları Avusturya ile birlikte ezdi. Daha doğrusu üç devlet arasındaki Kutsal İttifak ilkelerine sığınarak isyan bastırmakta beceriksiz Avusturya'nın imparatoru genç Franz Joseph, I. Nikola'dan yardım istedi. Acımasız General Paskiyeviç komutasındaki 150 bin kişilik Rus ordusu General Bem (sonraki Murat Paşa) komutasındaki küçük Polonya-Macar ordusunu ezdi. Rus komutanın başarılı meşum rolü unutulmaz ve Polonya bir daha Birinci Cihan Harbi sonuna kadar ayaklanamadı. Türk askeri ise bütün 19. yüzyıl boyu hem cephededir hem de iç isyanları bastırırken olgunlaşır, tecrübe kazanır. Mustafa Kemal, Almanya ile ittifakın İngiltere ve Rusya'ya karşı bir fayda sağlamayacağını çok net görüyor. Zaten bu, Mustafa Kemal'in İttihatçılardan ve özellikle o üçlüden farkını anlamamızı sağlar.

Millî Mücadele aşamasına nasıl gelindi? Bu esnada Ankara-İstanbul ilişkisinin seyri nasıl gelişti? İstanbul, Mustafa Kemal'i önce geniş yetkilerle müfettiş olarak gönderiyor, sonra azlediyor.

Genç Türkler döneminde, saltanat makamıyla son derece iyi ilişkiler kuran ve son padişahla, daha veliahtlığından itibaren tanışan genç general Mustafa Kemal Paşa durumdan istifade etmiştir. İstanbul'da kurulan mütareke kabinelerinde Harbiye Nezareti'ni istemiştir. Bunun aktif bir darbe için olduğu anlaşılmaktadır. Kendisinin bu isteklerine cevap verilmeyince başka yollar denemiştir. Ortada bitkin bir asker sınıfı ve bitkin bir halk vardır. Ama Mustafa Kemal ve etrafındakiler artık Anadolu'da bir mücadele yapmaya karar vermişlerdir; zira İstanbul mücadelenin merkezi olamaz. Daha 1918'de, mütarekenin hazin yılında Trakya'da ve İzmir'de Müdafaa-yı Hukuk Cemiyetleri kurulmuştu. Millet her yerde direniyordu ama bu direnişlerin arasında koordinasyon, yani eşgüdüm yoktu. O eşgüdümü hangi politik deha sağlayacaktı? Ancak arkasında askerî bir başarı ve müspet intibalar olan bir komutan… Ordu müfettişliğiyle Anadolu'nun asayişini gözleme ve sağlama görevi de burada büyük rol oynamıştır. Samsun ve arkasından Amasya Tamimi ile Erzurum ve Sivas kongrelerinin Millî Mücadele'nin seyrini değiştirdiğini biliyoruz.

Sonraki gelişmeler nelerdir?

Ankara'da meclis kuruldu. Bu meclis, amacı ayrı bir devlet, ayrı bir hükümet kurmak olmayan, doğrudan doğruya Saltanat makamının hukukunu kurtaracak, onu koruyacak, İstanbul'daki şartların olumsuzluğu dolayısıyla Anadolu'yu seçmiş bir hükümetti. Tabii ki görünüşte Osmanlı İmparatorluğu ortadan kaldırılmış değildi; İstanbul'da sefirler vardı ve İstanbul'un da dışarıda sefirleri vardı. Ordu elbette ki kontrol altındaydı ama dağıtılmış değildi. Bir Osmanlı hükümeti vardı fakat bu hükümetin başkentteki polisinin asayiş gücü, Unkapanı Köprüsü'yle Bebek Karakolu arasındaydı; o da galiba padişahın sarayına ve saltanat makamına olan centilmen bir nezaketten dolayıydı. İstanbul'da müttefiklerin kontrolünü bile İngiltere üstlenmişti. İtalya Anadolu yakasında hiçbir faaliyette bulunmuyordu. Suriçi İstanbul ise Fransa'nın denetimine bırakılmıştı. Burada Anadolu'ya silah kaçıranlar başta olmak üzere, bütün millî teşekküllerin Fransa tarafından çok şedit bir şekilde kontrol edilip önlenmediği bilinmektedir. Bu durumda İngiltere, payitahtın askerî ve siyasi denetimini eline aldı. Bunu aldığında da büyük hatalar yaptı. Karşımızda alışılmış Britanya devleti yoktu; bazı aşırı tutumlu azınlık unsurlarla işbirliği yapan, esnafın denetiminde rüşvet almaya kadar giden adaletsiz olayların sıkça görüldüğü ve milletin gittikçe hınç beslediği bir mütareke idaresi ve komutanlığı vardı. Bu mütareke İstanbul'unda alışılmamış olaylar da göze çarpıyordu. Daha modern bir hayat başlamıştı. Bazı siyasi partiler faaliyetteydi fakat bunların hiçbirisi itimat edilecek ve oturacak bir düzeni sağlamış değildi.

Sultan Vahdeddin de dâhil olmak üzere, hiçbir Osmanlı hanedan mensubu Cumhuriyet'i, Türkiye'yi eleştiren ya da kötüleyen tek söz etmemiş ve Türkiye siyasetine karışmamıştır. Bunu nasıl değerlendiriyorsunuz? Nasıl mümkün oldu bu?

Osmanlı hanedanı ananesi, devlet alışkanlığı ve devlet fikri çok eskilere dayanan bir hanedandır. Mukayese yapalım; Sırbistan'da ise iki hanedan ailesi vardır ve sürekli biri diğerini devirerek tahta geçer. Balkan hanedanları ülkeleriyle uyuşamayan küçük hanedanlardır; daimi surette bir aristokrasi yaratmak istemiş, fakat muvaffak olamamışlardır. Ne Balkanlardaki idarecilerde ne de onların yönetimindeki halkta köklü ve gelişmiş bir devlet fikri vardır. Balkan devletlerini kuran komitacıların hepsi cumhuriyetçidir; fakat ne hikmetse, bu devletlerin kaderi savaşın sonunda beynelmilel olarak masaya yatırılmış ve ithal hanedanlar başa gelmiştir. Bu ithal hanedanların büyük devletlerden gelmemesi şarttır; bu hanedanlar, meselâ Romanov, Habsburg ya da Osmanlı olamazlar. 1870'lerde bazı Bulgar yarı bağımsızlıkçı komitacıları Sultan Abdülaziz'e "Osmanlı Hakanı ve Bulgar Çarı" unvanı vermek istemişti, ama elbette böyle bir şey mümkün değildi; 1878'den sonra da söz konusu olamazdı.

Türkiye'de ise böyle bir şey olamaz, yani iktidar paylaşan bir soylu sınıfın doğup korunması da mümkün değildir çünkü Osmanlı çok eski ve köklü bir imparatorluktur, devlet ananesi eskidir, devletin varlığı ve onuru, devletin yaşayabilmesi her şeyden önemlidir. Hanedanın son temsilcileri olan Osmanoğulları ve onların çocukları da bu geleneğe sahip çıkmışlardır. Sürgüne gittiklerinde bırakın aleyhte konuşmayı, aleyhte bir faaliyete karışmaları ya da yabancı devletler tarafından kışkırtılmaları dahi varit değildir; böyle bir şey görülmemiş, duyulmamıştır. Çünkü neticede bu devleti, Cumhuriyet'i kuranlar ve yönetenler eski Osmanlı generalleridir, o devletin insanlarıdır. Bu devletle mübarezeye girmek demek, devletle çatışmaya girmektir. Bu sade vatandaş için böyle olduğu gibi, eski hükümdar için de böyledir. Hakan-ı sabık ve onun ailesi için de aynı şey söz konusudur ki bu anlayışın hâlâ devam ettiği görülüyor.

Hanedan'da Cumhuriyete bakışta da bir devlet hassasiyeti dikkat çekiyor. Mustafa Kemal de bir noktaya kadar halifelik için ara formül uyguluyor. Saltanatı kaldırıyor ama halifelik sürüyor.

Evet, çünkü burada âdeta gizli bir uyum vardır. Mühim olan bu devleti kimin yönettiği ve devletin kendisidir. Aynı durum halk için de geçerlidir. Halkın altı asır boyunca sadık kaldığı hanedan Cumhuriyet'le birlikte gitmiş, idare değişmiş ve yeni bir rejim gelmiştir ama halkta geriye dönük bir özlem yoktur. Bu nedenle, Türkiye'de "Hilafeti getirecekler", "Padişahı getirecekler," gibi sözler sadece fantezidir. Eski monarşilerde monarşist partiler vardır, ama Türkiye'de ne bu türden bir parti ne de böyle bir hareket söz konusudur. Bu türden bir hareket ya da parti kurmak yasak olduğu için değil, yapısal olarak Türkiye'de böyle bir temel yoktur. Devlet dediğimiz şeyin şekli değil, kendisi mühimdir. Mühim olan hükümdar değil, ilahi bir karakteri olan devlettir.

Millî Mücadele sırasındaki durum nedir? İstanbul-Ankara arasındaki denge nasıl bozuluyor, ip nerede kopuyor?

Evet. Mesela, "veliahd-ı saltanat" konumunda olan Abdülmecid Efendi Ankara nezdinde istenmiştir, ama bu Abdülmecid Efendi tarafından makul görülmemiştir. Asker olmasının yanı sıra, Ankara'yla da irtibatı olan Ömer Faruk Efendi'nin de Anadolu'ya geçmesi isteniyor ve şehzadenin karşı talebi ve şartları reddediliyor. Elbette bunun nedenlerini bilmek lâzım. Muhtemelen, Ankara bir noktadan sonra hanedanı pek istemiyor. Bu noktada, Tevfik Paşa'nın oğlu İsmail Hakkı Bey'in hatıratını[3] iyi gözden geçirmek lâzım; bu hatırat bize bazı ipuçları verebilir. Damat İsmail Hakkı Bey Ankara'ya geçerek Millî Mücadele'ye katıldı. Kendisi hanedana mensup; Ulviye Sultan'ın eşi, Hümeyra Hanım Sultan'ın babasıdır. Burası çok önemli bir noktadır; Meclis hükümeti meşruiyyetini böyle bir padişah damadını kabul etmekle de gösteriyor. İstanbul'dan kaçanlar, dağılanlar Anadolu'ya geçip, Ankara'daki Meclis'e iltihak etmişlerdir. Ankara konvansiyonel bir sistem dahilinde hükmediyor ve milleti temsil ediyor. Birinci mecliste her kesimden, her tür düşünceden kimse vardır ve bu meclis hukuken Osmanlı Meclis-i Mebusan'ının devamıdır.

3 İsmail Hakkı Okday, *Yanya'dan Ankara'ya*, Sebil Yayınevi, 1975.

O dönemde birtakım hükümetler geliyor. Damad Ferit Paşa hükümeti bunların içinde en uzun hükümet edeni olmasa da, en keskin İngiliz taraftarı olan hükümettir. Bu durum, hiç parlak bir zat olmayan Damad Ferit Paşa'dan çok geniş ölçüde nefret edilmesine sebep olmuştur ve bu hükümet hakikaten de aklı başında politikalar yürütmemiştir. Bu yüzden, kurumsal olarak memleket ikiye bölünmüştür.

Şu halde söylenecek şey çok açıktır: Cumhuriyet'i kuran hareket gerçek anlamda bir direniş göstermiş ve konumunu hak etmiştir. Nitekim mağlup olan devletlerden hiçbirisi böyle bir direniş gösteremedi. O ülkeler galiplerin dayattığı anlaşmaları kabul edip, yeni şartlara adapte olmaya çalışırken, tek direnen Türkiye'dir. Bu direnişi gösteren bir memleket sonunda kendi isteklerinde diretecek ve o direnişi örgütleyip komutayı elinde tutanlar da, haklı olarak, Cumhuriyet rejimine geçeceklerdir. İstanbul'dakinin aksine, aktif olan ve direnen Ankara'daki meclis istediklerini dayatacak ve kabul ettirecektir.

Millî Mücadele'nin büyüklüğünü anlatmak için Osmanlı'yı kötülemeye gerek var mı? Cumhuriyet ve Osmanlı'nın her ikisi de bizim değil mi?

Ortada işgal orduları var ve Anadolu'nun bir yerinde insanlar birleşiyor, bir araya geliyor, tüm imkânlarını ortaya koyuyorlar. Büyük bir örgütlenme ve büyük bir gelenek var. Mesela Macaristan bunu yapamamıştır; önce Bela Kun önderliğinde komünistler başa geliyor, sonra Horthy'nin askerleri komünistleri yok ediyor. Avusturya da bunu yapamamış ve orada da cumhuriyetçiler Habsburgları eleştirmiştir. Ancak kendileri küçülen Avusturya'yı kurtarabildiler mi, çöküşü önleyebildiler mi? Almanya'da ne oldu? Rosa Luxemburg ayaklanması ve Sovyet tipi bir hareket oldu, onu da bastırdılar ve ardından dünyanın başına dert olan canavar bir zihniyet geldi. Mütarekede Osmanlı hükümeti aciz, bunu bilerek yargılamalı.

BİRİNCİ MECLİS VE CUMHURİYET'İN KURULUŞU

Birinci Meclis nasıl bir meclisti?

Bu noktada öncelikle meclis sistemi üzerinde durmak lâzım. Çünkü meclis hükümeti görülmemiş ölçüde konvansiyonel ve açık, demokrat. Elbette reisin bir sultası var ama hiçbir konvansiyonel sistem, hiçbir ihtilal meclisi öyle çalışmamıştır. Herkes muhalefet edebiliyor, prosedür gayet etkin işliyor. Bu çok önemlidir. Hâlbuki cumhuriyet kurulduğu zaman artık muhalefet yok. Cumhuriyet muhalefetsiz bir ortamda başlıyor ki çok önemlidir. Bu iki sistem çok farklıdır. Asıl Türkiye demokrasisi bir devlet olduğunu, örgütlenmeye müsait bir toplum olduğunu Birinci Meclis'te gösteriyor. Hükümete geldikleri zaman, 1920'lerin, 1930'ların dünyasına uygun bir otoriter toplum devlet sistemi kuruluyor. Fakat bu insanları çok rahatsız etmemeli; çünkü o devirde Polonya da, Avusturya da, İspanya da, İtalya da öyleydi. Hatta Almanya gibi bir örnek bile demokrasinin getirdiği bunalıma tepki olarak ortaya çıktı.

Birinci Meclis sistemi herkesi bir araya toplamış ve el birliğiyle hareket etmiştir. Elbette bunun gösteri kısmı önemli, çünkü bu gösterinin ardında süren bir savaş var. Arka plandaki komutanlar çizme ile yürür gibi değil, ayakkabıyla yürür gibi hareket ediyorlar mecliste. Kimi incitmeyeceklerini, nasıl adım atacaklarını hesap ediyorlar. (Bir fıkra vardır: "Lenin ile Stalin arasında ne fark var?" demişler. "Birisi potin giyiyor, diğeri çizme," diye yanıtlanmış. Lenin'in eserleri ders kitabıdır, doktrin kitabıdır fakat Stalin için aynı şeyi söyleyebilir miyiz? Hayır, tabii ki… Stalinst teoriyi Marksist dünya küçümser. Stalin uzun yönetimi boyunca emektarlar da dâhil herkesin üzerinden çizmeyle geçmiştir. Kurulan sanayi toplumu inanç ve propagandadan çok devlet terörünün eseridir.)

Birinci Meclis'in yapısı budur; burada muhalefet ustalıkla ve hakkaniyetle bertaraf edilmiştir. Cumhuriyete geldiğimiz zaman artık o dönemin Avrupa'sına uyulduğunu görüyoruz. Zaten İngiltere dışında demokrasi yoktu, Fransa bile gerçek bir demokrasisi olduğunu ispatlayamadı. Her yerde kriz vardı. Fransa'da, Avusturya'da, İtalya'da müthiş kavgalar vardı. Almanya'da Hitler doğdu. Balkanlar zaten çok kötü durumdaydı.

Birinci Meclis'in yakın tarihimizdeki özel yerinden bahsedelim biraz da.

23 Nisan 1920'de açılan TBMM'nin çok çarpıcı özellikleri vardır. Yabancı dillerde ülkemizden, devletimizden Türk olarak ve hatta imparatorluktan Türk İmparatorluğu olarak bahsedilmesine, coğrafya olarak Ortaçağlardan beri Türkiye diye anılmamıza rağmen, devletimizin ismi ilk defa "Türkiye" olarak zikrediliyor; Türkiye Büyük Millet Meclisi Hükümeti. Bu söz bilinçli olarak bir şeyi daha ifade ediyor. Bu, konvansiyonel dediğimiz meclis hükümeti sistemidir, yani bir ihtilalci hükümettir. Fransız Konvansiyonel Meclisi, hatta o devirde bizim muasırımız ve komşumuz Sovyetler Devleti gibi. Meclise dayanan bir idare sistemidir bu. Fakat tarihteki diğer meclis hükümetlerinden, konvansiyonel meclislerden bir farkı vardır; burada muhalefet vardır. Yani Müdafaa-yı Hukuk Grubu'ndan gelen ve Mustafa Kemal Paşa'nın etrafında toplanan itirazsız tabî olan üyelerin dışında muhalifler vardır. Bu muhaliflerden kesin padişahçı olanlar var-

dır, çok kesin şeriat tarafını izleyenler vardır, solcular vardır ve İttihatçılar vardır. İttihatçıların hepsi de Anadolu Hareketi'ne, Mustafa Kemal Paşa'ya itaati boynunun borcu bilen takımdan değildir. Bunlar çok kısa bir zamanda muhalif tavırlarını da ortaya koymuşlardır. İstiklâl Harbi bu muhalefete rağmen yürütülmüştür ve burada hakikaten enteresan, ince bir politika takip edildiği görülmektedir.

Cumhuriyet'in ilanından sonra, Birinci Meclis'ten dolayı sağlanan birkaç yıllık çok güzel bir özgürlük ortamı var. O şartlarda bu nasıl mümkün oldu?

Osmanlı saltanatı, Birinci Meclis tarafından ilga edilmiştir. Buna itiraz etmediler, çünkü İstanbul hükümeti mazlum rolünde devam ederek kontrolü kaybetti ve mecburiyetten ve iktidarsızlıktan dolayı Ankara karşıtı ve hatta düşmanı görünmek durumuna geçti. Bu yüzden saltanat ilga edildi. Son sadrazam Tevfik Paşa hiçbir zaman Vahdeddin'in politikasını tasvib eden biri değildir ve Ankara hükümetini gayet iyi tanır. Abdülmecid de aynı şekilde, ilga edilen saltanata rağmen devam etmeyi istemedi. Osmanoğulları ha'l edilmeye alışıktır. Mesela Mehmed'e ha'l geldiği zaman "Bize siyaset var mıdır?" demiş. "Hayır," cevabı alınca ses çıkarmamış. II. Abdülhamid İstanbul'da I. Ordu'nun kendisinden yana olduğunu biliyordu, Hareket Ordusu'na saldırı emri verebilirdi. Fakat asla ısrar edilmez ki bu çok hakkaniyetli bir yapıdır. İç harbden çekinilirdi. Vahdeddin de hazineden hiçbir şey almadan terk ediyor memleketi. Hatta babası Sultan Abdülmecid Han'ın saatini ödünç olarak birkaç haftalığına almıştı, bir de Hafız Osman Kur'an'ı vardı, hepsini teslim edip makbuzu alarak gidiyor; zaruret içinde gurbete gidiyor. Oğlunun da söylediği gibi, halife tahsisat meselesinde ve Cuma selamlığında ölçüyü kaçırdı. Sessiz sakin, basit bir hilafet olsa sorun yoktu, fakat o zamanlar Hint Müslümanları Türk hilafetine düşkündü.

Rusya'da komünizm doğduğu için, oradaki Müslümanlar için aynı durum söz konusu değildi. Sonradan Hindistan'da da çok kanlı bir çatışma sonucu Hindistan Müslümanlığı ortaya çıktı ve bu hilafet kurumunun rolü sona erdi. Saltanat zaten ortadan kalktığı için, hilafet konusunda bir çekince vardı; çünkü hepsi Osmanoğlu'ydu. Mesela içerideki ekipten Rauf Orbay ve Kâzım Karabekir hilafete taraftar olan isimlerdir. Cumhuriyet konusuna gelindiğinde tartışmalar ortaya çıkıyor. Öte yandan karşı çıkanın başının gideceği söyleniyor ki bu da apaçık, onay mecburiyeti doğuruyor. Her şeye rağmen oy birliğiyle alınan bir karar değil ama mecliste bir bütünlük havası var.

Birinci Meclis 9 Nisan 1923'te kendini neden feshetti?

Dönemi bitmiş farz ediliyor. Arada ne oldu? 1 Kasım 1922'de TBMM, saltanatı ilga etti ve son padişah Vahdeddin'e şunu tebliğ etti: "Bundan sonra erşed ve eslah, ilmen ve ahlaken en önce gelen hanedan üyesi halife seçilecek ama bu halife, Türkiye Devleti'ne istinat edecek." Yani hanedandan biri halifedir ama iktidar devletin elindedir. Saltanat ilga edildikten sonra Vahdeddin, İstanbul'da hanedanın en ahlaklı ve ilmi en derin adamı olarak kendisinin seçilmesini beklemedi. Bu, ironik bir deyimdir ve Bernard Lewis kullanır bunu. Son padişah hakikaten hazineden hiçbir şey almadan -Avrupa bankalarında da parası yoktu-, İngilizlerin Malaya zırhlısıyla Avrupa'ya sığınmak zorunda kaldı ve sıkıntılı birkaç yıllık bir dönemden sonra da vefat etti. O zaman onun kuzeni, aynı zamanda da dünürü olan Sultan Abdülaziz'in oğlu Abdülmecid Efendi -TBMM hükümetine ve Anadolu Hareketi'ne karşı sempatisi olan bir üyeydi- halife seçildi. Maalesef son halife bu konumunu muhafaza edemedi. Anadolu'yla olan ilişkilerinde hassas dengeleri iyi koruyamadı ve sonunda 1924 yılı Mart ayında Hilafet ilga edildi ve hanedan üyeleri yurtdışına çıkarıldı. Burada dikkat çeken şu: 9 Nisan'da kendini fesheden meclisin yerine, artık daha mutedil ve bundan sonraki değişikliklere yatkın bir meclis tesis edilmiştir. Temmuzda yapılan seçimlerle, Ağustos 1923'te bu ikinci devre meclis toplanmıştır. TBMM'nin ilk işlerinden birisi, on ay kadar büyük diplomatik çekişmelerle devam eden ve nihayet 24 Temmuz 1923 yılında imzalanan Lozan Antlaşması'nı meclis olarak tasdik etmektir.

Mustafa Kemal'in yanı sıra, mesai ve silah arkadaşlarının zihninde Cumhuriyet düşüncesi ne zaman ortaya çıkıyor? Görüş birliği yok aralarında önce?

Mustafa Kemal'de Rousseau'cu ve Durkheim'cı bir görüş vardı. Bu, bütün Avrupa'da da yaygındı. Bugün bile öyledir; tarih safha safha ilerler, cumhuriyet nihai safhadır. Beşeriyetin ilerleme safhalarına göre nihai nokta odur. Mustafa Kemal de buna inanırdı.

Fakat bu soruyu yanıtlamak çok zor, çünkü onların zihninde cumhuriyet fikrinin belirdiğini düşünmek de çok zor. Fakat mesela bu konuda en sadık dost İsmet Paşa diyelim. İsmet Paşa meşrutiyetten ötesini niye düşünsün ki? Ama öyle bir yapı var ki biri Cumhuriyet fikrini getirdiği zaman buna uyum sağlanıyor. Çok ilginçtir; bir kanun ve düzenlemeye taraf olmayabilir ama yapılınca artık karşı değil ve sıkıca izler. İsmet İnönü ileriki dönemde de öyledir. Mesela Harf devrimine muhaliftir ama yapılınca katiyetle tatbik ediyor. Kanun devreye girdikten sonra Arap harfleriyle hiçbir not tutmamıştır. Sevmek zorunda değilsin ama saygı duymak zorundasın. Fevzi Paşa neden cumhuriyetçi olsun ki? Ama cumhuriyetçi; çünkü devletin bekası ve şartların getirdiği noktaya itaat eder.

Kâzım Karabekir Paşa zaten istemiyor.

Tabii, kesinlikle. Ne hilafet ne başka bir şey istiyor. Onların hepsi meşrutiyetçidir. Osmanlı meşrutiyeti hakikaten meşrutiyet idi yani makam-ı saltanat artık memlekette hiçbir şeyi yapacak durumda değildi. Demokrasi de yoktu tabii. Sanki İttihat ve Terakki döneminde Britanya demokrasisi mi uygulandı? Ama saray artık işin içinde değildi; tamamen kenara çekilmiş ve temsilî bir merci haline gelmişti. Onun için bunun model olarak uygulanması mümkündü, her zaman için Bab-ı âli kuvvetlidir.

Mustafa Kemal 18 Mayıs 1919'da, Samsun'a çıkmadan önce, İstanbul'da Bekir Ağa Bölüğü'ndeki tutuklu arkadaşlarını ziyaret ediyor ve onlara Cumhuriyet'i kurmaktan bahsediyor. Demek ki daha o zamandan kafasında böyle bir düşünce var.

Evet, daha sonra da Mazhar Müfit Kansu'ya yazdırıyor bunu. Burada bir oluşum var ve bu da tamamen meşruiyyetçi ve kanuniyetçi bir davranıştır. Şunu söylemeliyiz ki Mustafa Kemal aktif İttihatçı kadroları bu amaca ulaşmak için başarılı şekilde kullanmıştır. Bu gibi bir işbirliğine hatta iltihake taraftar olanlar da, karşı olanlar da var. Hatta buna taraftar olsa da, Mustafa Kemal'in şahsına karşıt olanlar var.

Mustafa Kemal bir Osmanlı subayı olduğu halde, hatta bizzat Vahdeddin'e gelip ordunun başına geçmesini istediği halde, yeniden yapılanma ve Cumhuriyet'i kurma düşüncesine nasıl ulaşıyor?

Artık makam-ı saltanatın tehlike oluşturacağını, Ankara'daki yeni rejim için tehlike teşkil edeceğini görüyor. Hilafetle olan sıkıntısı da budur. Hem Vahdeddin hem de onun çocuklarının bir kanaati vardır; eğer son halife Abdülmecid Efendi Ankara'yı rahatlatabilseydi, biz kalırdık diye düşünürler. Fakat yapamadı; Halife Abdülmecid gerekli itidal ve uyum siyasetini göstermedi. Ankara'dakiler sürekli şikâyet, tahsisat sıkıntıları gibi şeyleri kaldıramazlardı. Yani kıyıda kenarda dursalar, Ankara da bir sorun yaşanmaz diye düşünseydi hilafet kalabilirdi. Ama böyle bir kanaat oluşmadı.

Mustafa Kemal'i başarıya götüren sihir nedir?

Aslında işi hem çok basit hem de çok zordu. Yaptığı şey sadece örgütlenme ihtiyacı duyan kimseleri bölgeler halinde bir araya getirmekti. Yani halk görüyor ki bu işin içinde İttihatçılar da var, şeyhler de. Mustafa Kemal hepsini asgari bir müşterekte ikna edip topluyor. Bazıları başarı sağlanamayacağını, itaat etmek gerektiğini, İngilizlere dayanarak bir şeyler koparmanın mümkün olduğunu ve bu işgalin nasılsa sona ereceğini söylüyordu. Diğerleri ise bunun sona ermeyeceğini, biraz daha beklenirse milletin Ermeniler tarafından katledileceğini ve toprakların da Rumlara verileceğini söylüyor. Unutmamak lâzım ki imparatorluğun içinde 1915 Tehciri'nin intikamını almak için bekleyen, teşkilatlanmış bir Ermeni topluluğu vardı. Bilhassa Kâzım Karabekir bu konuya değiniyor. Aynı zamanda Batı'da da ilk başta fazla önemsenmese bile, Yunanlıların ilerlemesinden rahatsız olanlar var. Çünkü Yunanlılar ne kanun ne de nizam bilen, Balkanların küçük olsa da çok büyük özlemleri olan bir milletidir. Bir yere girdikleri zaman, İngiliz, Fransız hatta Rus ordusu gibi davranmayı bilmezlerdi. Maalesef ordu disiplini sağlayamaz; yağma, ırza geçme, öldürme gibi olaylar olur. Yani bir kanun tahtında işgali yönetme alışkanlıkları oluşmamıştır. Mesela İzmir'de Venizelos'un vali olarak tayin ettiği bir işgal bölgesi komiseri vardır: Aristidis Stirgiadis. İslâm hukuku bilecek kadar kültürlü, bilgili ve güçlü bu adam, daha önce Yanya'da valilik yapıp başarılı olmuş biri. Ondan en çok şikâyet eden, şehrin Yunan tacirleri ve burjuvalarıdır. Her şeyin kendilerine verilmesini isteyen bu ileri gelenler adama az çektirmemiş. Bu adam levantenler ile görüşmeyecek kadar mesafeliyken, Yunanlı tacirler Avrupalı levantenlere karşı valinin haklarını korumadığını ve bu yüzden piyasaya hâkim olamadıklarını söyleyip sızlanıyorlar. Ondan evvelki vali Rahmi Bey levantenlerin evinden çıkmazmış. Stirgiadis hiç şüphesiz İzmir'in Hellenleştirilmesi programının başındaydı. Ve bu planı bir ölçü ve düzenle, Türkleri de fazla ezmeden uygulamak gerektiğini o anlamıştı; ama Yunanlı çevrede herkesin anladığını söylemek mümkün değildi. Çünkü Yunanlıların bu memleketi tek başlarına idare etmeleri mümkün değildi.

Mustafa Kemal Lozan'a neden İsmet Paşa'yı yolluyor? Fethi Okyar, Rauf Orbay neden İsmet Paşa'yı seçtiğini merak ediyorlar, çünkü onun iyi bir asker olduğu halde siyasetle alâkadar olmadığını biliyorlar. Lozan dönüşü karşılama krizi bile çıkıyor.

Çünkü onu dinleyecek olan, ona en yakın olan kişidir İsmet İnönü. Başka kimi gönderse, o kişi kendini bir şey zanneder. Rıza Nur'un hatıratında görüyoruz ki adam kendini büyük bir diplomat zannediyor.

Fethi Okyar da İsmet İnönü için "Bu adam bizim kadar bile lisan bilmiyor, orada ne işi var?" diyor. Ama mühim olan lisan bilmek değil, Atatürk'ün prensiplerine sadık olmak ve inatçı olmaktı. İnat etmek müzakere bağlamında çok önemlidir. Lozan'a bugün "zafer" diyenler de, "hezimet" diyenler de var. Fakat Lozan bir uzlaşmadır. Harpten yeni çıkmış bir millet olarak, çok korkunç olan eski antlaşmayı kabul etmiyoruz. Buna karşı Musul'un kaybedildiğini söylüyorlar ama zaten Misâk-ı Millî'nin sınırları 1912'den beri tam belli değil. 10 senedir savaşan bir ordu var. Sultan Abdülhamid zamanında Goltz Paşa diyor ki: "Osmanlı yaklaşık 30 milyon nüfusluk bir imparatorluktur. Buna rağmen bu kadar geniş bir sahası olan (yüzölçümü) devletin çıkarabileceği orduyu, Güney Almanya'da bir prenslik bile çıkarabilir!" Yani insan gücü çok az ve sıhhatli Türklerin sayısı da gün geçtikçe azalıyor. Tam aksine sıhhatli Hıristiyanların sayısı 19. yüzyıldan beri artıyor.

Karabekir Paşa ve Fethi Okyar ayrı tarihlerde iki ayrı muhalif fırka denemesinde bulunuyor. Terakkiperver Fırka ile Serbest Fırka girişimlerinin farkı önemli. Nedir bu fark?

Mecliste çok şeyin değişeceği 1920'de bile belliydi. Eski meclisteki vekillerden Mustafa Kemal Palaoğlu'nun meclis üzerine hazırladığı doktora tezinde de bu belli olur. Makam-ı saltanatı kurtarmaya yönelik şeyler söylendiğinde görülen tepkilerden meselenin başka yere gideceğinin sinyalini alıyorlar. Ortada bir muhalefet ve şikâyet durumu olduğundan ve kendisi de memnuniyetsiz olduğu için Kâzım Karabekir Paşa 1924'te Terakkiperver Fırka'yı kuruyor. Atatürk de Karabekir'den sıkılmaya başlıyor, çünkü kendisine yakın olan iki adamdan biri olan İsmet İnönü ordudan ayrılıyor, diğeri olan Fevzi Çakmak ise orduda kalıyor. Kâzım Karabekir ve Ali Fuat Cebesoy da ordudan ayrılarak siyasete atıldılar. Kurulan bu parti kendilerinin bile istemediği bir noktaya vardı. Yoksa Kâzım Karabekir Kürtçü değildir. Partinin Kürt ayaklanmaları ile alakası yok ama farkında olmadan, milliyetçilik ve dindarlık mevzuları ortaya atılmasından dolayı ayaklanma kışkırtıcılığı partiye yıkılıyor. Şeyh Said Ayaklanması'nda milliyetçi bir unsur var. Söylendiği gibi bir İngiliz oyunu ya da bir Nakşilik meselesi değil. Tabii Nakşilik ile ilgili bir bağlantı Şeyh Said'in kişiliğinden ileri gelir ama isyanın kaynağı esasen Kürt milliyetçiliğidir. Kâzım Karabekir sıkıntıları gören, Ermeni olaylarında ortaya çıkan zıtlaşmayı fark edebilen bir kişi olduğundan, öyle bir isyana bulaşması akıl mantık işi değil. Aynı mozaik yapılanma ve partileşme deneyimi 1930'larda tekrarlanıyor ama bu sefer işin içine solcular da giriyor. Gerici dedikleri ekip ile Bolşevik tayfa aynı çatıda toplanıyor. Gerçi bu iki deneyim arasında bir fark vardır. Terakkiperver Fırka olayında liderler dürüst ve samimiyetle muhaliftiler. İkincisinde ise böyle bir şey söz konusu değil. Fethi Bey, İsmet İnönü'nün hiçbir şeyinden memnun değil; onu özel sektör düşmanı ve fazlaca bürokrat olmakla suçluyor. Atatürk'e ise bağlı.

O zamanlarda geleceğin başbakanı Adnan Menderes ile Atatürk'ün bir araya geldiği biliniyor. Atatürk Menderes'ten etkileniyor.

Evet, Merhum Adnan Menderes, Fethi Okyar'ın partisinde Aydın il başkanıydı. Etrafta tutulan bir genç olduğundan, Atatürk biraz da sorgulamak ve tembih babında görüşlerini dinlemek için kendisini çağırtıyor. Menderes deyince Birinci Cihan Harbi'nde yedek subaylık yapmış, konuşmasını bilen, İstiklal madalyası sahibi biri söz konusu; anlatmaya başlıyor ve memleketin zenginlik istediğinden bahsediyor. İktisadi girişim hürriyeti istiyor ve bürokrasi ve hükümetin müdahalelerinden şikâyet ediyor. Anlattığı şeyler malum.

Atatürk'ün de ne düşündüğü malum ama Atatürk ondan bunları yazmasını istiyor ve Menderes bir sonraki seçimde mebus olarak meclise giriyor. Atatürk'ün yaptığı devrimlerle birlikte, Türkiye'nin geçmişindeki bazı şeylerin radikal şekilde değiştiğini görüyoruz. Geçmişten bir kopuş yaşanıyor. Bu devrimleri ve Atatürk'ün şahsında-siyasetinde kopuş/süreklilik ilişkisini nasıl yorumlarsınız?

Çok açıktır ki Atatürk devlet reisimiz olmasının yanı sıra, bir komutandır, hatta yeni Türkiye'nin ilk mareşalidir. Atatürk'le birlikte o askerî anane devam etmiş, hatta eskisinden daha şiddetli bir şekilde sürmüştür. Türkiye'de ordu geleneği değişti mi? Ordunun Türk olması geleneği değişti mi? Devamlılık bakımından Yargıtay, Danıştay gibi büyük hukuki müesseselerin dahi, eskiden Meclis-i Ahkâm-ı Adliyye, Meclis-i Vâlâ, Şura-yı Devlet, Divân-ı Muhasebat olarak var olduklarını görüyoruz. Bunların haricindeki temel müesseselere de bakabiliriz. Mesela, bürokraside hangi dili kullanıyoruz? Zaten bu dilden başka bir dil bilmiyoruz ki. Birtakım kimseler diyor ki, Medeni Kanunu olduğu gibi İsviçre'den almışız. Öyle bir şey söz konusu değildir. Medeni Hukukumuzda halen İslâm Hukuku'ndan gelen birtakım müesseseler caridir. Hâlâ, bu kanunlardan biri olan karı-koca mal ayrılığı rejimi üzerinde tartışmalar sürüyor. Bu rejim çok eski ve oturmuş bir İslâmi müessesedir. Evlat edinme, çocukları varken ölenin büyükannesine vs. miras bırakamaması gibi, bu kategoride benzer daha birçok mesele vardır.

Demek ki biz bu kanunları alırken yerleşik İslâmi kurallara göre bazı hassasiyetleri gözetip, uyarlamalar da yapmışız...

Bunları adapte eden, kabul eden insanlarda o şuur vardır. Birtakım müesseselerin devam etmesinden kaçınamazsınız. Siz bunları kaldırıyormuş gibi görünseniz bile, bu müesseseler alttan alta yaşamaya devam eder. Tarikatları ilga edebilirsiniz, ama oradaki ihvan müessesesi bir şekilde devam eder. Bunlar zaman içinde bir başka şekilde avdet eder ve bu avdet etme de bir denge içinde vuku bulur. Bu eskinin restorasyonu da değildir; eski, yıkılmayacak bir şey olsaydı, zaten yıkılmazdı. Kimse de 1924 yılında tarikatların çok parlak bir durumda olduğunu söyleyemez. Tarikatlar o dönemde, dejenere olmuş ve yıkılmayı, değiştirilmeyi hak etmiş bir vaziyetteydiler.

Atatürk'ün büyüklüğünü görmek için Osmanlı'yı küçümsemenin ya da Cumhuriyetçi olmak için Osmanlı müesseselerini inkâr etmenin gereği yok.

Bu tip sloganlar akademik olmayan muhitler tarafından üretiliyor. Böyle popüler bir tarih var. Mesela Sovyetler Birliği'nde bu hiçbir zaman olmamıştır. Sovyetler Birliği'nde Çarların çok geri olduğu söylenir, ama Rus monarşisinin çok berbat olduğu, Rusya için hiçbir şey yapmadığını söyleyen birisi akademide barınamaz. Böyle bir şey söyleyemez, hatta böyle bir şey ihsas ettiğiniz, böyle bir tarihî olay ve mirası küçümsediğiniz zaman akademiden dışlanırsınız.

Türkiye Cumhuriyeti'ni Osmanlı'nın modern devlet yapısına dönüşümü gibi görmek mümkün... Devletin devamlılığı esas. Bunu yapabiliyor muyuz?

Türkiye Cumhuriyeti'nin üzerine kurulduğu topraklar Osmanlı Devleti'nin anavatanıdır. Bu nedenle cumhuriyetle beraber devlet devam ediyor; diliyle, diniyle, toprağıyla ve insanlarıyla elbette Osmanlı'nın halefi biziz. Türkiye bir "reddi miras" hakkına sahip değil. Ermeni olayları tartışılırken de kimileri "Onu yapan Osmanlı'ydı, biz başka bir devletiz," dedi. Bu büyük bir saçmalıktır. Eğer bir Ermeni Sürgünü olmuşsa bunu yapan bizim dedelerimizdi. Eğer masumsa da bizim dedelerimiz masumdur.

Bazıları saltanat ve hilafetin kaldırılmasıyla Cumhuriyet'in yeni bir devlet olarak Osmanlı'nın inkârı üzerine kurulduğunu iddia ediyor.

Bunların kalkmasıyla Osmanlı'nın kurumsal yapısının dağıldığı söylenemez. Evet, saltanat ve hilafetle birlikte devletin iktidar yapısında bir değişiklik oldu. Ancak devlet kurumlarının pek çoğu varlığını sürdürdü. Hilafet kurumu zaten 20. yüzyılla birlikte işlevini ve etkisini yitirmiş bir kurum olduğu için kaldırılması Cumhuriyet'in iç ve dış politikasını önemli bir şekilde etkilemedi. 89 yıl içinde Türkiye bir yurttaş toplumu olmayı becerdi. Bunda Osmanlı'da yaşanan gelişmelerin önemli bir payı var. Siyasi partiler, seçimli parlamento gibi siyasi ve idari kurumlar Osmanlı'da da vardı. 89 yıl içinde çok tatmin edici olmasa da, Osmanlı'dan devralınan siyasi ve idari yapı belli bir gelişmişlik düzeyi yakaladı. Bugün Türkiye'nin sanayisinde ve idari yapısında sakatlıklar varsa bunun da köklerini Osmanlı'da aramak gerekir.

Benim Türk aydınına sürekli söylediğim bir şey var; Osmanlı mirasını reddetmek ya da benimsememek gibi bir lüksümüz, dahası böyle bir tercih hakkımız yok. Yüzyıl öncesini okumamız, geçmişle diyalog halinde olmamız gerekir. Bugün bazıları "Resimli Osmanlı Tarihi" okuyarak ahkâm kesiyor. Tarih bilgisi bu düzeyde olan insanlar, Türkiye'de Osmanlı mirasını tartışamaz. Tartışılırsa da bugün içinde bulunduğumuz düşünsel hercümerce düşeriz.

Bu konuyu son padişahın kızı ve halifenin gelini; Yahya Kemal'in deyimiyle Türkçesi İstanbul'un en iyi on kişisinden biri olan ve Fransız kültürü de ondan aşağıya kalmayan Sabiha Sultan'ın bir deyişiyle bitirelim. Kendisi Cumhuriyet ve saltanatın alâkası için; "O Türklerin imparatorluğuydu, bu da Türklerin cumhuriyetidir," demişti.

O dönemde hür demokratik rejim arayışları gündemde. Ama başarılamıyor. Neden?

Demokrasi açısından Terakkiperver Fırka ve Kâzım Karabekir Paşa öne çıkıyor. Şunu söylemek lâzım: Bütün dinî gruplar, saltanatçılar, eski Kuva-yı İnzibatiyeciler, Enverci ve Talatçı birtakım İttihatçılar Terakkiperver fırkaya katıldı. Daha ortada sosyalizm yoktu, 1930'daki fırkaya ise, solcular girecekti. Yani muhalefette kim varsa, o diğer partiye dâhil olacaktı. Tabii bu durum çok ürkütücü şekilde neticelendi. Yani muhalefetin bu şekilde tek yumruk olması ve çoğulcu yapıya kavuşamaması, gayesi ve amacı aslında farklı olan insanların tek bir yolda birleşmeleri tahammül edilebilir bir şey değildi. Çünkü böyle bir ortamda demokrasi var olamazdı. Ancak kavga çıkardı. Çok sonradan Mustafa Kemal'in yapamadığını 1946'da İsmet İnönü yaptı. Neden? Çünkü muhalefet de öyleydi. Yani Celâl Bayar ve İsmet Paşa bir konuda birleşiyor. Mesela "Solcu istemeyiz," diyorlar. Celâl Bey çok çekiniyor solculardan, İsmet Paşa; "Mürteci istemeyiz," diyor. Ne Celâl Beyin ne de İsmet Paşa'nın o kanada karşı hayırhah bir bakışı var. Birleştikleri nokta da budur. Asgari müşterekte birleşiyorlar ki kendilerine göre çoğulcu demokrasi de bu şekilde sağlanmış oluyor. Böylece çok partili sistemi ister istemez kuruyorlar. Fakat bu şekilde de ola ola üç parti var oluyor. Sol partiler kesinlikle dağılıyor veya kapatılıyor. Yönetimde olanlar ya mahkûm oluyor, ya da damgalanıyor.

2

MUSTAFA KEMAL ATATÜRK

TÜRKİYE MAREŞALİ

Atatürk'ün "büyüklüğünün" sırrı nedir? Onu dünya tarihinde özel kılan özellikler nelerdir?

Böyle bir lideri herkes ender yetiştirmiştir. Herhangi bir ulusun Mustafa Kemal gibi kaç lideri olabilir? Büyük ulusların büyük liderleri kaç tanedir? Kaliteli insan demiyorum. Kaliteli insan yetiştirmek artık o kavmin hakikaten bazı müesseselerini kurduğunu, geleneğini oluşturduğunu, eğitimini -ki eğitimin sosyolojideki adı yeniden üretimdir biliyorsunuz- rayına oturttuğunu gösterir. Oralarda nitelikli insan kadroları çıkar. Bunların her kabinesinde en az üç tane çok parlak bakan çıkar, sefirlerinin %20'si çok iyidir. İş adamlarının arasında üç beş tanesi çok iyidir, on-on beş tanesi iyidir ve onlar toplumu yönlendirir. Her zaman için böyle toplumlarda asrın dâhisi olmasa da iyi ressam çıkar. Yani Amerika'da çağa damgasını vuran ressam yoktur ama iyi ressamları çoktur. İstediği meydanı ve binaları güzel eserlerle donatabiliyor. Üniversitelerinde herkes çok başarılı değildir ama çoğu iyidir. Fakat çoğu olağandışı, zamanları değiştiren veya büyük tehlikeleri önleyen önder her memlekette çıkmaz. Türkiye'ninki de az olacak. Bu bir kıstas değildir. Kaldı ki Türklerin büyük mareşalleri, büyük adamları her asırda vardır. Ama Atatürk dünya tarihinin de ender yetiştirdiği bir dehadır ve şartların ürünüdür. Bazen olumsuz durumlar, bu gibi liderleri yetiştirmekte çok etkindir.

Mustafa Kemal Atatürk'ü insanlık tarihinin büyük liderleri arasına dâhil eden, onu hem kendi kurmay arkadaşlarından hem de dönemin diğer dünya liderlerinden böylesine ayıran özellikler nelerdir?

Atatürk'le ilgili devamlı kullanılan klişelerimiz var. Atatürk kurucumuzdur. Atatürk 20. yüzyılın büyük devlet adamıdır. Bunlar doğru ama söylenmesi gereken bazı sloganları maalesef kullanmıyoruz. Bunların başında, Atatürk Türkiye Mareşali'dir. Büyük mareşaldir çünkü başka mareşalleri takdir etmeyi bilmiştir. Büyük mareşaldir çünkü sivil hayata geçmeyi bilmiştir. Bunlar onun özellikleridir. Çünkü çap olarak büyük adamlar, yaratıcı adamlar bu geçişleri çok kolaylıkla yaparlar. İkincisi organizatördür. Gerçekten büyük bir mareşal politikayı da iyi becerir.

Mütareke döneminde çeşitli direniş eylemleri, direnişçi hareketler ve fikirler vardı ama bunları bir araya getirmek çok zordu. Büyük mareşalin önemli özelliklerinden bir tanesi de kendisinden evvelki sisteme ilaveler yapmasıdır. Türk Ordusu ricat bilmezdi. Askerlikte ricat gerekli bir şeydir. Osmanlı'nın Sırpsındığı Savaşı'ndaki başarısı, daha sonraları İzladi Derbendi'ndeki yenilgi ve ardından ricatı bir bozgun yarattı. Viyana Muhasarası ve aynı şekilde, bütün o seri harpler... Balkan Savaşları'nda ricat edemedik, bozguna uğradık. İşte, burada Anadolu'da ricat savaşı yapıldı, bu önemli bir şeydir. Bunu bir teknik olarak, yeni bir sistem olarak getirdi ve Türk ordusuna empoze etti. Demek ki bin yıllık bir sistemi veyahut zaafı değiştirmeyi biliyor. Büyük lider olması buradan belli.

Atatürk'ün büyük mareşalliği hususunda tabii ki komşu devletlerle olan dengeli ilişkileri de rol oynar. Atatürk kimin ne yapabileceğini, kendisinin ne yapması gerektiğini ve nereye kadar ne yapabileceğini bilir. Bu bir acz anlamında değildir. Bazen etraftaki insanlar Atatürk'ün atılımlarına, cehdine, ortaya atılışına şaşırmışlardır. O onu keşfetmiş ve bunu yapabilirim, demiştir. Mesela

İttihatçılar bunu yapamadılar. İşin doğrusu, Enver Paşa Balkan ve Birinci Cihan Harbi arasında orduyu oldukça modernize etmiş, gençleştirmiştir. Pekâlâ, savaşa girmeden, Reval'de "Bizi bölüşecekler, memleketi paylaşacaklar" korkusuna karşı çıkmayabilir ve savaşın uzun süreceğini görürdü. Bunların hiç birisini kaale alamadılar; bir taraftan savaşa girmezsek öbür taraf bizi yer diyerek, bizi dünya harbine soktular. Milletimiz perişan oldu. Entelektüellerimiz, zanaatçılarımız, üretim yapan köylülerimiz öldü. Biz çok zor bir insan yapısı, azalmış ve kalitesini kaybetmiş bir nüfusla hayata, 20. yüzyılda, devam etmek zorunda kaldık. Bu bizim çok vaktimizi aldı. Bunlar önemli faktörler. Hâlbuki Atatürk bunları yapmayacaktı. O zaman olsa yapmayacaktı. Atatürk "Birinci savaşa girmeyelim ve bilhassa Almanlarla müttefik olmayalım," diyen insanların başında geliyordu. O zamanki Yarbay Mustafa Kemal Bey böyle düşünmüştü.

Tarihî kişilikleri anlamak için onların yetiştiği okulları, büyüdükleri çevreyi, ülkelerinin kurumlarını ve yaşadıkları atmosferi bilmemiz gerekiyor. Kişisel dehayı nereye koyacağız?

Evet ama dehanın nerede ve nasıl çıktığı izah edilemiyor. Mesleğinde çok önemli olan unsur insanın kendi kendisini yetiştirme çabasıdır, tamam; Osmanlı Paşası için Erkan-ı Harp Mektebi (Osmanlı Kurmay Akademisi) iyi bir müessesedir. Çağdaş bir müessesedir. Nitelikli komutan yetiştirir. Kurmay özelliği verir. Dili ve matematiği iyidir, konuşması ve yazması çok başarılıdır. Hangi kurmayın yazısına baksan çok iyidir, sadece Atatürk ve İsmet Paşa değil; hepsi güzel kompozisyon yazarlar. Erkan-ı Harb'ten çıkmıştır bu insanlar. Bunlar tamam da, bu ortamın içinde bu mareşal nasıl çıktı bunu izah edemiyoruz. Bütün unsurları kullansak da izah edemiyoruz. Ordunun büyüklüğü, askerî geleneğin derinliği okudukları okulların o asırdakine uygunluğu doğrudur. Buna bir unsur daha ilave edelim. Bu insanlar çok gezmişlerdir; Suriye çölünde, Bulgaristan-Makedonya dağlarında gezdiler, mücadele ettiler. Fakat bunların hiçbiri askerî dehanın çıkışını izah edemez. Çünkü bu insan çıkıp, bu ordunun bin yıllık geleneğindeki zayıf bir unsuru, ricat geleneğini değiştiriyor. Hangi kurmay mektebi bunu öğretebilir? Hayır, bu, mektepte öğrenilecek türden bilgi değildir.

Olumlu düşünceli, biraz sert karakterli, kararlı, "anadan doğma bir komutan" olması...

Bununla ilgili bir anekdot vardır. "Makedonya'da birisi beşiğe geldiğinde bir yerin başına geçecektir," derlermiş. Büyük İskender, Jüstinyen, Balkanların önemli devlet adamlarından daha kaç tane sayabiliriz. Atatürk de Makedonyalıdır. Selanik, Makedonya'nın merkezidir. Niye hâlâ Yunanistan'ın Makedonya Cumhuriyeti'nden ödü kopuyor? Mustafa Kemal coğrafya olarak Makedonyalı, oranın Türklerindendir. Bu artık biraz metafiziğe girer, bu topraklardan böyle liderler çıkar. Büyük adamın ortaya çıkışını izah etmek çok zordur.

Atatürk her zaman sorumluluğu ve ağır yükü üzerine almak isteyen bir kişilik sergilemiş.

Sorumluluğu ve yükü alır. Ama başkasına yaptırır. Yaptırmayı bildiği için alır. Böyle insanlar kendileri hamallık yapmazlar. Kurmayın hamallık yapanı büyük olmaz. Böyleleri de gereklidir, iyidir, çok da aranır, çok saygı görür ama büyükler hamallık yapmazlar.

İnhitat (çöküş) sürecini yaşayan imparatorlukta bir Osmanlı Paşası nasıl oldu da Cumhuriyet'in kurucusu bir lidere dönüştü?

Türkiye İmparatorluğu coğrafyanın çok zorlu bir parçasında bulunuyordu. Bunun nedenleri var; kurucu zümre, vatanı tarihin geç bir safhasında kurmuş. 12. asırda Küçük Asya'yı Türkleştirmek geç ve çok önemli bir olay. Çünkü o tarihe kadar bu gibi coğrafi değişimler, bir ülkenin etnojenesinin değişmesi ancak çok eskiden olmuştu. Fransa 6. asırda, hatta Orta ve Doğu Avrupa ülkelerininki dahi Türklerinki gibi geç değil. Macaristan-Polonya Türklerden iki asır önce daha boş topraklarda bu değişimi geçiriyor. Üstelik Osmanlı 15, 16, 17. asırlarda da Avrupa içlerine giriyor. 17. asırda Macar Krallığı'nı ortadan kaldırdığını düşünün. Onun için, Batı ile büyük bir rekabeti ve çatışması söz konusu. Viyana bozgunu dediğimiz olaydan sonra bir gerileme başlıyor. Anlaşılıyor ki imparatorluk askerî bakımdan tutunmak zorundadır. Peki, nasıl tutunacak? Artık askerlik değişmiş, teknikler değişmiş. Buna intibak etmek zorunda; onun için bizdeki zoraki bir batılılaşmadır. Bir düşünceden çok, bir tekniğin Batılılaşmasıdır. Ordu olarak karşı çıkacaksınız. Mustafa Kemal kuşağı böyle bir dünyada 19. asrın sonunda reformlar geçiren bir ülkenin insanıdır. Bu çok önemlidir. Çünkü Şark'ta ilk defa Müslüman bir ülke kendini değiştiriyor, ordusunu ve teknolojisini değiştiriyor. Ona bağlı olarak hayatın birtakım safahatında yenilemelere gidiyor. Bu yenilemelerin ortasında bir nesil ortaya çıkıyor. Bu çok önemli. Tesadüf değil. Bunlar eğrisi doğrusu, hataları ve sevaplarıyla hep 19. asrın son çeyreğinin adamları. Yani Enver Paşa, Fevzi Paşa, Kâzım Karabekir ve tabii Mustafa Kemal Paşa da bu zümreden. Bunlar çok erken olgunlaşan subaylar. Genç yaşlılar diyebiliriz. 30 yaşında bu insanlar koca bir dünyayı öğreniyorlar. Çok renkli bir dünya. Suriye'nin, Arabistan'ın çöllerinde geziyorlar, askerlik yapıyorlar. Asi kovalıyor, eşkıya peşinde dolaşıyorlar. Derken kuzeyde Balkanlara geçiyorlar. Birtakım komitalarla kavga ediyorlar. Aynen bugün olduğu gibi. Bu gibi hadiseler bu insanları çok erken olgunlaştırıyor. Yaşadıkları, kitapta kalacak bilgileri de bir an evvel hayata aktarmalarını ve geliştirmelerini sağlıyor. Elbette bu imparatorluk büyük devletlerden bir tanesi. Her ne kadar bir çöküntü döneminde olsa da, modern dünyanın gelişmelerini aynı hızla yakalayamamış olsa da değişiyor. Sınai gelişim modern ulaşımın içine giriyor, bürokrasisi modernleşiyor. Bu da bir çatışma içinde oluyor. Dünya dengelerinin içinde, izole bir ülke değil. Burada bu genç nesil, şartlar dolayısıyla çok erkenden bu çatışmanın, bu rekabetin içindedir. Olgunlaşıyorlar. O bakımdan, bunların içinden büyük kumandanlar çıkmaması mümkün değildir.

Bu büyük askerlerden hata yapanlar da çıkıyor. Enver Paşa'nın hatası "dizginlenemez hırsı" mıdır?

Hatalar yapan da çıkar. Enver Paşa aslında yetenekli ve cesur bir adamdır. Ama zamansız bir atılımla bazı hataların içine düşüyor. Daha temkinli giden, kurmay olarak bakabilen, bilgili kimseler de var. Mesela tipik bir kurmay olan İsmet Paşa. Yazdığı raporlardan da anlaşılır bu. Atatürk ise uzağı gören, dâhi bir kişilik... Çok ölçülü ilerleyen, eğer atılım yapılması gerekiyorsa, onun yapılacağı yeri ve zamanı da bilen, buna nerede mecbur olduğunu hesaplayan biri. Tabii ki bu "dâhi" gerçekten o imparatorluğun değişme, çökme, dağılma çağında yeni bir dünyaya doğuyor. O yeni dünyanın öncüsü Türkler. Onların başında bulunanlardan, elit zümreden. Bu elitlerin içinde olmak onu çok olgunlaştırmıştır. İçindeki yüksek kabiliyeti açığa çıkarmış, tatbikata koymasına zemin hazırlamıştır. Yani Atatürk gibi çok zeki bir adam İngiliz ordusunda olsa ne olurdu? Belki mareşal bile olmayacaktı. O kurulu, fazla imkân tanımayan bir sistemin içinde general olup gidecekti. Alman ordusunda olsa belki general bile olamayacaktı, çünkü o yaşta oralarda böyle yükselemezdi.

Atatürk, Leon Caetani'nin dokuz ciltlik İslâm Tarihi adlı eserini okurken "Tarih, ilerisini göremeyenler için acımasızdır," sözünün altını mavi kalemle çiziyor. İki defa çarpı işareti koyuyor. Atatürk'ün tarih bilinci nereden geliyor, tarih disiplinine bakışı bir asker olarak nasıl gelişiyor?

Atatürk'ün tarih şuurunu o sözden daha fazla yansıtan bir sözü daha vardır. Tam bir pozitivist tarih anlayışı var. "Tarih yazmak, yapmak kadar mühimdir," diyor. "Yazan, yapana sadık kalmaz ise değişmeyen hakikat, insanlığı şaşırtacak mahiyet alır." Yani yapanı iyi değerlendirmek gerekir. Çünkü onu yapmanın da yazmanın da kuralları vardır. Bunu görüp iyi tarif etmezsen geleceği anlayamazsın. Bu önemlidir ve Atatürk'ün Caetani'yi niçin beğendiğini gösterir.

Bu şuurdaki genç-yaşlı generaller ancak Türk imparatorluğundan çıkabilirlerdi. Hızla değişen dünyanın şartlarına uymayan bir eski sınıfı tamamıyla tasfiye edip yerlerine gelmişler. Bu yerine gelenlerin içinde o durumu ve yeni konumunu kaldıramayan, yönetemeyenler var. Aksine isabetli olarak götürebilenler var; Mustafa Kemal bunlardan biridir ve bunların başında gelir. O büyük sorumlulukları taşıyamayanlar da olmuştur, Enver Paşa gibi... Bu kişilerin arasında, bir noktada durmayı, ölçmeyi, hesaplamayı bilen ve çözüm olmayınca ortaya çıkan kişi Mustafa Kemal'dir. Yani herkesin "Şimdi durmak lâzım gelir, yenildik, susalım," dediği yerde, Mustafa Kemal Paşa ortaya çıktı ve "Tek şart budur," demiştir. Onun yaptıklarına o zaman nasıl bakıyorlardı? Çılgınlık gibi. Hâlbuki doğru olanı yaptı ve bir hedef ortaya koydu. Sonunda da muvaffak oldu. Bunu kimse, buradakiler de, arkadaşları da anlamadılar. Hiçbiri anlamadı. Adım adım ilerledi. Savaşa girerken kendi gibi iki arkadaşı vardı: Kâzım Karabekir Paşa ve Ali Fuat Paşa. Fakat yaptıklarını hemen hemen hiçbir arkadaşı anlamamıştır. Tamamıyla yalnız başınadır. Tek yönetici olarak götürmüştür. Maalesef onun kurduğu birtakım müesseseleri ondan sonra sürdüremediler.

Atatürk kimlerden etkilenmiştir, onun kişiliğinin ve liderliğinin şekillenmesinde hangi çevrenin etkisi olmuştur?

Bu, önemli bir konu. Bilinen bir tarih değil. Selanik'te yetişen bir genç olması önemlidir. Makedonya ve merkezi Selanik bu imparatorluğun çok farklı bir bölümüdür. Selanik hakkında okunacak birçok kitap var. Oradaki yaşam, diller ve kültürlerle ilgili kitaplar var. Selanik'te, İstanbul'da olmayan liberal bir hava var. Atatürk orada yetişiyor. Nasıl yetiştiğine bakmak lâzım. Okuyorlar, insanlar birbirlerini tanıyorlar. Sivil, asker beraber ve ilişkileri çok yakın. Bu nokta önemli bir farklılıktır. Kendisini yetiştirmiş. Fransızca metinler okuduğu çok belli. Mesela demin bahsi geçen söz Fransızca nazariyeleri okumayan veya bilenlerden iyi dinlemeyen birinin söyleyeceği söz değildir. Osmanlı zabiti için böyle bir durum var; sivil erkânla yakından temas kuruyorlar, o bugün yok. Bunun çeşitli nedenleri vardır, yakın tarihimizde hoş karşılanmıyordu. Şimdi biraz başladı ve bu müesseseleşerek oldu. Yani askerî okullarda birtakım hocaların kesif bir biçimde ders ve konferans vermesi sağlanıyor. Görüşüyorlar. Genç subaylar içinde lisan öğrenen, kitap takip eden çok sayıda kişi var. O kapalı dönemi gören insanlar şimdi bunu anlamıyorlar. Hâlbuki imparatorluğun son zamanlarında bir zabitin, bir subayın sivil müesseseler ve sivil çevrelerle ilişkisinin olmayacağını düşünemeyiz, vardı, iç içeydiler.

Atatürk cesur ve ataktı. Peki temkinlilik?

Mustafa Kemal nerede atılım yapacağını, nerede duracağını, ne zaman kenarda bekleyeceğini çok iyi ölçen, gerçek bir mareşaldir. Bilinen büyük komutanlar içinde, bu özelliği ile çok seçkin bir yeri vardır.

Tabii ki büyük bir devlet adamıdır ki monarşi Cumhuriyet'e dönüyor. Bu çok önemli bir olaydır ve gerçek bir inkılaptır. Bu büyük inkılabı başka hangi inkılaplarla besleyeceğini de bilmiştir. Cumhuriyeti ilan etseniz de eski vagonda gitmeye devam edebilirsiniz. Atatürk öyle yapmamış, Medeni Kanunu getirmiş ve böylece hukukun Romanizasyon sürecini tamamlamıştır. İktisadi sistemin ıslahına geçilmiş ve mesela köyden aşar kaldırılmıştır. Bu çok önemli bir gelişmedir. O anlamda Türkiye tarihinin gerçekten reformatör bir ismidir, çok ciddi, çok köklü reformlar yapan bir adamıdır. Siz bir mareşal düşünün, ordunun tahsisatını ve bütçesini kısarak maarife, sağlık hizmetlerine veriyor. Türkiye birdenbire eğitim meselesini halletmek zorunda olan bir ülke haline geliyor. Bu çok büyük bir atılım. Penisilinin icadından evvel Türkiye'de frengi gibi, sıtma gibi hastalıkları halleden bir sağlık ordusu iş başına geliyor.

Atatürk'ü, diğer arkadaşlarından ayıran bir özelliği de hukuka daima saygılı olmasıdır. Siz, "Evet, o darbe yapmıştır ama hukuka sadık kalmıştır. Meşruiyete önem vermiştir," diyorsunuz.

Atatürk'te hukuk her zaman önde gelir. Yani darbe yapılsa bile derhal hukuki istinat önem kazanır. Millî mücadele veriyorsun, meclis kuruyorsun, İstanbul'dakiyle meşru bağını devam ettirmeye kalkıyorsun, kimse bir şey demez. Yani 93 Kanun-i Esâsisi'ni (1876 Anayasası'nı) kaldırmadan 1921 Kanun-i Esâsisi'ni yanına koymuş ve bunu esas teşkilat diye görmüş. Bu çok önemli ve dikkat buyurun, "saltanat makamını tanıyorum" diyerek Meclis Reisliğinden bahsediyor. Bu ne kadar önemli ve ustaca bir düzenleme.

Eğitimin ötesinde bir tarafı var. 20. yüzyılda bir devletin de tarih ve coğrafyaya hâkim olacak bir şuuru olmalı, milletin de. Yoksa üçüncü dünya mensubu olarak kalırsın. Atatürk Dil-Tarih, Edebiyat Fakültesi gibi örnekleri kurdu. Bunlar Başbakanlığı kurmaktan daha pahalıdır, binaları bile daha maliyetlidir. Bunu, tahılla geçinen bir ülkede yaptı ama maalesef Atatürk'ün kendisinden sonrakiler bunu anlayamadılar. Güzelim müesseseleri mahvettiler. Konservatuarı, Musiki-Muallim Mektebi'ni, Dil-Tarih'i, Edebiyat fakültelerini anlamadık. O nasıl anlamıştı bunu? Dehasından. O, sırf dehayla izah edilebilir. Çünkü Atatürk Avrupa'da okumadı, hümanist ilimleri Avrupa'da görmedi ama böyle bir şuur var. O düpedüz dehadır. Etrafındaki insanların böyle bir özelliği yok. Atatürk'ün farkı budur. "Etrafının onu anlamadığı" çok tekrarlanır, doğrudur. Anlayanlar da yanlış anladı. 1940'ların hümanizma deneyimi doğrunun yanlış anlaşılıp uygulanmasıdır...

Bütün bu parantezleri açarak nasıl bir toplum içinde olduğunu görüyor, toplumun içindeki cevheri nasıl harekete geçirebileceğini biliyor. Bunların hepsinde de zaman zaman radikal hareket ediyor. En hafif bir aksaklığı bile takip ediyor. Kaide-i tedrice ayak uyduruyor. Bu da çok önemli. Bunu yapmadığınız takdirde zaten keskin sirkesinizdir; Atatürk'ün bir büyüklüğü de bu özellikten gelir. En önemli vasfı diyebilirsiniz.

Orduya da her zaman için çok saygı duymuştur. Kendisi mareşaldir. Dikkat edin; cumhurbaşkanlığından sonra Mareşal Fevzi Çakmak'ı ve diğer komutanları devamlı dinlemiştir. Bunların direnişi neticesinde kendi ısrar ettiği kararlardan bile dönüş yapıyor. Bu bir askerin müthiş bir vasfıdır. Ya ikna ediyor, edemezse çekiliyor; çünkü biliyor ki bir komutan ancak etrafındaki karargâhıyla var olur. Karargâhıyla devamlı temas, devamlı tartışma, konuşma halinde. Herkes herkesi biliyor. Siz nasıl çocuğunuzun, eşinizin yüzünden anlıyorsunuz, Komutan Mustafa Kemal de öyleydi, büyük komutanlara has bir özelliktir.

Atatürk'ün yaptığı tüm işlerde ve uyguladığı reformlarda daima meşruiyet zeminini araması, eğer yoksa bu zemini oluşturması tavrının kaynağı nedir?

Kanun ve nizama son derece dikkat ediyor. Mesela rütbe ve terfi esaslarına. Büyük Millet Meclisi'nin başkanı ve fiilen orduların başkumandanı ve zaferle gidiyor. Onunla birlikte kendisine müşir unvanı verildiği zaman bile tayin ve terfi sıralarına son derece dikkat etmiştir. Bu konuda muhtemelen Birinci Cihan Harbi'nde İttihat ve Terakki'nin yaptığı hataların tekrarından da büyük bir titizlikle kaçınmıştır. Mesela İsmet Paşa sağ koludur, Genelkurmay Başkanı'dır, Erkân'ı Harbiye Vekili'dir. Terfiine bile son derece dikkat etmiştir.

Mesela kendisinden daha kıdemli olan Fevzi Paşa'nın ordudaki durumunu gözetmiştir. Biliyorsunuz Başkomutanlık Meydan Muharebesi'nde tekrardan kendisine tevdi edilmek hakkı olan müşirliği ona tevcih etmiştir ki o da böylelikle Türkiye Cumhuriyeti'nin şu ana kadar son mareşali olarak, ileride Genelkurmay Başkanı olmuştur. Başka örnekler de vardır. O dönemde Finlandiya Cumhurbaşkanı Mareşal Mannerheim, hem mareşaldi hem de cumhurbaşkanı. Ondan başka Józef Piłsudski Polonya'nın mareşali ve cumhurbaşkanı. Amiral Horthy Macaristan kral naibi olarak ülkenin başında. Hâlbuki Gazi Mustafa Kemal Paşa sivil idareye geçenlerin askeriyeden kesinlikle ayrılmasını istiyordu, bunu kanunla çıkardı ve tercih yapın dedi. Kendisi sivil-mülki politikayı seçenlerdendir, Kâzım Karabekir Paşa gibi, İsmet Paşa gibi. Fevzi Paşa orduda kalmayı seçti. Bu nokta çok önemlidir ve stratejiktir.

Asker-sivil ayrımına önem veriyor. İttihat ve Terakki yıllık kongrelerinde Fethi Okyar'la birlikte hep ordunun politize edilmemesi, subayların politikaya karışmaması ilkesini savunuyor.

Hükümet edenlerin ordudan uzak kalmaları, Atatürk'ün ta Balkan Harbi'nden beri yaşadığı acı hatıraları dikkate almasıdır. Düşünün; memleket işgal edilmiş, Anadolu'ya geçiyor ve kanuna tamamen riayet ediyor. Meclis-i Mebusân İstanbul'dan bu tarafa, Anadolu'ya geliyor. Gelemeyip Malta'ya sürülenlerin bile o hakları bakidir. Burada, yerel komitelerde seçim yapılmasına dikkat ediliyor. Biliyorsunuz, İstanbul'daki hükümeti ve devleti kurtaracağız dendiği için burada 93, yani 1876 Anayasası yürürlüktedir. Burada çıkan anayasa bile, öbürüyle birlikte, ikisi bir arada götürülüyor. Bu meşruiyyet noktası o derece önem kazanmaktadır ki İstanbul ve Ankara arasındaki çatışma noktalarında dahi Paşa vatanın bütünlüğü açısından bölünerek savaş yürütmeyi kabul etmiyor. TBMM Hükümeti'nin mantıki tarafı da budur. Burada tamamen ayrı bir yapı olursa, sanki âdeta bir bölünmeyi kendisi kabul etmiş gibi görünecektir. Hâlbuki bunu istemiyor.

Türkiye Cumhuriyeti'nin herhangi bir üçüncü dünya ülkesinden, yeni kurulan herhangi bir memleketten farkı, bu eski devletin, eski bir imparatorluğun dirilmesi yanında, hayatiyetinin en önemli değişiminde dahi meşru müesseselere, meşru kurallara uymak ve onları takip etmektir. Nitekim sağ kolu olan, onun yardımcısı olan İsmet Paşa da bu konuda çok dikkatlidir. İhtilal oluyor, devrim oluyor; elbette ki bu durum bazılarının hayatlarına mâl olacaktır, kansız olmayacaktır ama bunun bile mahkemeyle olması lâzımdır. Yargılama çok önemlidir. Dolayısıyla bu işlem rejimi o gün olduğu gibi, bugün tarih önünde de değerlendirmemizde bize yardımcı olur. Bu, genç komutanların olgunluğuna işaret eder. Bir meşru sistemden, bir kanundan doğuyorlar.

Hanedanla ilişkileri bu bağlamda nasıl yorumluyorsunuz? Bir yere kadar halifenin İstanbul'da kalması taraftarıydı.

Hanedan sürüyor. Bu nedir? Bir politikadır, bir süre sürdü. Ama hanedan üyelerine yargılama yapılmadığı için hiçbir idam cezası falan yoktur. Buna dikkat ediniz. Evet, sürgüne gönderildiler. Ama tek bir vaka hariç, hepsinin malı mülkü buradadır, onların üzerindedir. Kimsenin malını müsadere ettirmemiştir. Gidenlerin mallarına el konulmamıştır.

O vaka hangisi?

Zannediyorum Sabiha Sultan'la ve onun Teşvikiye Köşkü'yle ilgiliydi. Onun sebepleri üzerinde ileride durmak lâzımdır. Tek istisna budur.[4] Ama genel kaide dediğim gibidir ve bu mühim bir konudur.

---

4 Murat Bardakçı literatürde bilmediğimiz bir noktayı aydınlattı ve belgeyi gösterdi. Mahkeme kararıyla son padişahın bütün çocuklarının mallarına el konmuş, galiba sehven tek Çengelköy'deki köşk elde kalmış.

Almanya seyahatinde Mustafa Kemal, veliahtla uzun uzun konuşuyor. Ama İstanbul'a döndüklerinde, yeniden görüşmek istediğinde Mustafa Kemal daha farklı bir Vahdeddin buluyor.

Vahdeddin çok kötü bir zamanda tahta çıkmıştır. Aslında son derece tasarruflu, israftan kaçınan birisidir. Memleketini de seviyor. Bir kere Almanya gezisi sırasında ikisinin çok uyuştuğu bir konu var; İttihatçılar. İkisi de bu gruba ters düşüncedeler. Çok haklı noktalarda buluşuyorlar ve uyuşuyorlar. Son padişah durgun ve çok bilgisiz değildir, onu da ekleyelim. Bütün yol boyu Mustafa Kemal'le konuşuyorlar. Çok uzun sohbetler ediyorlar. Ama kader insanları ayırır. Ayırdığı zaman da çok sert bir şekilde karşı karşıya getirir, bunu unutmayın. Siyaset adamlarının dostlukları kalıcı olamaz. Olmaması da gerekir. Aksi takdirde ilkesizlik vardır. Şimdi şartlar karşı karşıya getirmiştir.

Tam o döneme dair, Atatürk'ün şöyle bir cümlesi var: "Osmanlı İmparatorluğu'nun sadrazamlığını kabul etmek gibi delice bir fikir hiç şüphesiz benim akıl ve hayalimden bile hiçbir zaman geçmemiştir." Sonradan kendisine halife olması da öneriliyor. Kabul etmiyor.

Doğrudur. Böyle bir şey yapmaz. Aklından da geçmiş değildir. Ama ordu komutanlığı yapmak gibi bir planı vardır. Vahdeddin'le o teklifini iyi bir plan olarak konuşmuştur ama olmamıştır.

Osmanlı İmparatorluğu'nun kalbi İstanbul'u, Anadolu'nun kalbine Ankara'ya taşıdı. Bir lider stratejisi olarak bunun anlamı nedir?

Çok akıllıca bir adım; Asia Minor yani küçük Asya veya Anadolu dediğimiz bölgeyi stratejik manevralar için yeterince büyük bir kıta olarak kullanması, değerlendirmesidir. Saldıran ordu, neticede kara ordusu. Mobilize ama o zaman mobilize olmak güç bugünkü gibi değil. Hava gücü olsa da bugünküne göre çok gülünç bir durumda. O durumda Anadolu kıtası çok büyük bir vatan, çok müşfik, savunmaya büyük imkânlar veriyor. İyi bir kurmay ve iyi bir komutan burada, savunmada harikalar yaratabilir. Bunu görüyor. Nitekim de harikalar yaratmışlardır. Yunan ordusunu küçümsemek gibi bir yanlışa kimse düşmesin.

1915'te Çanakkale'de Mustafa Kemal'in ileri görüşlülüğü Türklerin zafer kazanmasını sağladı. Bir lider vasfı olarak ileri görüşlülüğü nasıl edinmiş?

Çok ileri görüşlü. Bu bir histir. Ama bu mekanizma çok çalışmaz, 24 saat işlemez. Atatürk ileri görüşlüdür ama her gün ileri görüşlü olunmaz. Gereken yerde olur. Çok zor bir mekanizma. O noktaya hayatında birkaç kere ulaşırsın.

Bütün dâhiler için öyledir. İnsan bir kere yakalar ileri görüşlülüğü. Atatürk en kritik konularda, en hassas dönemlerde bunu göstermiştir.

1917'de Mustafa Kemal'e İkinci Ordu'nun komutası verildiğinde, bu orduya bağlı Üçüncü Kolordu'nun komutasının İsmet Paşa'ya verilmesini sağlamıştı. Bu gerçekten de İsmet Paşa'nın komutanlık deneyimi kazanması için miydi?

Mustafa Kemal bunu yaptı çünkü orduya kendisi komuta edecekti. İkinci Ordu'ya kendisi komuta edecek, Üçüncü Kolordu'ya da kendisi komuta edecek; bu çok açık bir şey. İsmet Paşa da buna müsaade edecek kadar mükemmel ve akîl bir kurmay. Onun da bu özelliği var. Her ikisi de doğuştan kurmay.

Bir özelliği daha var. Mustafa Kemal, veliaht Vahdeddin Efendi ile Almanya'ya gittiğinde, açıkça, "Birinci Ordu'nun Komutanlığı'nı alın," dedi. Çünkü Almanya'da Kayzer'in veliahdı, başkente en yakın ordunun komutanıydı. Mustafa Kemal "Siz de aynısını yapabilirsiniz," dedi. "Ben asker değilim ki," dedi Vahdeddin.

Mustafa Kemal "Ziyanı yok, ben sizin Kurmay Başkanı'nız olurum," diye ısrar etti. Çünkü o sırada Kurmay Başkanlığı'na razı olacak adam kendisi oldu, ordunun komutanı. Anladınız değil mi? Bu benim dikkatim değil, Yılmaz Öztuna bunu yazdı. Daha önce de Falih Rıfkı ve Siirt Mebusu Mahmud Bey değinmiş.

Neye işaret eder bu? Atatürk'ün planı neydi?

Bir lider için önemli ve gerekli olan bir hırs. Enver'e dair plan yapıyor. Keşke öyle olsaydı, arkasından da hayırlı bir iş gelecekti. Türkiye sulha dönebilirdi. Tek taraflı antlaşmaları yapıp savaştan çekilebilecekti. Kafasındaki buydu. Ama bu plan işlemedi. Birincisi, Enver böyle bir şeye müsaade etmezdi. İkincisi, Veliaht Mehmed Vahdeddin Efendi böyle bir şeye hiç teşebbüs etmezdi.

Atatürk'ün İnönü'ye 1 Nisan 1921 tarihinde çektiği telgrafta çok övücü ifadeler var. "Bütün tarihi âlemde, sizin İnönü Meydan Muharebeleri'nde deruhte ettiğiniz vazife kadar ağır bir vazife deruhte etmiş bir komutan enderdir," diyor. İsmet Paşa, Atatürk'ün beklediği, üzerinde karar verdiği, "İkinci Adam" mıydı?

İnönü Atatürk'ün büyük heyecanla beklediği bir kurmaydır. Aslına bakarsanız İnönü, Atatürk'ün istediği radikal adam değildir. Belki de radikal adama ihtiyacı yok. Çünkü kendisi radikal. Hatta İnönü mütareke başlangıcında Amerikan mandasını isteyenlerden biri. Bazılarının dediği gibi bu tavır vatana ihanet değil, öyle düşünüyor kurtuluş yolu olarak. İnönü inkılaplar sırasında çok temkinli adamdır. Ama çok çalışkandır. Kendini geliştirir. İyi vazife yapar. Kurmaydır. İyi bir ikinci adamdır. Nitekim âdeta zorla getirilmiştir Ankara'ya. Hatta hiç kimsenin Ankara'ya gelişi İnönü'nünki kadar sevindirmemiştir Mustafa Kemal Paşa'yı. O savaş (İnönü) bir yerde Atatürk'ün savaşıdır. Ve o telgraf sadece İnönü'ye çekilmemiştir, bir yerde herkese çekilmiştir. İçeriye, dışarıya, herkese.

Siz filolojinin önemine çok vurgu yaparsınız. Mustafa Kemal, Yunanlılardan her zaman "Helen" diye söz eder. Niçin "Yunan" değil "Helen" adını kullandığı sorulduğu zaman "Helen, aslı Türk olan bir kelimedir," diyor. Bu özenin anlamı üzerinde duralım mı biraz?

Öyle düşünüyordu. Bugünkü Yunanistan'a uymak için Helen diyenler var, ben şahsen kullanmam. Yunan, İyon demektir. İranlıların verdiği isimdir. İyon ülkesi. Araplar da Yunan diyor. Yunanistan bugün bu kelimeye çok kızıyor; Yunan halkını ikiye bölüyormuşuz. Bu onların Balkanik kuruntusu. Evet, "Balkanik kuruntu" diye bir tabir kullanalım. Balkanlılara has kuruntulara, asılsız ve usulsüz laflara, boş endişelere denir. Rum kelimesine de kızıyorlar. Rum, Romalı demektir. İnsanlar kendilerine Rum derdi, biz de öyle deriz. Ayrıca hiç pejoratif anlamda kullanmıyoruz. Ama iyi bir noktaya işaret ediyorsunuz, Atatürk böyle orijinal yaklaşımları olan bir insandır. Zaten bir liderde bu çok önemlidir. Bir kelimeyi, kavramı kullandığı zaman onun arkasını arıyor. Bu çok az liderde olan bir özelliktir. Unutmayın ki bu önderin sayesinde Türk üniversiteleri Helen-Latin filolojisini görmüştür. Avrupa'nın sığınan en büyük uzmanları geldiler. Aynı yoğunlukta ananeyi devam ettiremedik, o ayrı bir mesele...

Bir tespite göre Gazi'nin çift yollu diyebileceğimiz bir aklı vardı. Bu yollardan birisi tarihe, diğeri askerliğe ayrılmıştır. Bu tespite ne dersiniz?

Öyledir. Daima geçmişe bakar, kalıntı araştırır. Ona göre strateji geliştirir. İyi kurmayın özelliğidir bu. De Gaulle mesela böyledir. De Gaulle büyük bir savaşçı değil ama politik bakımdan çok büyük stratejisttir. Bütün Fransız-Alman kurmayları gibi tarihe çok önem verirdi; Mustafa Kemal'in mensup olduğu okul da budur.

Atatürk'e eleştirel bakan bir zümre, "Bizi geçmişimizden kopardı," tezini savunuyor. Bu iddiayı nasıl yanıtlıyorsunuz?

Bu, söyleyenlerin kendi kafasındaki fikirlerdir. Ne öyle bir gerçek var ne de öyle bir olay. Türkler tarih sevmedikleri için, tarihî düşünce bilmedikleri için, barok düşünmeyi de sevmezler yani köşeli düşünürler. Hâlbuki tarihçi düşünce teferruatı çok sevmeyi gerektirir. Teferruat üzerinde düşünmeyi gerektirir. Onu sonsuz bir bilgi, sonsuz bir fikri üretim, sonsuz bir olgu araştırması ve bilinenleri öğrenme faaliyeti haline getiren ve bilimden daha farklı bir noktaya taşıyan yön budur.

Gerçeği tespit etmek yetmez. Gerçeklerin de gerçeğine inmek, derinine bakmak gerekiyor. Onların yorumunda titizce üzerinde düşünmek lâzımdır. Bu bir yerde hem gayrettir hem de tembelce bir zevktir. Güneşin altında yavaş yavaş ısınarak keyif çıkarmak gibi. O teferruatta düşünmek tarihçiliğin keyifli yanıdır. Ama mühim bir vazifedir. Tabii dengesini de bilmek lâzım. Bir virtüöz gibi, ne uzun ne de kısa. O zaman başka şeyler görebilirsiniz. Yukarıda sözünü ettiğimiz türden hükümler maalesef o tarihçi düşünceden, tarih bilgisinden, teferruatı öğrenmekten uzak durmanın sonuçlarıdır.

Türklerin Osmanlıca öğrenmesi kolaydır, ama kolay kolay öğrenmezler. Şunu söyleyeyim; eski harfle yetişen nesil dahi 16. asrın siyakat belgelerini, divanî yazılı ferman ve beratlarını yeterince merakla ve yoğun çalışmasıyla incelemedi. O işi hep uzmanlar yapardı. Bir asır önceki bu uzmanlar Avrupalıydı, bugün çok şükür bizim gençlerden çıkıyor. Leksikograf ve çalışkan hocamız Ö. Faruk Akün'ün Edebiyat Fakültesi'nin bir paleografya seminerinde ifade ettiği gibi, eski ve yeni harfler ikiliğinin bugün artık yeni nesil için bir problem teşkil etmediği veya yavaş yavaş aşıldığı görülmektedir.

SALTANATTAN CUMHURİYETE GİDEN YOL

Atatürk'ün yaptığı en büyük devrim Cumhuriyet, tarihimiz boyunca ülkemize de ilk defa Türkiye diyoruz.

Biz rejimimizi değiştiriyoruz, bundan büyük devrim olmaz. Saltanattan cumhuriyete geçiyoruz. Bu devrimlerle meclis gelmiyor. Parlamento zaten var. İşin garip tarafı, İkinci Meşrutiyet döneminde Saray'ın ve saltanatın İngiliz Sarayı'ndan bile daha pasif hale geldiği vakıadır. Ama maalesef iktidarın gene küçük bir diktatör komitenin, yani İttihatçıların eline geçtiği bir dönemdir. 1923'te, gelen yenilik meclis değil, biz rejim değiştirmişiz. Saltanat bitmiş, cumhuriyet gelmiştir, bu büyük bir devrimdir. Devlet ortadan kalkmıyor; bir devamlılık içerisinde ve sadece devletin rejimi değişiyor. Burada enteresan bir olay var. Devletin adı hanedanın ismini taşıyordu, eski İslâm usulü. Orada gene çağa uygunluk var. 19. asır milliyetler çağıdır, cumhuriyetler çağıdır. Monarşilerde bile ulusal kimlik kullanıldığı için biz bu sefer Osmanlılar yerine Türkler dedik. Osmanlılar derken imparatorluğun kozmopolit yapısının rolü vardı. Hanedanla uyuşma endişesi vardı. Cumhuriyet bunu halletti. Cumhuriyet'ten evvel bunu ilk defa Ankara halletti. Bize hep başkalarının söylediği, bizim hep tanıdığımız unvanı bu kez kendimiz kabul ettik: Türkler. Başkaları Türkiye diyordu; ilk defa biz kendimize Türkiye dedik. Kullanılan kimliği resmileştiriyorsun. Memleketinin adı Türkiye oluyor.

Yeni bir rejim kuruluyor ve devletin adı Türkiye Cumhuriyeti olarak değiştiriliyor. Ona bir ulus inşası gerekiyor, sınırları da Misâk-ı Millî.

Tabii Misâk-ı Millî sınırları tam belli değildir. Ama bugünkü Türkiye olmadığı bellidir. Mesela kısmen Haleb'ten geçer, hakikaten Musul'dan geçer. Çünkü mütareke anında bizim ordumuz zaten oradaydı. Oradan itilmemiz sonradan mütareke ahkâmının ihlaline dayanıyor. Bu hukuki midir? Değildir. Fiilidir. Ama işte maalesef mütareke şartları içinde galipler bu gibi değişiklikleri yapabiliyorlar. Haleb ve Musul birdenbire gidiveriyor.

Atatürk'ü Musul, Haleb, Akdeniz adaları, Batı Trakya ve tazminat konularında da eleştiriyorlar. Bunu o günün koşullarına göre değerlendirebilir misiniz?

Hiç alakası yok; tarih bilmeyenlerin sözleri. Musul'u nasıl alacaksınız; elinizde değil ki nasıl gireceksiniz? O günün şartlarını düşün. Memleketi zor kurtardık, Haleb'i nasıl alacaksınız. Rumeli konusu da var. Herhalde Atatürk'ün ve Cumhuriyet'i kuranların çok istediği bir şeydi bu. Çünkü bunların büyük çoğunluğu Rumeli çocuğudur. Batı Trakya'yı, bugünkü Selanik'i nasıl da isterlerdi. Neden istemesinler? Ama nasıl yapacaklar? 1922 Mudanya Mütarekesi günündeki şartları düşününüz; Boğazları bile tam elde tutamıyoruz. Sonra adaların bir kısmı İtalya'daydı. Unutmayın; İtalya savaşın galibiydi. Adaları Yunanistan'dan niye almadık? Çünkü alamazdık. Hangi donanmayla yapabilirdik? Ama o günün şartlarında bu düşünülemez. Maalesef askerî harekâtın şartlarını bilmeyenler hep böyle derler. "İkinci Cihan Harbi sırasında Almanlar bize Oniki Adalar'ı bırakıyorlarmış, almamışız." Bıraktıkları doğru, bizim de almadığımız doğru. Alsak ne olacaktı? Kaç gün kalacaktı elde? Almanların müttefiki durumuna gelir, faşist bir hükümet damgası yerdik. O günlerde bizi faşizmden kim kurtaracaktı? Acaba Yunanistan'da olduğu gibi İngiltere mi bizi kurtaracaktı? Yoksa Kızıl Ordu mu kurtaracaktı? Bunları düşünmek lâzım? Her halükârda aldığımız adalar istirdad edilirdi.

Mustafa Kemal Atatürk'ün Türkiye tahayyülü üzerine konuşacak olsak...

Atatürk en az Enver Paşa kadar ufku geniş, Türklüğün sınırlarını tanıyan, onu hayal eden ve özleyen biridir. Tavırlarından, ideolojisinden ve okuduğu kitaplardan bellidir. Okuduğu kitapların kenarlarına tuttuğu notlardan bellidir. İyi eğitim görmüş bir askerdir. Genç bir mareşaldir ama Enver Paşa gibi sevk-i tabii kader ile çok genç yaşta yüksek kademeye çıkmış değildir. Kargâhta, cephede ve siperde tam bir zabit gibi yetişti. O yüzden de son derece realisttir. Nerede atılıma geçeceğini biliyor. Cihan Harbi'nin büyük hataları ve hayal kırıklıkları Cumhuriyet'in komuta kademelerini aşırı ihtiyata sevk etmiştir. Etraftakilerin çoğu, atılım yapılabilecek anda ve yerde muhtemel olumsuz ihtimallerden de kaçınıyorlar. Aşırı ihtiyatlılık hali var. Başkasının durduğu yerde, atılım yapmaya çekindiği yerde, atılımı yapacak cesaret ve geniş ufuk bir tek Atatürk'te var.

Bunu yapabilen adam, nerede ihtiyatla duracağını da biliyor. Mesela teslim olmuyor. Türk tarihinde yeni bir cephe açmış, yeni bir anlayış getirmiş. Biz ricat etmeyi bilmeyiz. Atatürk bunu getiriyor. Bu büyük bir cesaret ve çılgınlık gibi görünür. Bütün Anadolu'dan Polatlı'ya kadar geliyor, bu ricattır. Askerî düzenli çekilmedir. Adını da koyuyor "Savunulacak satıh bütün vatandır," diyor. "Sathı müdafaa vardır," diyor. TBMM Hükümeti Kayseri'ye başkenti nakletmeye başladı. Devlet ofisleri, bir sürü evraklar, memurlar oraya gitti. Bir yer tespit ediliyor; büyük bir stratejist. Dayanmak, direnmek, ihtiyatkâr arkadaşlardan farklılık gösterir. İkincisi atılım yaptığı yerler. Hücum hatları Sakarya Meydan Savaşı sonrası dönem; bunlar Atatürk'ün atılımcı yönü.

Bir yandan da nerede duracağını biliyor. Birtakım yerlerin kazanımını belli ki Türkiye'nin geleceğine bırakmıştır.

Cumhuriyet, yeni bir devlet yapısı inşa ediyor ama eski binanın kimi unsurlarını da alıyor. Bir Cumhuriyet evi temelinde geleneklerimiz.

Bütün devlet devam ediyor. Devamlılığa en önemli örnek budur. Eski memurları ayıklamak için komisyonlar kuruluyor. Bu komisyonlar sert kararlar vermiş olabilir ama işlem hep komisyonlar marifetiyle olmuştur. Malzemeyi değerlendiriyorlar ve o şekilde memurların eskileri uzaklaştırılıyor. Herkesin tapusu, mülkü Osmanlı'dan devredildiği gibi, eski bakanlıklar, eski memuriyetler de devam ediyor. Arada eski memurları ayıklayan, emekliye sevk eden bir tensikat komisyonu var (27 Mayıs'ta, 12 Eylül'de olduğu gibi) ama kadrolar devam ediyor. Mete Tunçay'ın bu konuda bir makalesi vardır.[5] İnsanlar gene tekaüde sevk ediliyorlar, emekli maaşlarını alıyorlar. Yani devlet devam ediyor. Eski kanunlar, eski kararlar uygulanıyor.

Bu devlet devamlılığına itaatin bariz örnekleri nelerdir? Sorunları da yükleniyor Cumhuriyet...

En büyüğü, Osmanlı'dan kalan devasa borçtur. Genç Cumhuriyet onu bile sırtına yük olarak almıştır. Borcu son kuruşuna kadar ödüyor. İç ve dış borcu ödüyor. Bunlar gerçekten üzerinde durulması gereken olaylardır. Devletin devamı, devletin halefiyeti bakımından bunların üzerinde durmak gerekir. Onun dönemine bakalım: Mesela Sovyetler Birliği bütün borçları iptal etmiştir. Ama sonra bir şekilde ödettiler. "Eski rejimin verdiklerini reddederim," dedi. Bunu kademe kademe bir sürü memleket yaptı.

---

5 Mete Tunçay, "Heyet-i Mahsusalar, Cumhuriyet'e Geçişte Osmanlı Asker ve Sivil Bürokrasinin Ayıklanması (1923-1938)", *Armağan: Kanun-u Esasînin 100. Yılı*, Ankara Üniversitesi Siyasal Bilgiler Fakültesi Yayınları, 1978.

Atatürk farklı bir yol izledi. Borçları üstlendi, ödedik. Unutmayın; yeni devlet imparatorluktan kopan bir halkın, bir unsurun (entity) devletidir. Burada bazı konularda halefiyet söz konusudur (Yatırımlar, şirket imtiyazları, bir kısım borç vs. gibi). Bizim gibi ama unsurda devamlılık (continuity) söz konusudur.

Şevket Süreyya Aydemir'e göre Atatürk "ordunun siyasete karışmasını, ordunun haysiyet ve vakarına aykırı kabul etmiştir." Atatürk'ün ordu ve siyaset ilişkisine dair düşüncesini belirleyen olaylar hangileridir?

Orduyla siyaseti birbirinden ayırma konusundaki fikirleri nettir. Orduya ilişkin en büyük yaklaşımı 31 Mart Vakası'ndadır. Hareket Ordusu'nun kurmayı idi. Onu söyleyelim. O kadar siyasete karışmayan birisi değildi aslında. Ama Balkan Harbi'nde hakikaten askerin, zabitanın siyaset yapmasının kötü tezahürlerini görmüş ve yaşamıştır. O andan itibaren, hatta daha evvel de karşıydı, 31 Mart Vakası'ndan sonra, baktı ki işler iyi gitmiyor ve Atatürk anladı ki politikaya karışmak iyi bir şey değil. Balkan Savaşları'nda maalesef bunun çok acı, çok menfi tezahürünü gördü. Bu nedenle bu konuda tamamen ısrarlıdır. Düşünün; İstiklâl Harbi'ni kazanan komutan, ordunun kurduğu Cumhuriyet Türkiye'sinde daha ilk anda orduyu siyasetin içinden çekme taraftarı oldu. Silah arkadaşlarına kendisi başta olmak üzere kesin tercih önerdi. "Siyaset yapacaksanız mebus olun ya da orduya dönün" dedi. Atatürk herkese kesin tercih yaptırdı. Kim neyi istiyorsa ama birini seçmesini sağladı. Tabii orduda kalacakları kendisi seçtiği ve telkinde bulunduğu açık.

Atatürk yaşamı boyunca herhangi bir felsefi doktrinle kendisini bağlamış biri değildi. Ama çok sadık kaldığı, hiç taviz vermediği belli angajmanlara dahil olmuştur. Bunlar nelerdir?

Tabii belli angajmanları vardır. İlk ve en önemli angajmanı, onun bir cumhuriyetçi olmasıdır. Cumhuriyetçiliğin Birinci Cihan Harbi sonrasında gerektirdiği bütün görüş, harekat ve efkâra sahip bir ulusçudur. Yani Cumhuriyet için ulusal kültür önemlidir. İkincisi tabii vatandaşlık müessesesi. Ülkeyi tutan yurttaştır. Mesela aristokrasi olur, öbürü tebaa olur; hayır, Atatürk vatandaşlık üzerinde duruyor. Bunlar onun sadık kaldığı görüşleridir. Ve tabii bildiğimiz anlamda İhtilal-i Kebir, Büyük Fransız İhtilâli evveli ve sonrasında Aydınlanma ile yeşeren laik bir anlayış var. Fakat devlet ve dini ayırmak Müslüman toplumunda çok zordur. Çünkü din diye bir müessese burada Hıristiyan kilisesi gibi teşkilatlanmış olarak yoktur. Onun için ne yapıyor, devletin kontrolünü kuruyor; bugünkü Diyanet İşleri Başkanlığı örneğinde görüldüğü gibi.

Diyanet İşleri Başkanlığı ideal bir model midir?

Başka çare yoktur. Toplumun yapısına bakınca doğru bir adım olarak kabul ederiz. Aksi yanlış olacağı için bu doğrudur. Yani mesela Diyanet'i serbest bıraksanız, devlet bütçesinin ve teşkilatının dışına çıkarsanız, bütçeden diğer kalemler için tasarruf edersiniz ama bu yanlış ve tehlikeli olur. Onun için bu ehvendir. Laikliğimiz bu çerçevede yürüdü. Üzerine çok düşersen çok radikal olur. Düşmezsen kendince sapmalar olur. Yani Cumhuriyet tarihi çok açıkça böyle gidiyor. O nedenle biz dengeyi iyi bulmuşuz. Radikal olmadan, sapmaya gitmeden.

Bugünün ihtiyaçlarına da cevap veriyor mu?

Evet bugünün ihtiyaçlarını da karşılıyor. Yeterince vermese bile veriyor. Çünkü hep aksini düşünmek zorundasınız. Olmasaydı ne olurdu? Başka türlüsü mümkün değildi.

Halkımız Cumhuriyet'e en baştan beri sahip çıkmış mıdır, onun değerini anlamış mıdır?

Cumhuriyet fikri imparatorlukta hiç de öyle yaygın bir düşünce değildir. Öncelikle bunu söylememiz gerekir. Bir kere halkı ilgilendiren bir olay değildir. İkincisi elit kısmını da ilgilendirmiyordu, bu çok açık bir şeydi. Cumhuriyet fikrini yeşertecek, kamçılayacak yapılar ortada yok. Kim cumhuriyeti ister? Şiddetli ve kapalı bir aristokrasinin olduğu toplumlarda bu geçerlidir. İngiltere gibi insan hakları, temel katılım hürriyetlerini önemseyen toplumlarda ve bir ölçüde sosyal haklar sağlanmamışsa, orada derece derece cumhuriyetçi fikirler yaşar. Böyle bir toplum endüstrileşmeye doğru gidiyor ise, işçi sınıfı varsa, şehirliler doğup gelişmişse, köylüler dünya ile temasa başlamışlarsa, kısaca buna "uluslaşma" denir. İşte buralarda cumhuriyetin taraftarı da çok olur. Yeryüzünün öncü endüstri ülkesi denilen İngiltere'de cumhuriyet fikri hiçbir zaman bugünkü kadar kuvvetli değildi. Mutlaka çoğunluğun teşkil etmesi gerekmez. Kaldı ki Hollanda gibi bir ülkede cumhuriyetçiler oldukça kalabalık, fakat eski hükümdarı (Kraliçe Beatrix) seviyorlardı.

Osmanlı'da böyle bir iklim olamaz. İnsanlar neden cumhuriyet istesinler? Nedir cumhuriyet? Kaldı ki tabii bunu öne sürecek unsurlar yok. Ortada adaletsizlik var, kaba uygulamalar var ama kimse çıkıp da bu böyledir demiyor. Avrupa'da Lord cezalandırılsa, bazı ülkelerde, mesela Fransa krallığında kilise çıkar ve derdi ki "Düzen budur." Yahut İngiltere'de bir dönem de "Böyle şey olmaz; kral ile magnat'lar arasındaki sözleşmeye aykırı," derdi. Böyle bir durum yok ortada. Bu düzeni consolide (teyid ve tahkim) edecek, legalize (yasalaştıracak) edecek bir sosyal yapı ve hiyerarşi yok. Meşrulaştıracak, makul gösterecek mekanizmalar olur, hiç birisi yok. Karşınızdaki idareci sınıfının kendisi de köylülükten geliyor. Devlet böyle kurulmuş; aristokrasisi yok. Padişahın eşleri ve gelecek padişahın annesi bile halktan geliyor. İnsanların arasında o tip bir sınıflaşma söz konusu değil. Toprağı kontrol edenler, yönetimi kontrol edenler, üretimi kontrol edenler var. Yani temel sosyolojik ayrımlar var ama bu ayrıma dayalı sınıfsal ayrışma kültürü yok. O tip kültürün olmadığı yerde, ona "cumhuriyet" diye karşı çıkan reaksiyoner kültür de olmaz. Onun için cumhuriyet bizde birtakım yolsuzluklara, kötü idareye karşı idarenin daha hakça, daha meşru, daha akıllıca olacağına inanan bir uygulama. Bu inanç da cumhuriyet fikriyle temellendiriliyor. Onun için böyle telaffuz edilmeyen bir cumhuriyetçilik var. İlerici geçinen kim varsa, mesela "Batı Medeniyeti" der, "Mutlak idareye karşıyız," der ama bunun için cumhuriyet olması şart değil. Nitekim ortaya çıkmıştır. Atatürk'le mücadeleye giren arkadaşları bile kademe kademe önce Cumhuriyet safhasında, ikincisi Hilafet safhasında onu mutlak desteklemeyi bıraktılar, uzaklaştılar. Atatürk'ün karşı cephesine geçtiler. Bu, şunu gösterir: Kuvvetli bir cumhuriyet fikri yoktu. İnsanlar padişahçıdır. 1914'e kadar ne burada, ne Avrupa'da devlet katmanını, gazeteyi bırak; bir orta sınıf mekânında dahi hükümdarlık aleyhinde konuşana surat ekşiterek bakarlardı. Ama çok kuvvetli bir monarşiye sadakat var mıydı? Hayır. Kavga sokağa dökülmedi. Türk hayatında devlet ve düzen monarşi ve cumhuriyet gibi tasniflerin üzerindedir. Onun için mühim olan devlettir. Cumhuriyet de, devlete sadakat yorumunu ele geçirdi. Orduyu ve idareyi kim götürüyorsa söz onundur.

Aslında Atatürk'ü yeterince iyi tanımıyoruz.

Onun kafasında Cumhuriyet fikrinin yeşermesi tipiktir. Cumhuriyeti Hamidiye dönemine, mutlak idareye, Osmanlı yönetimindeki aksaklıklara deva olarak gören birisi. Bunun teferruatlı öyküsünü bilen yok. Araştırılmış da değil. Çok tuhaftır. Atatürk'ün şahsi notları, şahsi kitapları daha yeni yeni sistematik taramaya tabi tutulmaktadır. Bugüne kadar Atatürk kendi ne demişse onu not tutmuşlar ve herkes görmek istediği gibi görmüş. Bu görmek istediğinde büyük bir hakikat payı var ama teferruat yok. Oysa teferruat olmayınca tarihi anlamıyorsun. Tarihî gerçekleri ortaya çıkaran, tarihî resmi tamamlayan unsur teferruattır. O teferruatı da tarihçi, Atatürk'ün kendinden öğrenmek zorunda. Yani onun demeçlerinden, şahsi notlarından, kitap kenarı notlarından. O çizerek okurdu. İyi bir huydur tarihçi açısından. Oralarda ne demiş, bunlara baktığınız zaman, bilindiğinden daha ayrıntılı, daha renkli bir Atatürk portresi çıkıyor.

Aydınlanma düşünürlerinin etkisini görüyoruz. Devlet yapılanmasına bu bakış hâkim oluyor. Peki, nasıl bir cumhuriyet idealine sahip?

Atatürk'ün kafasında tam manasıyla Jean-Jacques Rousseau tipi bir cumhuriyet vardı. 1924 Anayasası'nda o cumhuriyet ortaya çıkıyor. Dikkat edin, orada Türkler diyor. Ben onun kalmasını istiyordum. Türklerden kasıt Türkler falan değil. O espriyi, o ruhu, o vatandaşlığı kaybettiğiniz için 1961'de o anayasayı kaldırarak atmışsınız. Bugün ortaya Türkiyeli diye bir laf çıktı. Abuk subuk, ne olduğu bilinmeyen, hiç tutar bir tarafı olmayan bir laf. 1924 Anayasası'nı iyi korumalıydık. İhtiyaca göre tadil etmeliydik, tabii kanuni yollardan. Bunu yapamadık maalesef.

Cumhuriyet rejiminde ulus kavramı ön plana çıkıyor...

Evet, ulus çok önemli. Atatürk ulusun üzerinde durmuş. Arapça ve İslâmi anlamda hatta İbranca, bu yeni Türkler, genç Türkler "millet"i başka türlü kullanıyor. Hakikaten Türk etnisi, başka etniler ona entegre olmuş ve ona yamanmış. Hepsini kapsıyor. Türkleşmiş Arnavut, Türkleşmiş Çerkez, Türkleşmiş Kürt, daha doğrusu sesini çıkarmayanlar Türk tarifine giriyor. Türk derken Rum'u, Ermeni'yi ne kadar kastediyor? Bu tartışmaya açık; genelde gayrimüslim dışlanır. Cumhuriyet Karamanlı Türk Hıristiyanları mübadele ile Yunanistan'a gönderdi. Genelde böyle bir Türk kafası vardır, o Türk'tür. Türk çerçevesi içinde konuşur. Bu çok önemli.

Peki "cumhuriyetin devleti" nasıl olacak, ne düşünüyordu?

Cumhuriyetin devleti tam anlamıyla Fransa gibi merkeziyetçi bir devlet. Ama tekrarlana geldiği gibi tümüyle Fransa'ya bakılarak alınmış değildir. Zaten Osmanlı'nın ananesi öyledir; "merkezî devlet" ve tabii tek parti. Devletin büyük aygıtı ve organları tek partinin, onu yöneten kadronun ve millî şefin emrinde.

Atatürk'ün uyguladığı bu sistem nasıl oldu da hemen sonrasında aşınmaya başladı, takipçileri neyi yanlış yaptılar ya da eksik bıraktılar?

Karizmanız kuvvetliyse, Harbiye'yi bitirmişseniz, İstiklâl Harbi'ni yöneten kumandansanız bu ameliye yürür gider. Sorun çıkmaz. Ama memleketteki durum çok zorsa, imkan yoksa ve zaten dünyada da şartlar ağırsa o zaman bu politika çok zor gider, yürümez. Bunun yanı sıra, dünyada da durum değişmeye başlıyorsa, bu işlemez. Bir kere Atatürk'ün yerine İsmet İnönü geliyor. Kadrolar üç aşağı beş yukarı aynı ama bir kısmı gitmiş. Kaldı ki 1938 sonrasını birçok yönüyle Cumhuriyetin ilk döneminden farklı biçimde ele almak gerekli.

Savaş oldu, orada da kayıplar var. Tarafsız durmanıza ve muharib olmamanıza rağmen o savaşı çok zor yürütmüşsünüz. Ama savaştan sonra o sistem gitmez. Karizma yok. Ne yaptı o zaman? İsmet Paşa kendisi döndü ve diktatoryayı dağıttı. Kendisi diktatörlere dil uzattı. Gitti, kendi partisinin kurultayında "Millî şeflik artık yok," dedi. "Ebedi şef Atatürk'tür," dedi. "Değişmez genel başkanlık da gider," dedi. Bunları kendisi istedi. Ertesi gün Amerikalı gazeteci "Ama siz iyi bir diktatördünüz değil mi?" diye soruyor. Cevap: "Siz gençsiniz, diktatörlük görmediniz ki, diktatörün iyisi olmaz."

İç ve dış konjonktür değişiyor. Yeni bir iklim doğuyor...

Sonra İnönü hayatı boyunca 1961 Anayasası dahil, hep anayasaların getirdiği müesseseleri yerleştirmeye çalışıyor. Burada

Atatürk'ün döneminin başka bir dönem olduğunu unutmayalım. Atatürk'ün döneminde demokrasiler iflas etti deniliyor. Yani moda demokrat olmak değil, anti-demokrat olmak. Bütün dünyada eğilim buydu. Almanya buydu, İtalya buydu, çoğulcu Fransa'da dahi bu zihniyet hakim oldu; ciddi bir akım vardı. Herhalde Vichy rejimi tamamen Alman işgalcilerin zayıflamasıyla yerleşmedi. Hatta İngiltere'de bile bunu diyen ve yapan insanlar küçük bir azınlık değildi. Marjinal bir azınlıktı ama ortalıkta bar bar bağırıyorlardı.

Atatürk zamanın ruhuna uygun mu hareket etti? Bu sonucu mu çıkarmalıyız?

Hayır, Atatürk zamanın anti-demokratik ruhuna uygun hareket etmedi. O demokrasiyi istedi. Ama gerçekleşmesi mümkün olmadı. Tek unsur liderde ve partide değildi; toplum ve çevre de sorun oldu. Çünkü derhal karşısına çıkan blok çok ilginçtir, tarihte az görülür, aşırı solcularla sağcılar aynı saftaydı. Serbest Fırka böyle bir denemeydi. Fethi (Okyar) Bey hakikaten liberaldi. Laikti, mürteci değildi, komünist hiç değildi. Önderi arkadaşı ama partisine kimler katılıyor? O zaman sayıları az olan solcular ve ehl-i tarik gericiler. Kız kardeşi Makbule Atadan bile o partiden aday oluyor, gidip köylerde laiklik aleyhine konuşuyor. Çok ilginç ve çok tehlikeli. Sonunda ne yaptılar? Halk Partisi'nin alışılmış tipleri vardı, Ali Çetinkaya gibi. Bunlar bir hücum ettiler. Zavallı Fethi Bey hiç hak etmediği kadar hücuma uğradı. İzmir nümayişinden sonra dönemin gazetelerini okuyun, tecavüz halindeler. Her ne kadar Atatürk istese de, bu şartlar altındaki bir memleket henüz demokrasiye geçiş dengelerini taşımaktan uzaktı. Çünkü bu memleket 1930'larda üretmeyen bir memleketti. Ekonomi incir, üzüm, buğday, tütün üzerinden yürüyor. Kendi giyeceği bezi, kendi tüketeceği şekeri zor karşılıyor. Öyle bir ülke ki nüfusun %85'i köylü. Otarşik düzenden kurtulamayan bir kalabalık kitle var, pazara açılamayan köyler var. Bu köylerden aşar vergisi kaldırılmış ama yol vergisi var. "Ya git çalış ya da yol vergisi ver," deniliyor. Vergi verecek nakit yok, elde kazma angaryaya sürülüyor. Kırsal kesim halkı felaket vaziyette. Bu ülke harbe girecek. Bu arada da dünya iktisadi buhranı olmuş. Böyle üretmeyen tamamen ilkel bir ziraata bağlı bir ülke bundan ne zarar görecekse görmüş. Onun için buralarda bu çok parti yürümezdi.

Serbest Fırka'nın dışında denemeler de yapıldı…

1924'ü kastediyorsunuz. Cumhuriyetçi Terakkiperver Fırka. Bütün İttihatçılar bu partiye girdiler. Yani Atatürk'ten hoşnut olmayan, Enver'in yerine koyacakları başka adamları getirmek isteyen İttihatçılar oraya sızdılar. İçlerinde solcu pek yoktu. Mete Tunçay buna haklı olarak işaret etti ve tek tek o insanları saydı. Daha henüz o sert inkılaplar başlamamıştı. O havayı hisseden bütün o gruplar bu partinin içindeler. Şimdi memleket onu kaldıramazdı. İstanbul o zaman 700 bin nüfuslu, Türkiye'nin en büyük şehri, ne varsa İstanbul'da. Bu arada İstanbul, Kâzım Karabekir Paşa'yı göklere kaldırarak karşılıyor. Atatürk şehre küskün zaten. Karadeniz gezisinden döndüğünde gece, karanlıkta geçiyor Marmara'ya. Şehri görmeye tahammülü yok. Burası Ankara'ya muhalif. Savaş kazanılmış ama hâlâ muhalefetteler. Yapılan inkılaplara katılmıyorlar. Yani Atatürk burayı kendinden görmüyor. İstanbul Ankara'ya her zaman katılmak zorunda mı; değil. Çünkü buranın kendine göre bir irfanı var, bir birikimi, "residue idéologique" denen bir tortusu var. Tabii ki tenkit edecek ama Ankara'nın da o günün koşullarında buna tahammülü yok, olamaz.

Amerikalı gazetecinin İnönü'ye sorduğu "Siz iyi bir diktatördünüz ama" gibi bir cümleye Atatürk ne yanıt verirdi? Aslında o da yabancı gazetecilere memleketin "bir nevi diktatörlük" gibi görünmesinden rahatsız olduğunu söylemiştir.

"İyi bir diktatördünüz" lafına hiç itibar edeceğini zannetmiyorum. Onun diktatör olma niyeti hiç yok. Batı demokrasisini istiyor ama otoriter bir liderdir. Diktatörle otoriter farklıdır. Zira totoliter bir rejim kuracak devlet ve toplum aygıtları mevcut değil ve zaten niyet ve hedef totaliter devlet ve toplum olarak ifade edilmiyor.

Nedir farkı?

Diktatorya, yirminci yüzyılda bir nevi totaliteryanizme dayanır. Komünizm, Nazizm ve Faşizm buydu. Burada öyle totaliter devleti kuracak vasıtalar yok. Her şeyden önce Atatürk istemiyordu. Buna meraklı değildi. Ama Atatürk otoriterdir. Yani Kayzer Almanya'sı gibi. Diyelim İttihat Terakki dönemi gibi otoriter. Bu otoriter ölçüler içinde bir çoğulcu parti istedi. Rejimin temellerini sorgulamayan. Bu mümkün olmadı. Olmayınca vazgeçti. Sizin bildiğiniz anlamda diktatör sevmiyor. Ahmet Zogu'nun Arnavutluk'ta cumhuriyeti kaldırıp krallık ilan etmesine çok tepki gösterdi, sefirimizi geri çağırdı. Şurası bir gerçek; temel müesseselerde muhalefet istemiyor. Tehlikeli görüyor; orası çok açık. Bize arşivleri açmıyorlar ama Dışişleri arşivi hariciyecilere açık. Bilal Şimşir; Atatürk tarafından Ruşen Eşref Ünaydın'a verilen talimatı okudu ve bu raporu yayınladı. Ünaydın Arnavutluk'a sefir gidiyordu. Arnavutluk'ta o zaman İtalya'nın ve faşizmin çok etkisi vardı. Talimat çok açık: "Faşistlerle görüşülmeyecek. Faşizmin methedildiği gruplara bile nazik davranılmayacak ve katılım sağlanmayacak." Bu kadar uzak duracaksınız diyor.

Bir çağın cumhuriyetinin, genç bir devletin adamı olduğunuzu, demokrasiyle hesabınızın olmadığını, demokrasiyle hesaplaşmayacağınızı bilin demeye getiriyor. Şurası çok açık: Yerini Batı demokrasileri safında görüyor. Daha düne kadar çarpıştığı Batı demokrasilerinin iktisaden (çok önemlidir iktisaden), kültürel bakımdan, hem de askerlik bakımından başta olduklarını biliyor. Yani Almanın askerliği onu çok cezp etmiyor. Birinci

Cihan Harbi'ndeki o grubun ihtiyatıdır bu. İtalyanları zaten ciddiye almıyor. Sovyet Rusya ile Kemal Atatürk'ün dış politikadaki taktik beraberlikleri dışında uyuşmayacağı çok açık. Osmanlı zabiti, Osmanlı generali, o imparatorluğun adamı çok açıktır ki solculuğa öyle fazla itibar etmez. Onun cumhuriyetçiliği, onun pozitivistliği, sosyalist rejimi benimsemesine mahal vermez. Sloganı şu: Bizim önce zenginleşmemiz lâzım. Halen paylaşılacak bir zenginlik yok ortada; önce zenginleşmemiz lâzım.

Cumhuriyet'in rejimini, devletini ve milletini konuştuk. Peki, Cumhuriyet ve laiklik?

Cumhuriyet'in laikliğini Atatürk'ün kafasında değil, hareketlerinde görebiliyoruz. Kesin bir şekilde laik davranış içindedir. Mesela Kral Abdullah'ın ziyaretine bakmalı. Ürdün Meliki geliyor, cuma namazına giriyor, erkân dışarıda. Resmî iftar ziyafeti söz konusu değil. Davranışlar ve protokol olarak bunların dışındalar. Kalkıp da ateist bir devlet politikası mı güdüldü? Haşa. Onu bugün söylemek isteyen insanlar var. Yani âdeta Stalin Rusya'sındaki gibi ateist devlet politikası güdüldüğünü söylüyorlar; alakası yok. Camiler zaten bakımsızdır. Allah versin ama memleketin imkânı da yok. Topkapı Sarayı bile Osmanlı'nın son döneminde çok bakımsızdı, dökülüyordu. Atatürk döneminde Topkapı Sarayı'nda Hırka-ı Saadet'te Kur'ân okutulmadı ve ziyarete açık değildi, birtakım türbeler de kapatılmıştır. Diyanet İşleri tam kendi kontrolündedir. Tekke ve zaviyeler devlet kontrolünde olmadığı için kapatılıyor. Otoritenin icabı kendi kontrolünüzde olmayan yeri kapatırsınız. Kaldı ki birtakım tarikat liderlerinin âdeta "Kapatılmayı hak ettik," gibi deyişleri vardır. Şunu unutmayalım yalnız; 700 bin nüfuslu İstanbul'da üç yüz küsur tekke ve zaviye vardı. Buradan görünüyor ki şehrin halkı oraya gitmiş. Tasavvuf öğrenmiş. Hiçbir şey öğrenmemişse tezhip öğrenmiş. Daha daha öğrenmese bunları yapanlara saygı göstermeyi öğrenmiş. Şimdi bunları kapattığın zaman hangi ikincil grubu getireceksin? Halkevlerini denedik, bir müddet tuttuk. Ama halkevleri çok ideal çalışmadı maalesef. Milleti geniş ölçüde kapsayamadı. Kaldı ki Demokrat Parti gelip bunları kapatınca millet sokaklara kaldı. Uzun bir süredir çocuklar sokaklarda yetişiyor.

Laiklik fevkalade önemlidir. Osmanlı zabitan zümresinin bir kesimi için inanılmayacak kadar önemlidir.

Laikliğe bu kadar önem atfetmelerinin sebebi?

Bunlar medreseyi sevmiyorlar. Zabit veya mülki memur olan Tanzimat insanının, modern fenne intibak eden bir askerin medreseyle uğraşması, tatmin olması mümkün değildir. Bu konuda bir ıslahat ve yeniden kuruluş programının ciddi olarak ele alınmadığı açık. Yani Tanzimatçı zihniyetteki insanın, günlük yaşam kalıplarıyla bağdaşması mümkün değildir. Çok rahatsız oluyorlar. Rahatsız olmayanı da var. Şunu size söyleyeyim: Bugünkü Türk ordusu, İslâmiyet yani İslâm yaşamı ile modern laiklik arasındaki uyumu sessizce çok daha iyi bulmuştur. O konuda problemi yoktur. Geçen asırlarda modernleşen ordu teknikleri ile ulemanın görüşleri arasında ihtilaf vardı; bu asırda bu yok. Modern hayatın istediği askerî düzen, o askerin duruşu, 24 saat sefere hazır askerin uyuşmadığı bir zümre varsa sorun başka boyuttadır.

Gündelik yaşamdaki kalıplar, medresenin ve ehl-i tarikin gündelik yaşamdaki kalıpları, belirli deyimleri; bunları askerin kullanması mümkün değildir. Fakat gerilimin nedenleri dinde de değil, onun adına konuşanlarla askerler arasındadır. Nedenine bakmak gerekir.

Atatürk'ün İttihatçılığı meselesi, üzerinde çok durulan bir konu. İttihatçılarla yolunun ayrılması nasıl oluyor?

Evet, bütün imparatorluğun zabitleri gibi İttihat ve Terakki'ye girmiştir. Şunu unutmayınız: Vali Cemal Bardakçı dermiş bunu: "Framason locaları bizim her şeyi konuşacağımız ve hafiyelere yakalanmayacağımız tek yerdi." Demek ki Türklerin o zaman Framasonluğu doğru olarak kavradığı pek söylenemez. Kaldı ki Dünya Masonluğu, Türk masonluğunu pek kabul etmiyordu; o bir parça Türklerin kendisine göre bir cemiyetti.

İttihat Terakki'nin dayandığı ayakların birincisi sufilik. Ne hikmetse hepsi Bektaşî, çok çok Mevlevî. Niye Nakşibendî değiller? Soru bu. Bunun üzerinde düşünmek lâzım. Mustafa Kemal Bey İttihatçı. Bu İttihatçılık 31 Mart Vakası'ndan sonra bitiyor. İttihat Terakki'nin particiliği, cemiyetçiliği ve partizanlığı her şeyin önüne koyduğunu görüyor. Mustafa Kemal bunu kabul edecek birisi değildir. Şiar dediğimiz, yani İttihatçıların esası olan, etrafında mutlaka bağlanacakları bir düstur ve kimlik meselesi var; o bu bağlılığın önüne hiçbir şey koymayacak birisi değil, bazı prensipler onun önünde gelir. Üçüncüsü, politikacılık tasvip edilemez hale gelmiştir ve Mustafa Kemal bunu Balkan Harbi'nde görmüştür. Averof zırhlısı Midilli'yi alıyor. Kuzey Ege adalarını nasıl alıyor? Gerçi bizim donanmamız da o zaman teknik bakımdan çok zayıf durumda ama orada galiba büyük kabineye bu savaşın yaramaması için icabında geri çekilmek bile var. Başka örnekler de var. Disiplin diye bir şey kalmamış. Bunlar Mustafa Kemal Bey'in İkinci Meşrutiyet yıllarında ve hele 1920'lerde kabul edeceği davranış hiç değil.

Sonraki süreçte İttihat liderleri Atatürk'le temas kurmaya çalışıyorlar, mektuplar yazılıyor, Anadolu'ya geçmek için icazet arıyorlar.

O zaman bitti, geride kaldı o safha; bu sefer iktidarı kimseyle paylaşmaz Mustafa Kemal gibi bir lider, hele başarısız olmuş adamlarla hiç paylaşmaz. Bu zevatın milletin gözündeki intibaına bakınız; memleketin, imparatorluğun cenaze namazını kılmışlar, topraklarımız gitmiş, insanlarımız gitmiş. Rumeli'deki vatan bile bunların yüzünden gitmiş. Ondan sonra da en kıymetli evlatlarımız mektep sıralarını boşaltıp yedek subay diye şehit düşmüşler, bunlarla bir kaderi paylaşmaz artık. Meclis hükümetini kurmuş, ordu kurulmuş; böyle bir adam kaderini artık bunlarla paylaşmaz. Hele daha ileriki safhada, Ankara devlet ve milletin başkenti olunca, bunlar sinirlenip birtakım laflar etmeye başladıktan sonra İzmir Suikastı gibi olayların bedelini öderler. Ortada İzmir Suikastı vakası var. Bunu kabul edin. Cavit Bey ona katılmış birisi değil. Ama katılanlarla teması olmuştur. Sağda solda Paşa için iyi şeyler konuşmadığı belli. Maalesef istese de, istemese de Mehmed Cavit Bey gibi değerli bir maliyeciyi bu zaman ve bu tavır götürür. Bedel ödenir. Söz konusu olan iktidar savaşıdır.

CUMHURİYET; YENİ VATAN, YENİ CEMİYET

Sizin ifadelerinizle, Mustafa Kemal'in monarşiden cumhuriyete inkılap ettirdiği yeni Türkiye Cumhuriyeti hangi ahval içerisinden devralınarak nasıl bir noktaya getirildi?

Cumhuriyet coğrafyası, imparatorluğun ekonomik yönden en zayıf kesimi ama halkı dayanaklı. Anadolu çok problemli. En büyük sorun nedir? Balkan Savaşları'yla başlayan Birinci Cihan Harbi'yle devam eden uzun harpler insanları eritmiş. Biz sadece eriyen entelektüel sınıfı görüyoruz. Hâlbuki o arada en iyi demirci ve nalband, zanaatçı ve çiftçi gitmiş. Böyle bir nüfus zayiatı ile başlıyorsunuz. En önemli maddi unsur nüfus, işgücüdür. Bugün aklımıza gelmeyen hastalıklar var. Sıtma, verem ve kronikleşmiş frengi var. Cumhuriyet bunların hepsini halletmek zorunda kaldı. İşe buradan başlandı. Sağlık ordusu bunları çözdü. Veremle savaşa başladı. Bu çok önemlidir. Öyle ki İkinci Cihan Harbi'nden sonra tıbbi devrim yaşandı. Oysa yeni Cumhuriyet'le İkinci Harb sonrası beynelmilel teşebbüslerin müdahalesine lüzum kalmadan bazı şeyler kökünden halledilmişti. 1950'lerde Türkiye'de trahom artık çok bariz bir hastalık değildi. Cüzzam mesela, 1960'larda bu kalıntı da bitti... Türkân Saylan Hoca bu muharebenin generallerinden biridir. Komşu ülke İran'da vardı. 1950'lerde İran'a gidenler trahomdan şikâyet eder. Cumhuriyet önce bunları halletmiştir. Tabii Türkiye Mareşali Atatürk ordunun teçhizinin noksanlığı pahasına, bu çok önemlidir, millî eğitim meselesine yüklendi. Bu sadece harf devrimi değildir. O çapta bir memlekette okuma yazma sorunu büyüktü. İlerleme kaydedildi. Matbua donanımı iyi değildi ama Latin harflerinin oturmasına çalıştılar. Latin harflerini sadece Türkçenin imlasına ve ses uyumuna uygun olduğu için benimsedi; yoksa bazılarının ifade ettiği gibi bir medeniyet değişimi ve savaşı değildir. Kaldı ki Arab harfli eski metinleri yeni nesiller bazı halde eskilerden iyi okuyor. Bugünün Edebiyat Fakültesi mensupları, Osmanlı Darülfünunu Edebiyat Fakültesi mensuplarından daha ilmî ve geniş ölçüde epigrafik, paleografik ve matbu metin çalışması yapıyor. Peki, bürokrasi kendisini yenilemeye başladı mı? Hayır. Eski ananeye sadık kalarak çalışmayı da bilemediler. Bürokrasiyi zaten demokrasi ve adil idari yargı düzeltebilir.

Genç cumhuriyet bu büyük mücadeleyi verirken elbette bazı ciddi sorunlarla karşılaştı.

Evet, kolay olmamıştı. Maalesef iki vaka var ki Cumhuriyeti çok sarsmıştır. Mesela "Dünya iktisadi buhranı". Kapitalizmin tarihinde görülmeyen, beklenen ama vakti tespit edilemeyen bir krizdi. İlk büyük krizdir, halen sonuncusu olduğunu kimse söyleyemez. Literatür bahsediyordu o yüzden bekleniyordu ama böylesi görülmemişti. Bu kriz maalesef Türk köyünün girdileriyle bir sınai girdi yaratma imkanını ortadan kaldırdı. Türkiye tarım fazlasını sanayiye aktaramadı. Aynı şekilde tarımda mekanizasyonu uygulayamadı. Bir kere kendi ihracatı para etmedi. Ürününü pazarlayamadı; köylüden alınan aşar vergisi kalkmasına rağmen ilerleme sağlanamadı, köyün ve köylünün yapısı değiştirilemedi. Oysa Türk köyü dışarıya açılabilirdi. Ortakçı düzeninden, yarıcılıktan modern üretime dönüşme başlayabilirdi. Bunu beceremedi. Daha da önemlisi, tarım reformu arazilerin sosyalleştirilmesi ile becerilecek gibi değildi. Burada, Macaristan, Romanya ve Bulgaristan modelini dikkate almayın. Çünkü Bulgaristan'da sosyalist çiftçi partilerinin bütün ideali toprak bölüşümüydü. Fakir çiftçiyi topraklandırmak. Burada böyle bir projeyi ateşli biçimde yürütemezdiniz. O dönemin köylü nüfusu açısından, burası zaten arazi fazlası olan bir memleketti. Aslolan onların fenni biçimde işletilmesi idi.

Nitekim İkinci Cihan Harbi'nden sonra "Çiftçiyi Topraklandırma Kanunu" müzakerelerindeki Şevket Raşit Hatipoğlu'nun büyük atılımına rağmen karşı tarafın sözcüsü -ki Aydın milletvekili Adnan Menderes'ti biliyorsunuz- "Pabuç fiyatına tarlalar satın alıyorsunuz. Böyle bir memlekette arazi bölüştürmenin mantığı nedir? Siz fenni bir gelişmeyi, zirai makineleşmeyi teşvik edin," dedi. Menderes bunu o zaman da söylemişti. Ama parayı nereden bulacaksın ve nasıl yapacaksın? Dünya iktisadi buhranı ürünlerini değerlendirmene, zirai mekanizasyona fırsat vermiyor. Dikkat ediniz, sanayileşme doğrudan doğruya acil üretim maddelerine yöneliktir. Bez, şeker, un değirmeninden ibaret. Krediyle yaptırıldılar.

Atatürk köylünün kalkınmasına özel bir önem gösteriyor.

Mecburdu buna. Ülkenin %85'i köylü. Köyü zenginleştirmek istiyor. Üretimi arttırmak ve çeşitlendirmek istiyor. Kaliteyi yükselterek köylüyü asri hayata hazırlamak istiyor. Köylerin böyle süratle boşalacağı gibi bir tanı var mı zannetmiyorum. Köyden şehre göçü ne öngördüler ne de istediler. Doğrudan doğruya köyü yerinde kalkındırmak istiyorlardı. Sonra Köy Enstitüleri'ni bunun için kurdular. Çok enteresan; Yalçın Küçük'ün beklenmedik tahminleri vardır, doğrudur. Köy Enstitüleri'yle ilgili de analizleri vardı. İsmail Hakkı Tonguç'un Bulgaristan göçmeni olduğunu biliyor ve bunu 1981'de Sofya'daki bir tebliğinde sundu; Köy Enstitüleri'nin Bulgar modeli üzerinden tahlilini yaptı. Bu yaklaşım doğruydu. Tonguç bunu biliyordu ve Hasan Âli Bey'i böyle etkilemişti bu modelle, çağdaş Bulgaristan'ın modeliyle.

Atatürk'ün devletçiliğini anlatır mısınız? İnönü'yle bu konuda ayrışıyorlar. Nasıl bir devletçilik anlayışına sahiptir Atatürk?

Mustafa Kemal ve İsmet Paşa, bu konu üzerinde çok tartışmışlar. İsmet Paşa bir kere son derece temkinlidir. Hiç bir zaman açık atılıma girmeyen biri. Ama atılım yapılırsa da sonuna kadar götüren biri. Harf devrimi yapılıyor mesela, gönüllü değildir. Ama karar alındığı zaman hayatının sonuna kadar Latin harfinin dışında bir şey yazmaz ve yazdırmaz. Atatürk özel sektörün gelişmesini istiyor. İnönü daima "Aman ne olur, onu mu yapalım, bunu mu yapalım?" diye temkinli yaklaşıyor. İkinci Cihan Harbi'ni düşünün. İhtikâr olmasın diye küçücük köylünün tahılına el konuluyor. Saklayan mahkemeye veriliyor. Ondan sonra toplananlar istasyonlarda çürütülüyor. Ne sevk yapılıyor, ne de depolanabiliyor. Buna karşılık ensesi kalın köy ağası malı karaborsaya götürüyor.

Yeni bir hacıağa sınıfı ortaya çıkıyor. İkinci Cihan Harbi'ndeki facia buydu. Demek ki dünya iktisadi buhranı nedeniyle yapamadığımız işler var. Kabahat sırf dünyada değil, bürokrasi de atıl. Üstüne patlayan Cihan Harbi Türkiye'yi mahvetti. Düşünün, limanlara hiç gemi gelmiyor. Gelenin içinden ne çıkarsa tüccar onu kapatıp satacak. İhtikârın ve iltimasın sınırı yok.

Atatürk'ün, en yakınları tarafından bile anlaşılamayan hamleleri var, kendisinden sonra da hakkıyla sürdürülemiyor.

Bilhassa kültürel konulardaki atılımlar. Bozkırda, o imkânsızlıklar içinde Atatürk önemli atılımlar yapmıştı. Başbakanlıktan daha büyük ve maliyetli bir binaya Dil ve Tarih-Coğrafya Fakültesi'ni yerleştiriyor; İstanbul'da Edebiyat Fakültesi kuruyor. Gelen Alman hocalar bunu gerçekleştirmekte çok yardımcı oldular. Ama onlar da burada tutuluyorlar. Üniversitelerimiz Arkeoloji ve Eski Çağ Bilimi'ni o zaman gördü. Aslında Arkeoloji üniversitede değil, Osman Hamdi Bey'in müzesinde başlamıştır.

Şu da var ki dünyanın şartları kötüydü. Bir şeyleri yapamamanız için her türlü menfi şey mevcut. Ama ulaştırma için, karayolu üzerinde değil demiryolculukta çalışıldı. Denizyollarında ise atılımlar yapılamadı. Denizcilik konusunda kültürel bir değişme sağlanamadı. Elektrifikasyon söz konusu. Lenin bile diyor ki "Komünizm eşittir Sovyet iktidarı artı elektrifikasyon." Buna rağmen, Rusya bile elektrifikasyonu tamamlayamamış. Böyle bir dünyadasınız ve altyapını tamamlayacaksınız. Kolay olmadı ve tamamlanamadı.

Atatürk'ün bir de üstyapısal reformlar denilen etkileyici atılımları var. Bu uygarlık tarihi açısından değişik yorumlarla çok kere zıt değerlendirmelerle ele alınır; ama mutlaka önemli bir tarihçilik konusudur. Farklı yorum nedir? Mesela hukuki bünye, Medeni Kanun'un kabulü ve uygulaması ilişkileri değiştirebilir. Kültürel bir yapı değişikliği, yeni bir dünya aşılamaya çalışıyor. Bunu anlayamıyorlar. Halefleri bunu anlayamadılar. Mesela 1947'deki hazin üniversite olayları... Üniversitelerin sarsıntı geçirmesi... Gelen yabancıların büyük ölçekte geri dönmeleri... Yavaş yavaş o müesseselerin günümüzde bile nasıl doğduğunu anlamadan eriyip gitmeleri... Edebiyat fakültelerinin bugünkü hali bu erimeyi gösteriyor.

O büyük ekip içinden Atatürk'ün sivrilmesini, atak yapmasını ve "Tek Adam" olmasını sağlayan özelliği hangisidir?

Dehasıdır. Ben zannetmiyorum ki İsmet Paşa kadar evrak ve vakıaların üzerinde otursun. Ben zannetmiyorum ki Fevzi Paşa kadar her şeyi sordursun. Atatürk'ün dehası farkıdır. Meselelere çok çabuk nüfuz ediyor. Çok düşünüyor. Meselelere çok çabuk vakıf oluyor. Devlet idaresinde de öyledir. Kararı çabuk veriyor. "Biz harf devrimini üç ayda yaparız," diyor. İsmet Paşa "Aman

Paşam olur mu?" diyor. Görünüşte haklıdır da. "Lütfen biraz uzatalım," diyor. "Hayır, üç ayda ya biter, ya konu biter." Kararlıdır. Ondan sonra yapıldı. Alışmışlardır değil mi? Harf inkılabı yapıldığında Atatürk 48 yaşındadır. Bu yaştaki bir kişi, alıştığı Osmanlı Türkçesini ve kullandığı Arap harflerini birden bire terk ediyor.

Cumhurbaşkanı olarak nasıl bir Atatürk profili sergiledi?

Maalesef Cumhurbaşkanlığının bir dönemi çok ağır bir hastalıkla geçmiştir. Bu hastalık siroz mudur, yoksa kanser midir, Allah biliyor. Hekimler dahi bir ara farklı şeyler söylemeye başladılar. Çünkü sinirli bir hasta, uzun doktor muayenesine ve konsültasyonuna dayanamıyor. Birinci Cihan Harbi subaylarının çoğu gibi çok meşakkatli bir hayat yaşamıştır. Bunların hepsinin neticesi; 1932'den sonra, nöbet defterine de bakınca artık sağlığını yitirmiş bir adamla karşılaşıyoruz.

Siz Atatürk ve arkadaşlarına "genç ihtiyarlar" diyorsunuz. Bu hazin ifadeyle neyi anlatmak istiyorsunuz?

O dönem bu kahraman insanlar genç ihtiyarlardır. Ordu gençleşti. Fakat gençleşen ordu çok tecrübeliydi. Bunlar 1912 Balkan Harbi'yle başlıyorlar. Sonra muhtelif cephelerde Birinci Cihan Harbi'nde çarpışıyorlar. Sonra İstiklâl Harbi. Bu insanlar Birinci Cihan Harbi'nin ortasında her şeyi öğrenmişler. Bir de umumi harp olmayan zamanlarda da, dağda çetecileri kovalamışlar. Çölde Bedevi isyancılarla uğraşıyorlar. Tanıdıkları coğrafyanın, insan simasının haddi hesabı yok. Onun için bunlar kadar tecrübeli bir imparatorluk ordusu yoktur. Enver Paşa bunu anlamadı. Esasında bu komuta kadrosuyla her şeye direnebilirdi. Tanımadı onları. Birine sığınarak kurtulmak gibi bir düşünceye sarıldı. Böyle bir panikle memleketi Alman blokuyla Birinci Cihan Harbi'ne soktu.

Profesör Alexander Rustow'a göre, Osmanlı İmparatorluğu'ndan Türkiye Cumhuriyeti'ne geçiş sürecinde Mustafa Kemal'in oynadığı rol, Max Weber'in terimiyle karizmatik niteliktir. Karizma nedir, Atatürk'ün karizması nereden geliyor?

Karizma kilise tabiridir. Weber, onu kilise terminolojisinden almıştır. "Karizma" yanılmaz, yanılması mümkün olmayan bir tiptir. Bir nevi bizde gökteki takımyıldızlarının güçlendirdiği "sahipkıran" gibidir. Bizdeki avam arası "karizma" deyimi ise kepaze bir sapmadan ibaret. Terim tutmuştur; karizmanız var, size çok itimat edilir, karizmanız var, önderlik yaparsınız.

Doğuştan mı gelir bu özellik?

Biraz doğuştandır. Sizin peşinizden gitmeyi bir vazife ve fazilet sayarız. Atatürk karizma sahibidir. Çünkü yenilmez. Bir kere en olmayacak şekilde askerî başarılar kazandı. Yenilmez adamın eşsiz bir müzakere yeteneği var. Bütün o çevre içinde en çok göze batan adamdır, bu kavram kullanılır. Rustow da göçmenlerdendir biliyorsunuz, Weber okuyup gelmiştir.

ATATÜRK'ÜN ÖZEL HAYATI "İNKILAPÇININ ÇOCUĞU OLMAZ"

Atatürk'ün özel hayatına yönelik ilginin son dönemde arttığını görüyoruz. Bunu neye bağlıyorsunuz, doğal mıdır bu?

Atatürk'ün özel hayatını çok konuşmanın hiçbir manası yoktur. Bu yanlış bir tutum değil ama yetersiz bir meraktır. Böylesi büyük liderlerin özel hayatlarını bilen bilmeyen konuşamaz. Türkler zaten tarihte ehemle mühimi birbirine karıştırırlar. Tarihçi olmayan milletlerin en büyük vasfı, tarih yazımında ehemle mühimi birbirinden ayırt edememektir. İkincisi, bunu özel hayatlarında da görürsünüz. Orada da karıştırırlar. Herkes, her millet dedikodu yapar fakat bizim milletin dedikodu ahlakı, dedikodu sistemi çok ilkeldir ve bütün olay ve unsurları birbirine karıştırarak rivayeti kurarlar.

Dedikodu geleneğinin ilkelliği ne demek?

Yani herkes aklına geleni ve duyduğunu söylediği gibi, uydurduğunu da ilave eder. Bunun sorumluluğunu da duymazlar. Mesela Avrupa'da bunlar konuşulurken dikkatli konuşulur. "Yanılmıyorsam", "eğer doğru duyduysam" gibi ifadeler kullanılır. Çarşıdaki pazardaki kadının dedikodu tarzıyla bizimkini karşılaştırın; ikisi çok fark eder. Şimdi Atatürk'ün etrafında, bütün devlet reisleri gibi efsaneler döner. Bu bir subaydır. Birinci Cihan Harbi evvelinin subayıdır. Bir kere onun iyi etüt edildiğini zannetmiyorum. Birinci Cihan Harbi'nden evvel Türk subayının, Avusturya- Macaristan, Rusya, İngiltere, Almanya-Prusya, İtalya subayının, Fransa subayının hayatını iyi etüt edeceksiniz. Çünkü bunlar geleneksel hayatın dışında insanlar; ordu mensupları. Eski dünyada yirmi yaşında bir genç evlendirilirken, bunlar o saatte daha kurmay mektebine hazırlanıyorlardı. Ordular modern dünyada çok hareketli, askerler zahmetli bir hayatın içindeler. Akranlarının evlenmeye hazırlandığı bir zamanda bunlar hâlâ kurmay mektebinde okuyorlar. Bilmem hangi çölde, hangi dağda isyancı kovalıyor ya da hangi savaşın içinde çarpışıyorlar. Bu şartların getirdiği bir tarz-ı hayat var. Yarı şövalyece; birazcık kışladaki disipline karşı bir reaksiyon. Bir ölçüde teşvik de edilir. Bu genç subaylar kutu gibi yaşayacak değildir. Bunun getirdiği sıkıntılar da vardır. Mesela içki bunlardan birisidir. Subay dediğiniz içer, şakası yoktur. Atatürk'ün ben o kadar incelenmesine rağmen yeterince iyi değerlendirildiği kanaatinde değilim. Hastalığı buna dâhildir. Mesela St. Petersburg'taki kalabalık hassa alaylarını, Potsdam'daki benzer durumu düşünün. Ama bizde Tolstoy'un *Anna Karenina*'sı gibi bu hayatı ele alan yazar; Başbakan Claus von Bülow gibi hatıratında bu hayatı tasvir eden bir devlet adamı dahi yok...

Lakin kahvehane dedikoduları nesilden nesle taşınır. Biyografi ile dedikodu aynı şey değildir.

Kadınlar Atatürk'ü beğeniyorlar...

Tabii, kadınlarla alakası var. Güzel bir adam, yakışıklılığın ötesinde. O devir için orta boylu bir adam. Duruşu çok iyi, giyimi mükemmel. Öyle bir zevki var, yaradılıştan ve kendini eğitmiş. Tavırlar son derece çekici. İlk bakışta bakarsan, general veya devlet reisi olarak düşünmezseniz, hatta belki kendini çok beğenmiş gibi görünür. Oysa muhtelif zevatla temasından belli ki, kendini biliyor. Sonra cumhuriyetçi, neredeyse anadan doğma cumhuriyetçi. Atatürk'ünki monarşiyle uzlaşmış bir yapı ve kişilik değil.

Doğuştan Cumhuriyetçi olunur mu?

Olunur. Bir terbiye. Otorite karşısındaki vaziyet. Duruş, cemiyet hayatına bakış tarzıyla cumhuriyetçi olursunuz. Herkes cumhuriyetçi olmaz. Cumhuriyeti teorik olarak benimsemeden önce fıtratında ve karakterinde benimsersin. Herkes cumhuriyeti kabul eder, o başka ama herkes cumhuriyetçi olmaz. Atatürk doğuştan cumhuriyetçi, besbelli. Mesela Almanya'ya gittiği zaman Kayzer'le bir diyaloğu var. Orada bile belli Atatürk'ün cumhuriyete düşkünlüğü. Mesela Enver'i düşünün; monarşist. Enver'in saygı duymadığı monark kendi padişahı. Sultan Vahdeddin tahta çıktığında başını biraz eğip gitti, bizim padişaha karşı derin saygısı yok. Kayzer'in karşısında hazır olda duruyor ki Kayzer Wilhelm kim Allah aşkına? Birçokları monarşiye karşı doğuştan saygılı olan subaylar. Atatürk öyle değil. Çok farklı bir bakıştır. Bunun bilinmesi lâzım.

Üzerinde çok durulmaz. Cumhuriyeti ilk kuran neslin içinde bazıları çocuk yapmıyorlar. "İnkılapçının çocuğu olmaz," sözü yaygın. Mesela rahmetli Leman Hanım (Karaosmanoğlu) bunu söylemiştir. Yakup Kadri Bey de dermiş; inkılab, çocukla mı uğraşacak, umumi işlerle mi uğraşacak? Ayak bağıdır çocuk o süreç sırasında. Evini görmeyeceksin, karını görmeyeceksin. Çocuk ne oluyor? Bu tip devlet adamlarının çocukları çok talihsizdirler. Ana baba onlarla çok meşgul olamaz veyahut sırf ana meşgul olur.

Atatürk yaşamayı seviyor. Güzellik seven bir adam, o çok açık. Estetik zevki gelişmiş. Saat 09-17 arası çalışan bir Reis-i Cumhur olmadığı çok açıktır. Hele son zamanlarında belli ki hastalıktan uyku düzeni bozulmuştur. Bazen öğlen kalkıyor. Yemek düzeni çok bozuktur. Kusuru içkiden daha ziyade sigaradır. Feci sigara içiyor. Bu iyi değil. Kaplıca kültürüne düşkün. Fırsat buldukça dinlendi oralarda. Yaşayış biçimi içinde kahve ve sigara onu çok yoruyor. Bu arada bir not düşelim; Atatürk'ün hasta fotoğraflarının asılması iyi değildir. Onun portresini temsil edemez. Atatürk'ün Büyük Millet Meclisi Hükümeti Reisi olduğu zamanki kalpaklı, müşir üniformalı fotoğrafı en doğrusudur.

Cephede bile kitap okuyor.

Evet, bu kişiler çok okurlar. Türk Ordusu'nun en önemli vasfı, 19. asırda büyük kara ordularıyla birlikte kurmay eğitimini geliştirmesidir. Çok doğru, gerekli bir eğitimdi bu. Yeniçerilik gibi çok özgün bir kurum dejenere olmuş. Kaldırılmış. Kurmay eğitimine dört elle sarıldılar. Osmanlı'nın son asrında Türk ordusunun kurmay subayı okur ve yazar. Merakı olmayanı sevmezler. Lisan öğrenmeye meraklıdırlar. Kurmay takımı okur ve yazar. İşleri güçleri okumaktır. Ceplerinde lügat taşırlar. Talim sırasında ekmek torbalarında kitap vardır. Hiç bir şey yapmasalar lügat ezberlerler. Zaten başka türlü o hayat geçmez. Mareşal Çakmak zamanında okuma kontrol altındaydı ve subaylar kitaplardan soğumuştu. Şimdi Türk ordusunun genç subayları çok okuyorlar. Olmadık kitapçılarda, sahaflarda genç zabitlere rastlıyorum. Lisan durumları çok iyi. Helikopter pilotu var, İspanyolca öğrenmiş; ne kadar ilginç. İngilizce zaten biliyorlar. Öbürü dil okulunda Farsça öğreniyor. Keyif için Osmanlıca öğreniyor. Bizim istediğimiz bu zaten. Kültür (heritage) mirasını değerlendirecek insanlar. Kültür meselelerine kurmay subayının dalmasını mühim bulurum. Bu, ananemizin dirilmesi demektir. Çok faydalı görüyorum.

Atatürk'ün portresi içinde onun evliliğini de değerlendirir misiniz? Son yıllarda sık sık bu konu gündeme geliyor.

Atatürk'ün portresinin çok zor olan yanını çizmeye çalışıyoruz. Başarılı bir evlilik yapamadı. Maalesef Atatürk kendi için evlenmedi. Artık devlet reisi olacak, İzmir'e girmiş, istiyor ki presentable bir zevceyle beraber olsun. Osmanlı Sarayı reprezantasyon rolünü oynamıyordu. O konuda çok hazin olaylar vardır. Son

Avusturya İmparatoriçesi Zita 1917'de Kayzer Karl'la İstanbul'a geldi. Harem'e giriyor ve Harem'de ziyaretlerde bulunuyor. Orada tesadüfen Sultan Reşad'ın hanımefendilerinden birisi fevkalade Fransızca konuşuyordu. Çerkez prenseslerindendi. Konuşmayanı var, konuşanı var. Bu, aksansız konuşuyor. Halife Abdülmecid'in Harem'inde piyano çalıyor. Tablosu var. Resim yapıyor Harem'de. Dışarıda reprezentasyon yok. Balo yok, resmî kabul de yok. Atatürk ve arkadaşları bundan rahatsız. Atatürk istiyor ki temsil kabiliyeti olan kültürlü bir hanım olsun; yabancı dilleri bilen, Avrupa'da okumuş, diplomalı... Lakin maalesef Latife Hanım'ın, Türkiye Mareşali'nin ve kurucu Reisicumhur'un yanında olabilecek, onu temsil edebilecek yeteneği bulunduğu kanısında değilim. O dengeyi, o virtüöziteyi tutturamıyor. Atatürk'e üzüntü vermiş ve bir an evvel gitmiş. İstanbul'da eski rejimin mensuplarının aileleriyle görüşmüştür. Bu davranış doğru olamaz. Onlar Atatürk'ün muarızıdır. Görüşmemesi gerekirdi. Ben tarihçi olarak bunun doğru olmadığını görüyorum. Bunlar Atatürk'ün düşmanıdırlar. Bu tip insanların yakınlarıyla görüşmekten hayır gelmemiştir. (Mesela bunlardan birisi Rıza Nur'un karısıdır. O eski rejimin müşirlerinden birisinin kızıdır. Rıza Nur'un hatıralarından da bellidir ki, çok da sağlam zihinli bir kadın değildir.)

Latife Hanım yurt gezisinde, istasyonda vagonun penceresinden "Kemal" diye bağırıyor. Böyle bir tavır kabul edilemez; dünya o safhaya yeni yeni bugün geliyor. Mesela Fransa Cumhurbaşkanı'nın karısı böyle ön ismiyle hitap edebilir miydi herkesin önünde. O asırda böyle bir şey tahayyül edilemez. Büyük bir adamın, bir Türkiye mareşalinin eşi olmak 1920'lerde bugünkü alışkanlıklarımızın ve tasavvurumuzun ötesinde olmalıdır. Zannediyorum bazı konularda ikisi arasında bir uyumsuzluk olmuş ve Atatürk de bu birlikteliği çok çabuk bitirmiştir. Atatürk Batılı olarak evlendi ve Doğulu usulü "boş ol" dedi. Bir daha da evlenmeyi düşünmedi. Böylece "İnkılapçının çoluk çocuğu da olmaz" prensibine uydu.

DİNÎ HAYAT VE DÜZENLEMELER

Atatürk'ün İslâm ile ilişkisini anlatır mısınız? Bu, üzerinde çok konuşulan, Atatürk'e haksızlık da yapılan bir husus.

Atatürk eğitimde pozitivist düşüncenin hâkim olduğu bir tarzın sahibidir. Dünyaya bakışı da budur. Hiç şüphesiz çok koyu bir dindar, sofu bir zat değil. Bu çok açık. İslâm dünyasının nasıl gelişeceğine de herhalde bu şekilde bakıyor. Hilafeti niye kaldırdı? Hilafeti ruhani bir müessese olarak gördüğü için değil. Çünkü ruhani bir müessese değil. Muhtemelen, ki büyük ölçüde doğrudur; hilafet denen kurumun her şeyden evvel siyasi bakımdan kendi kurduğu cumhuriyet rejimi için artık tehlikeli bir ikilem yaratacağını gördü. Son Halife Abdülmecid, Ankara hükümetinin bu gibi düşünce ve endişelerini yatıştıracak, onları ikna edecek bir kişilik değildi, böyle bir politika da gütmedi. Aksine onları alarma sevk edecek, hilafeti kaldırmaya yani ilga etmeye yönelik politikaları âdeta teşvik eden bir tavır takip etti. Görüştüğü gruplar konusunda kontrollü olamadı; dış dünyaya karşı başka bir imaj verdi. Cuma namazında selamlık alaylarını alayiş ile devam ettirdi. Bunları yapmaması gerekiyordu. Sakin bir şekilde yaşaması, çok dikkatli olması gerekiyordu; Ankara'nın aleyhinde konuşmaması gerekiyordu. Şu çok açık bir şey; özel sekreterinin bile Ankara'nın adamı olduğu söyleniyor. Bu çok önemli bir nokta, o takdirde dikkatli olması şarttı; herhalde Ankara onun etrafını boş bırakacak değildi, görüşmelerine dikkat etmesi ve hatta Ankara'yı günü gününe haberdar etmesi gerekiyordu. Bu çok önemli. Ankara'nın temsilcisiyle görüşmeleri ve dostluğu Ankara'daki grubun aleyhinde yorumlanmıştır. Bunun çok üzerinde durması, İstiklâl Harbi komutanları arasındaki çekişme veya birbirlerine karşı endişeli tavırları varsa olayların tamamen dışında görünmesi gerekiyordu. Bunları yapacak ustalıkta bir politikacı değil. Halife bizim kültür tarihimiz açısından çok önemli bir sanatçı. Ressamlığına herkes hayran ama müzisyenliği ressamlığından da üstündü bence; Emre Aracı'nın bulduğu bir "Élegie"si dahi bunu gösterir ve maalesef son devrin bütün Osmanlı şehzadeleri gibi siyasi kabiliyetten ve tecrübeden uzak yetiştirilmiş. Düşününüz ki kendisi Abdülaziz'in küçük oğludur, yani sırada Yusuf İzzettin Efendi ve Vahdeddin'den sonra gelir ve bunların gençliği Sultan Abdülhamid devrinde geçti. Sultan Abdülhamid devrinde hanedan azalarına karşı son derece şüpheci ve onları son derece tarassut altında tutan bir hükümdardı. Bu son derece açık; tahta yakın olanlara yetişme fırsatı vermedi. Daha gençleri var, Meşrutiyet devrinde iyi yetiştiler. Mesela Abdülmecid Efendi'nin oğlu Şehzade Ömer Faruk Efendi veya Osman Fuad Efendi veya Sultan Abdülhamid'in kendi şehzadeleri. Bunlar fevkalade iyi yetişmişlerdir. Dışarıda, halka açık okullarda Galatasaray gibi, Harbiye gibi, hatta ondan sonra Viyana'da, (Theresianum'da) Potsdam'da dünyaya açık, serbest ve sistemli şekilde yetişmişlerdir.

Tarikatların sosyal hayat üzerindeki etkinliğini mi kırmak istedi?

O zaman durum çok açık ve tarikatlar Türk hayatına çok nüfuz etmişlerdi, bugünkü gibi değildi. Bugün tarikatlar kırsal kökenli ve daha çok kasabalı kimselerin iltifat ettiği dinî topluluklar. Şehir hayatının, şehir kültürünün dışında kalanları şehir hayatına ve İslâmi kültüre bütünleştiriyor. O nedenle metropolle devamlı bir uyuşmazlık var: Laik-dini; sofu-bînamaz anlamında değil. Yaşam biçiminde de fark var. Geçmiş asırların tarikat ehli büyük şehirliydi ve elit sınıfın üyeleri de tarikat üyesiydi. Bu kimselerin zevkleri, bilgileri dergâhta sürer ve gelenleri etkilerdi. Tarikat şeyhliği mühimdi; hatta bazen babadan oğula geçen bu postnişinlik için padişah iradesiyle şeyh oğlu bir memurun erken emekliliği dahi vakiydi. Bugün 19. asır devletinin aksine, hükümet tarikatları kontrol etmiyor, edemiyor; tarikatlar onu yönlendirmeye çalışıyor. Tabii muvaffak olamıyorlar pek, zira tarikatın silsile-i meratibi şeyh efendilerin ortaya çıkışı ve kabulü pek eski kurallara uymuyor. Bugünün tarikatı eskinin tarikatı değil; onların da çok yol almaları lâzım.

Siyasallaşma?

Siyasallaşma da o ölçüde gidiyor. Siyasallaşmadan evvel kültürel altyapısına bakacaksınız. Dolayısıyla sırf siyasallaşma kendi başına yetmez. O bakımdan tarikatlar üzerindeki yorumlar muhteliftir. Bir kısmı bunların, eğitimli, toplumda bir ikincil eğitim grubu olarak rol oynamasında hemfikirdi, bir kısmı da bunların ıslahından söz ediyordu. (Bizzat tarikatın mensupları dahi.) Dolayısıyla böyle bir ortamda bu yuvaların siyasi iktidar için mahzurlu olduğu açıktır. Yani cumhuriyeti kuran grup, çok kısa zamanda bunlardan rahatsız olmuştur. 1925'te, biliyorsunuz, doğudaki ayaklanma -ki onlar Nakşibendî'dir- fırsat bilinerek, hatta fırsat değil, bizatihi bu durum hükümeti endişeye sevk ederek dergâhlar ve tarikat merkezleri kapatıldı. Ehl-i tarikin toplanması da yasaklandı. Bazı modern araştırmacılar Şeyh Said ayaklanmasını Nakşibendîler'in değil muasır Kürt milliyetçilerinin sürüklediğini söyler; mesela Hamit Algar bu görüştedir. Bunlar veya karşı görüş sahipleri olsun her görüşün delili yeterli değil. Bu ayaklanmadan sonra toplanmalarına dahi müsaade edilmezdi, bazı istisnaları vardı. Mesela, Özbekler Tekkesi mensupları... Bu tekke şeyhi ve etrafı güya Nakşibendî ama çok liberal ve İstiklal Savaşı sırasında Ankara'nın itimadını sağlamışlar ve İngiliz otoriteleri de ikna etmişler ki Özbekler Tekkesi'nden geçen hiç kimse yakalanmadı. Yani İngiliz istihbaratı haberdar olmamış, o kadar iyi götürmüşler meseleyi. Onlar her zaman toplanırdı; Necmettin Efendi, Özbekler Tekkesi Şeyhi olarak dostlarıyla toplanıp sohbete devam ediyordu; ama onun dışında tarikat liderleri şiddetle takip edilmişlerdir. Ne zamana kadar? Ta İkinci Cihan Harbi'nden sonra çok partili demokrasiye geçinceye kadar. O zaman bir gevşeme başladı. Bütün o konudaki gevşeme, biliyorsunuz, 1946 demokrasisi çerçevesinde olmuştur. Birtakım türbelerin, dergâhların ziyarete açılması, imam-hatip okullarının başlaması, sonra Ankara'da İlahiyat Fakültesi'nin kurulması... Başvekil Şemsettin Günaltay laik talebe gelsin diye talebeleri tek tek seçtirmiş, Mesela Neda Armaner çok iyi piyano çalıyor, Batı tarzı yetişmiş bir genç öğrenci, asistan. Yahut Devlet Opera Korosu'ndan Bahriye Üçok aslında DTCF'de okuyor.

Günümüze bakınca, böyle ısmarlama talebe ile iş yürümez. Şimdi merkezi sistemle öğrenci alınıyor. Alakası var mı? Baktığınız zaman İlahiyat Fakültesi'nde çok çeşit insan görüyorsunuz. Yani pozitivist aksine, İslâm'ın selefi görüşünü benimsemiş kimseler de var. Cemaatlere mensup olan veya olmayan, karşısında olan da var. Bunların bazı mensupları meraklıdır, kendi okudukları işi bilirler. Yazdıkları şeyde bir üslup, tutarlılık vardır. Dipnotlarına falan dikkat edilir; dipnot hırsızlığı yani intihal pek olmaz İlahiyat Fakültelerinde. Ama bu kadar kalabalık sayının mükemmele yakın olması beklenemez. Bazılarının Türkçe telaffuzu bozuk, bazılarının Arapça bilgisi tenkit ediliyor. Yayın yapan var, eline kalemi zar zor alan var.

Atatürk din ve toplum denklemini nasıl kurmak istiyordu?

Din ve toplum denklemi diye ifade edilen şey, din ile toplumun ayrılmasıdır. Bu pozitivist bir denklemdir. Bunu Yahudi dininde, İslâm dininde gerçekleştirmek çok zor. Atatürk onun için en başta Diyânet'i kaldırmamış. Yani, Şeriye Vekaleti mülgadır, ortada şeyhülislâm gibi kabineye giren biri kalmadı, başbakanlığa bağlı bir memurdur. Örgüt de öyledir ama kaldıramamış, devletin dışına itememiş. Olamaz. Örnek var mıydı; bunun için var. Koloniyal ülkeler, yani Britanya koloniyal ülkeleri, Rusya. Orada Müslüman dini idaresi müstakil ve tabii kontrol altında. Ama İslâm ülkesinde koloniyal modeli tatbik edemezsiniz, sayısız problem çıkar.

Devletin dışında mı tutmak istiyor Atatürk?

Hayır, burada olmaz. Oralarda devletten ayrı. Burada Atatürk kaldırmaz çünkü onun devletin dışına, kendi imkânlarıyla itildiği zaman ne olacağı belli. Kontrol etmek lâzım. Burada laik model, Batı'nınki gibi gerçekleştirilemez. Tıpkı Yahudi devletinde olduğu gibi, İsrail'de olduğu gibi. Bizim, bize özgü modelimizi işletmemiz lâzımdır.

Nedir o bize özgü model, bugünkünden farklı bir yapı mı?

Şimdiki gibi devletin içinde olması gerekir. Bunun tersini konuşan insanın modeli koloniyalist ülkelerdeki İslâm cemaat modelidir. Geçerliliği yoktur ve yürümez; başka türlü bir model de bulamazlar.

Toplumun din ihtiyacını karşılamada Cumhuriyet'in tutumu ne oldu? "Toplumun büyük bir bölümü dinini doğru bilmiyordu, Cumhuriyet öğretti," yorumları var.

Bunlara itibar etmek doğru değil. Din öğretimi konusunda da çok seçkin müesseseler vardı. Mesela İslâm hukukunu Medreset'ün-Nüvvâb öğretiyordu veya Dârü'l-Hilâfetü'l-Aliyye Medreseleri açılmış İstanbul'da. Konya Hukuk Mektebi pekâlâ iyi bir başlangıçtı. Böyle şeyler kalmadı. İş perde arkasına gitti. Perde arkasına giden şeyde kuvvet olmaz. Seçkin eğitimden bahsedilemez. Eğitimin perde arkasına kaçması kötüdür.

Atatürk Said-i Nursî'yi nasıl algılamıştır?

Onu bilmiyorum. Said-i Nursî ile ilgili bir yorumuna rastlamadım. Said-i Nursî'nin de Atatürk için esaslı bir yorumuna rastlamadım. Ama herhalde birbirlerine muhabbet duymamışlardır. Yalnız Said-i Nursî 31 Mart Vakası sırasında ayaklananları hoş karşılamamıştır. Çünkü "İslâm ordusunda fen bilgisi ve teknik olacak," demiştir. "O da mektebli subaylarla olur." Alaylı davranışını, isyanını hoş görmemiştir. Çok açıktır bu. Nur cemaatinde teknik bilgi, mühendislik çok önemli bir unsurdur. Metod yönünden eksikleri olmasına rağmen, Şerif Mardin *Beddiüzzaman Said Nursi Olayı* kitabında[6] bunu doğru vurgulamıştır. Çünkü siyaset bilimi çevreleri bunun üzerinde çok durmuyordu. O tarafı önemlidir. Nur cemaati hakikaten bir mühendis cemaatidir. Ama öbür taraf nedir? Nur cemaati tarikatları hoş karşılamaz. "Devir tarikat değil, hakikat devridir," derler. Cemaat hareketi, tarikat disiplini içinde örgütlenmek, yürümek zorundadır. Bu cemaat hareketi, Türkiye'de çok partili demokrasinin geliştirdiği bir olaydır. Çünkü tarikat kültürünün gerilediği yerde ister istemez cemaatçilik başlar ve cemaatlere de kimlerin girdiğine bakmak lâzım. Bunlar şehirli hareketler değildir. Peki bizdeki şehirli hareketler neler geliştirdi? Kendine göre bir endüstriyel pozitivist kültür çevresinde birtakım kulüpler falan geliştirebildi mi, orada şüphem var. Türkiye'nin çok partili demokrasisinin zaafı budur. Biz bunun sıkıntısını çekiyoruz.

---

6 Şerif Mardin, *Bediüzzaman Said Nursi Olayı/Modern Türkiye'de Din ve Toplumsal Değişim*, İletişim, 1992.

İsmet Paşa, Fevzi Paşa gibi dinine bağlı bir Müslüman'dı. Hiç kuşkusuz Mustafa Kemal bu iki generali komuta heyetinin başına ve kendisinin en yakınına getirmekle çok akıllı bir iş yapmıştı. Bu yorum için görüşünüz?

Doğrudur. Çok doğrudur. Fevzi Paşa'nın, Müslümanlığı, müminliği daha fazla gösteren bir tarafı var. Ama kesinlikle cumhuriyetçilerin, laiklerin cephesindedir. İsmet Paşa'nın evi Müslüman eviydi. Bunu herkes bilir. Orada Ramazan'da oruç tutulur, kurban kesilir, gereken her şey yapılır. Tabii bağıra bağıra ilan edilmez. Bunlar inançsız adamlar değil; Türkiye Cumhuriyeti'nde kalkıp da bana kimse Fransız İhtilâli'nin terör devrini, Robespierre devrini veya Stalin Rusya'sının ateist politikalarını çizmeye kalkmasın; gerçek olmaz, kimse buna inanmaz. Tabii ki birtakım sert davranışlar olmuştur. Ama bu Cumhuriyet'te Müslümanlık var. Kimse Müslümanlığa karşı değil. Fevzi Paşa da değil. Gerçi İsmet Paşa nezdinde laik demonstration (gösteri), zaman zaman çok ağırlık kazanmıştır. Ama neticede Türkiye'de Müslümanlık yaşanıyor. Hem de iyi yaşanıyor. Birtakım kurumlar ortadan kaldırılmıştır. Tekke ve zaviyeler mesela. Ama bunların bir kısmı zaten kendilerini ortadan kaldıracak durumdaydılar. Silsilenin, o kültürün ve onu taşıyacak grupların var olduğu bir gerçek. Tarikatların belkemiği olan gruplar bugün daha çok eriyor. Yerini cemaatler alıyor, onların görüşü ve yaşam tarzı geliyor. CHP bu grupların yerlerine "Halkevi"ni koymaya çalıştı. Bu öyle hemen birbirinin yerini alabilecek iki kurum değil. Lakin tarikatların dirilişindeki safahat ve görünüm, kurumun ne kadar mahiyet değişikliğine uğradığını gösterir.

KEMALİZM

Yakup Kadri Karaosmanoğlu; Birinci Dünya Savaşı sonunda vatanını düşman istilasından kurtaran bir Türk generalinin millî mücadele hareketine, Kemalizm adını, Batılıların verdiğini söylüyor. Ve Batılıların Kemalizm'e garplılaşmaya yeltenme nazarıyla baktıklarını öne sürüyor. Kemalizm nedir?

Kemalizm terimini gerçekten de onlar çok kullanıyorlar. Bizde belli bir tarihten sonra kullanılıyor. Halk Partisi'nin umdeleri içinde. Ama Kemalci hareket diye Fransa ve İngiltere bu terimi başından beri kullanıyor. Anadolu hareketini Kemalizm diye görüyorlar. Hareket Kemal Paşa'nın önderliğinde yürütülüyor. Parlamento var, bu bir provizyon hükümeti. Seçici ve kurucu bir hükümet. Ama büyük bir mücadele yürütüyor. Bunun adını oradan koyuyorlar. Rejime Kemalist demiyorlar. Kemalist Hareket diyorlar. Sonradan adı Kemalist rejim oldu. Ne zaman? 1925'ten sonra, Türkler de kullandı. Bir kere Kemalizm denilince o zaman anlaşılan şey, cumhuriyettir. Onun üzerinde duruluyor. İkincisi; din ile devletin ayrılması gibi, aslında mümkün olmayan ve kesinlikle Fransız İhtilâli ve aydınlanma tipi laikliği tarif eder Kemalizm. Bunun üzerinde çok duruluyor fakat Kemalizmin laikliği ile ihtilal Fransa'sını, hatta 3. Cumhuriyeti mukayese etmek ne kadar mümkündür. Türkiye'de bunun adı "medeniyet savaşı" olarak konmuş. Yani fenni üretim yapacaksınız, sanayi kuracaksınız, okuma seferberliği yapacaksınız. İyi tıbbınız olacak, ilaveten çok kişinin anlamadığı ama Mustafa Kemal'in çok ısrarla vurguladığı, yeryüzüne, coğrafyaya, olaylara, tarihe bakmasını bileceksiniz. Onun içindir ki çok önemli bir tarih, coğrafya anlama, öğrenme yöntem ve müessesesi geliştirmiştir Türkiye. Yani dünyaya kendi gözünüzle, gelişmiş ülkeler kulvarından bakacaksınız. Bütün gayretler bunun içindir. Tarih kendisine bir bakıma yardım etmiştir. Bizde olmayanı, dışarıdan gelenlerle tamamlamaya çalıştık. Tıpkı Tanzimatçıların 1849'da Polonya, Macar göçü ile zenginleşmeleri gibi, yani bize sığınanlarla 1930'larda da aynı şeyi yaşadık. Hitler Almanya'sından ve Avusturya'dan kaçanlar oldu. Yalnız bunlar çok kısa süre burada çalışabildiler. Bir kısmı çok yararlı olmuştur. Şurası bir gerçek, Türkiye'de bazı şeyleri değiştirdiler. Belki bu artık demode bir sistemdi. Türk laisizminin en kalıcı ve değiştirici olay ve kanunu hukukun Romanizasyonudur. Medeni Kanunun kabulü ile Roma hukuk sistemi girdi, tamamlandı ve kalıcı oldu.

Kemalizm'in bir ideolojik algılaması var. Bunun tarihselliği nedir?

Atatürk'ün sağlığında başlamıştır. Kemalizm diye pozitivist bir yurtseverlik çizgisidir bu. Sonra da devam etmiş, bir müddet sonra da unutturulmuştur. Unutturulması Demokrat Parti döneminde değil, İsmet İnönü dönemindedir. Başka türlü bir şeflik anlayışı öne çıkartılmıştır ve ona tepki olarak DP tamamen Kemalizm sloganını kullanmıştır. Biliyorsunuz para ve pulların üzerinde başkasının resmi olamaz. Bu, DP'nin, 1950'de iktidara geldikten sonra gösterdiği tepkidir. Aslında iki parti arasında büyük ideolojik farklar, dünya görüşü farkları çizmek pek pratik değildir. DP zaten köken itibariyle CHP'lidir. Zaten CHP'nin seçkinlerinden oldukları ve 1946'da muvaffak oldukları için öne çıkmışlardır. Yoksa ilk kurulan parti DP değildir biliyorsunuz; Millî Kalkınma Partisi'dir. Koruda verilen kır ziyafetli propaganda faaliyetlerinden dolayı halk "Kuzu Partisi" derdi... Yalnız örgütlenmeyi aynı başarıyla yürütemedi... Sonra birtakım sosyalist partiler kuruldu, hiçbiri yaşamadı ve zaten yaşatılmazdı. Millet Partisi, üçüncü derecede geldi çünkü onu da kuranlar CHP'nin elitleriydi. DP'nin yaptıkları, CHP'nin yaptıklarıdır. Mesela Murat Bardakçı onu basında gösterdi, kimse dikkat etmiyor. Türkçe ezanın Arapçalaştırılması (daha doğrusu Arapça okumanın cezai takibat dışı tutulması) CHP devrinde verilen bir kanun teklifidir. Demokratlar onu neticelendirmiştir. İmam-Hatip okullarını kimin kurduğuna bakınca, CHP'nin başlattığını görürüz ve anlarız ki kitle gidiyor, kayıyor ve iktidar isteyenin kitleyi bu yolla kazanması lâzım. Bu umumi bir kanundur. Sovyetler Birliği savaşa girdiği zaman kiliseyi de kurdu ve kapalı bazı kilise ve manastırları da açtırdı. Tıpkı Birinci Harb'te olduğu gibi Slav komiteleri kurdurdu ve Rus milliyetçiliğini vurguladı. İlya Ehrenburg Kızıl Ordu askerlerine "Mihail Kutuzov'un askerleri Almanları öldürün," diye şiir yazıyor. Bunlar Marksist-Sosyalist terminolojiye ait sözler ve duygular değil ama Rusya mecburdu, çünkü kurtaramazdı kendini. Türkiye'de de iktidara yürümek ayakta kalabilmek için CHP mecburdu. Tek parti devrindeki gibi elinde garantileri yoktu ve kitleye karşı bir nevi taviz verecekti. Bu tavizi DP devam ettirdi. DP'nin kurucularına, milletvekillerine baktığınız zaman hiçbirinin mürtecilik denen tavır ve söylemle alakası yoktur. Hiçbirisi CHP'nin laiklikle yaşam biçimi konusundaki ilkelerine uzak düşmüş insanlar değil. Ama aynı partinin devrinde de bütün bu hareketler yaşayabildi, bu kaçınılmazdı belki de...

İmam-Hatip meselesi yıllardır tartışılıyor, bugün dahi bitmiş değil.

Sistem aynıdır. İmam-Hatip okullarını CHP kurdu, DP devam ettirdi. Sonra gelen CHP gene devam ettirdi. Sonra AP devam ettirdi, sonra Millî Cephe devrinde de, Ecevit devrinde de gene açıldı. Millet İmam-Hatip okullarına, taassubundan çocuk yolluyor değil; en önemlisi bu okullarda disiplin var. Geleneksel disiplin var. Yani düz liselerin disiplin durumuna bakın, bir de bunlara. Ben bu disiplini tasvip ederim veya etmem onu bir yana bırakın ama zavallı halk ne yapsın. Çocuğu okula gittiği zaman; çete olmadan, okul içi anarşi olmadan gidip okuyup gelmesini istiyor, başka çaresi yok. Onun için oraya iltifat ediyor, bunu kimse görmüyor. Türkiye değişiyor; değişim her alanda müsbet değil, fevkalade sorunlu alanlar da var. Okul bunların başında. Okullarımız tıpkı bütün dünyada, Amerika'da olduğu gibi aşırı bir laubalilik, disiplinsizlik, kontrolsüzlük içinde. Ama imam-hatipler geleneksel yöntemlerle bunu önlüyor. Orada çocuklar "eti senin kemiği benim" esprisi içinde teslim ediliyor. Bunların üzerinde durmamız lâzım, bir şeyi anlamak lâzım. İmam-Hatip okullarının sayıları arttığı zaman "Millet yobazlığa gidiyor," diyenler önce rağbetin nedenlerini araştırsınlar. Rağbetin nedeni ilim ve İslâm'dan çok; geleneksel disiplin.

3

İSMET İNÖNÜ DEVRİ

"İKİNCİ ADAM"

Atatürk'ten sonra İnönü dönemi başlıyor. Cumhuriyet'in o andan itibaren seyri nasıl? İsmet Paşa nasıl bir profil sergiliyor?

Bu konuda Atatürk ile genel manada bir uyuşması, uyumu vardır. Ama bunun ötesinde de tabii ki muhafazakâr bir davranış içerisine girmiştir. Birtakım hareketler karşısında çekinir. Üçüncü dünya ülkesi liderlerinde olmayan bir antikomünist tarafı da vardır. Vakıa bu tarzı bir misyon olarak ortaya koymuş değildir. Sovyetler'le hep iyi geçinirdi. Gerilimi örtmeyi tercih etti. Aslında liberal politikayı ister ama o konudaki atılımları çok da cesurca değildir. Atatürk ile çatışması da oradan ileri gelir.

İnönü'nün devletçiliği daha mı koyu?

Devletçi diye adını koyuyorlar. Devletçilikle alakası yok. Tipik bürokrat, yani karşı tarafa güvenmiyor. Güvendiği zaman yok ve iş olmuyor. Çünkü verdiğiniz kararda, daha doğrusu dünyanızda sosyalizm yok, bunu istemiyorsunuz; o vakit eğer özel teşebbüs düzeni istiyorsanız, o zaman özel teşebbüse güveneceksiniz. Ona göre bir kontrol mekanizması geliştireceksiniz. İnönü'nün geliştirdiği "Bunların her biri hırsız," görüşüdür ve tabii bu tutumla bir gelişme olmuyor. Birtakım fırsatlar kaçırılıyor. Ama unutulmasın ki çok talihsiz bir dönemin cumhurbaşkanıdır. Beşeriyetin o güne kadar görmediği, büyük, topyekûn bir harbin, bir felaketin gölgesi ortaya çıktığı zaman cumhurbaşkanı seçilmiştir. Başbakanlığı da doğudaki isyanla başlamıştır. Daha kendini toparlamaya kalmadan Dünya İktisadi Buhranı patlamış, başbakanlığı da böyle geçmiştir.

Bazı yerde "Atatürk'ün mirasına gerektiği gibi sahip çıkamamıştır," dersiniz.

Bazı konularda Atatürk'ü anlamamıştır. Atılımları ve cesareti yoktur. Kültürel konularda ise zaten daha kaba ve basit yorumludur. Tabii çok talihsiz bir dönemin cumhurbaşkanıdır. Düşünebiliyor musunuz; Türkiye gibi üretimi düşük, sanayide geri kalmış bir ülke 1939-45 Harbi'ni yaşıyor. 1946'ya gelindiği zaman zaten çok partili rejime girilmiş. Bu dönemde aldığı tedbirlerde bile ipin ucu kaçmıştır. Çünkü organize bir cemiyet değildir. Karne ihdas ediliyor, iyi tatbik etmiyorlar. Suiistimal olmasın diye bazı ürünlere müsadere kararı alınıyor, el konuluyor. Her şeyden önce mürtekîb (buldu mu yiyen, usulsüz çalışan) bir alt bürokrasi var. Bu sefer istifçiler çıkıyor. Köylünün büyük bir kısmının bu tedbirlerden canı yanıyor. Bir kısmı da hacıağa olarak ortaya çıkıyor. Buğdayın renginden değil, o buğdayın altın etmesinden ötürü birtakım adamlar buğday için "sarı" derlerdi. Tabii bu düşük organizasyonla böyle zecri devlet yönetmek totaliter tedbirler gerektirir. Ama onu yapacak teknik aygıtlar da yok. İşte o zaman perişan oluyorsunuz. Yani o devrin savcısı diyor ki "Adamın evinde bir teneke buğday bulduk diye mahkemeye veriyorum, ondan sonra buğday istasyonda çürümeye terk ediliyor." Sevk edecek, koyacak yer yok. Bunun faturası kime çıkıyor? Reis-i cumhur, Millî Şef İsmet İnönü'ye, onun başbakanına ve onun bakanlarına. Varlık Vergisi çıkışı itibariyle despotik bir vergidir ama onun aldığı şekil bürokrasinin alt katmanındaki kontrolsüzlüklerden olmuştur. Bununla birlikte bir şeyi unutuyoruz: Türkiye bugünkünden çok daha az orandaki polis ve jandarma ile hiç savaşsız, ayaklanmasız bir biçimde harbi geçirmiş ve devlet olduğunu göstermiştir. İkinci Cihan Harbi sıkıntılarından sonra artık İsmet Paşa'ya ve etrafındakilere, gitmekten başka yol kalmıyordu. Kendisi de bunu ifade etmiş ve "Değişiklik bütün milletlerin en masum isteğidir," demiştir. O değişikliğin olması lâzım gerekiyordu. Herkes, millet de idare eden de bunu istiyordu.

Atatürk'ün hatıratında ve Nutuk'ta gördüğümüz gibi, kendisi 1929'dan itibaren Cumhuriyetin geldiği görüntüden rahatsız oluyor. Neden?

Çünkü Cumhuriyet Türk milleti ile birlikte özlenen portreyi çizemedi. Cumhuriyetin ekonomisi iyi değil ve hatta Türkiye Cumhuriyeti'nin hizmet yeteneği eskisinden farklıydı. En kötüsü de kadroları yoktu. Trablusgarp, Balkanlar ve Cihan Harbi yani yaklaşık 10 senedir devam eden savaşlar ülkeyi bitirmiş; işçi, uzman, mühendis, hekim bulunamıyor. Hatta devleti yönetecek doğru düzgün bir kadro bile zor bulunuyor. Ankara'ya hariciyeci bile gelmiyor o dönemde ki bu en önemli kademedir. Galatasaray Lisesi'ni bitirip hariciyeye girilebiliyor. Kaç tane lise mezunu büyükelçimiz vardı o zamanlar.

Çankaya sofrasında Atatürk sık sık "Bu vaziyetten hoşnut değilim, ben de fani bir insanım ve biz cumhuriyeti kendimiz için kurmadık ama görüntü bir çeşit diktatörlüktür!" diyor. Atatürk burada ne demek istiyor?

Bu diktatörya konusunda, Atatürk'ün neredeyse eski Batı demokrasilerine karşı bir mahcubiyeti var gibi, yani bir demokratik sistem kurmak zorundaymış gibi görüyor kendini. Atatürk kesinlikle Hitler, Mussolini ve muadillerinin söylem ve sloganlarını benimsemiyor. Bilal Şimşir yayınlamıştı;[7] Ruşen Eşref

7 Bilal N. Şimşir, "Atatürk'ten Elçi Ruşen Eşref Ünaydın'a Yönerge (Türk–Arnavut İlişkileri Üzerine)", *Prof. Dr. Ahmet Şükrü Esmer'e Armağan*, A.Ü. Siyasal Bilgiler Fakültesi, 1981.

Bey'e Arnavutluk'a yola çıkarken şöyle bir talimat veriyor: "Arnavutluk'taki mevcut ortamda faşistleri dinlemeyin, onların bulunduğu ortamda oturmayın, sözlerini tasvip etmeyin ve onları alkışlamayın!" Bu siyasal mücadelelerin ötesinde bir ayrılık göstergesidir. Yani Mussolini ile Akdeniz konusunda çatışma içinde olduğu için değil, Türkiye devletinin sefaretinin, diplomasisinin faşizme karşı olduğunun altını çizmek için bu talimatı veriyor.

Cumhuriyet, kurucusunu 15. yılında kaybediyor. Peki, bunu kolayca atlatabiliyor mu?

Evet, Cumhuriyet bunu kolayca atlatarak devlet olduğunu göstermiştir. İnönü'ye rakip olarak, Şükrü Kaya vardı, fakat Fevzi Çakmak derhal İsmet İnönü'den yana olmaya karar verdi ve onun seçilmesini sağladı ki bu çok önemlidir. Hiçbir sıkıntı yaşamadan, anonim bir tehlike karşısında derhal gerekenin yapılması bir devlet ananesidir ve devlet olmanın göstergesidir.

Atatürk belli bir noktaya kadar İsmet İnönü ile hareket ederken, bazen Celal Bayar'ı tercih ediyor. Burada daha liberal ekonomik politikalar ve daha yumuşak bir devlet yapısı kurma çabası mı etkili?

Celal Bayar ve İsmet İnönü tercihlerinde katı devletçilik ve özel sektör uygulamaları üzerinden yapılan tasniflere pek inanmıyorum. Elimizde bununla ilgili bir delil de yok. Zira o zamanki Türkiye, sermayenin son derece zayıf olduğu ve işadamı mahiyetindeki insanların bir elin parmaklarını geçmediği bir ülke. Bu işadamlarının sermayeleri de sabit ve tüccar hüviyetinde kimseler. Ziraatta da önemli bir makineleşme yok. İspanya'da Franco'nun zaferinden sonra bir iflas hikâyesi anlatılır. Bir tüccar evlerde büyük problem olduğu için fare zehri satıyormuş. Ama hem fakirlikten hem de herkes farelerle yaşamaya alıştığı için adam iflas etmiş. Belki evlerde farelerin yiyebileceği kadar tahıl bile yok çünkü. Türkiye'de de manzara buna benzerdi. Bizim zamanımızda bile, işadamları kazandıkları ilk parayla ev alır, döşer ve eğlenceye gider, yani yatırım yapmazlardı. Tüketim odaklı, daha doğrusu teşebbüsün olmadığı bir toplum.

İsmet Paşa, Atatürk'ün yakın silah arkadaşı ve kendisiyle en iyi anlaşan, hatta en güvendiği arkadaşıdır. Malûm, rütbe olarak müsait olmadığı halde genelkurmay başkanı olmuş, hatta kabineye girmiştir. Hâlbuki genelkurmay başkanı kabinede neden yer alsın? Bunun sebebi, askere düşkünlük yahut Osmanlı ananesinin devamı değildir. Bilindiği gibi, daha sonra da sivil hayata geçiyor. Fethi Bey başbakanken bir ara bir anlaşmazlık oluyor ve derhal sıradan çıkarılıyor, çünkü anlaşılıyor ki bu mühim mevki ancak onunla doldurulur.

Bazı olaylar Atatürk üzerinde tesir yapıyor. Kırılmaya neden oluyor...

Burada 1935 Trakya Olayları ön plana çıkar. Trakya'da Yahudilerin malları yağmalanmış ve çok sayıda Yahudi İstanbul'a kaçmıştır. Bu olaylar Atatürk'ü çok sarsmıştır ve asıl mesele, asayişin sağlanamayışıdır; yoksa Trakya'da müthiş bir antisemitizm var demek mümkün değildir. Bu konuda Kudüs İbranî Üniversitesi'nden İzmirli Avner Levy ile konuştuğumda, Nazi Almanya'sının kışkırtmasının etkisi ve tertibi olduğunu kabul ediyor. Bu konuda makalesi de var. Ama her halükarda umumi müfettiş İbrahim Tali ve Başvekil İsmet Paşa bu konuda yeterince etkin davranamamıştır. Hatta İbrahim Tali Bey bazı şeylere göz yummuş gibi görünüyor. Bu olay Avrupa'da elbette sert tepkiler doğurdu ki bu Avrupa bugünkü Avrupa gibi de değildir. Hitler'in Almanya'da iktidara geldiği, Fransa'da bile yavaş yavaş antisemit eylemlerin arttığı bir Avrupa söz konusu. Diğer yandan, ilginçtir, İkinci Dünya Harbi başladığında Franco'nun İspanya'sı Yahudi mültecileri kabul ediyor. Böyle karışık bir ideolojik toplumsal yapı ortasında Avrupa'da bazı kesimler, Atatürk'ü bu olaylardan dolayı suçladılar ve Atatürk de çok rahatsız oldu. İsmet Paşa ile bağlarının koptuğu bir safha. Bu esasen devletin bir politikası değil, derin bir nefretin açığa çıkmasıdır. Çünkü ortada bir devlet yoktur ki asıl sorun da budur. Bu dönemde özel sektör de yoktur. Devlet çelik fabrikası kurarsa, özel sektör onun ürünlerini alıp satar, yapacağı da en fazla odur. Sanki özel sektör çok gelişmiş de, İsmet Paşa takımı onun önüne set çekiyormuş gibi bir durum yok. Özel sektörün dağıtım yönü küçümseniyor ama dağıtım özel sektörün önemli bir kademesidir. İşte bu şekilde geçinen bir sınıf var, kendisi üretemiyor ama aracı.

Celal Bayar ise o zaman için iktisadi konularda çok mahir bir adamdır. İttihat ve Terakki zamanından, yani Türkiye'de bankacılık sisteminin çok zayıf olduğu zamanlardan beri bankacılık, sigortacılık gibi sektörlerde çalışmıştır. İttihat ve Terakki'nin İzmir mesul kâtibi (yani bölge sekreteri) iken böyle konularda tecrübeler edinmiştir.[8] Bankacılığı bu şekilde uygulamalı olarak tanıması çok önemlidir. Fakat mesele, kapitalist ruhlu olmak falan değil, işi bilmektir. Zira o dönemdeki bir sürü kapitalist ruhlu kişi işi bilmez; bütçeden, para hareketlerinden haberi yoktur ki bir bankacının bunları bilmesi lâzım. Celal Bey sakin de bir adamdır ve hırçın değildir. Mesela kabineyi kurarken bir kişi hariç, İsmet Paşa kabinesini aynen almıştır. O tek kişi de (Refik Saydam) kendisi istememiştir kabineye girmeyi. Refik Saydam sadece İsmet Paşa ile çalışabileceğini söyleyerek, kabineye girmeyi reddetmiştir.

Atatürk, Celal Bayar'a güvenir miydi? İyi bir idareci olarak görür müydü? Yabancı sermayeli bankadan çektiği 100 bin lirasını veriyor, banka kurduruyor.

---

8 Murat Bardakçı, kendinde bulunan bazı vesikalara göre Celal Bayar'ın kâtib-i mesul olmadığını, parti müfettişi olduğunu söylüyor.

Elbette. İttihatçı diye ona düşman değil, hatta tanıyor da onu. İşleri doğru şekilde yürütüyor ki kendisine idare-i maslahatçı deniyor. Bu kötü bir anlamda söylenmiyor, maslahata uygun hareket ettiği ifade ediliyor ki mesela kin tuttuğu görülmemiştir Celal Bayar'ın. Bayar sadece işine bakar, yani işine yarayanı yanı başında tutar, işine yaramayanı da uzaklaştırır ki iktidar olduğu dönemde bu hep böyledir. Çevresine, dostlarına ve asıl partisi İttihat ve Terakki'ye vefalı da biridir; İttihatçı liderlerine ve üyeliğine sadakati vardır. Bu tip partilerde, mesela komünist partilerde, ezcümle SSCB Komünist Partisi'nde İkinci Cihan Harbi'ndeki Alman istilası boyunca bir üyenin partiye ihanet etmiş olması için mutlaka faşistlerle anlaşması gerekmez. Almanlar ile işbirliği yapması, bazı üyeleri ele vermesine gerek yoktur. Eğer Almanlar geldiğinde ölmekten korkup kimliğini gizlerse, bunun adı ihanettir, cezalandırmak için bu kadarı yeter. İkinci olarak, bu tür partilerde verilen görevi reddetme hakkı yoktur. Öte yandan aynı görev bilinci içerisinde diğer mensuplarla iyi geçinme zorunluluğu vardır. Bunu şahsi sempati veya duygular değil, görevin icabı tayin eder. Sanki birtakım İttihatçılarda da bu vasıflar vardır.

Bu bakımdan Atatürk her konuda, hem sırdaş olarak hem de başarı noktasında Celal Bayar'a itimat ediyor. Evet, İsmet Paşa Atatürk'ü sever, sonuçta hem silah hem dava arkadaşıdır ama Celal Bayar'da da müthiş bir Atatürk sevgisi olduğuna inanıyorum. Nitekim muhafazakâr reyleri alan bir devlet adamının, Türkiye'nin dönemdeki şartlarında Atatürk için "Seni sevmek bir millî ibadettir!" demesi kolay bir iş değil. Bunu söylerken amacı Atatürk'ü ilahlaştırmak değil herhalde, onu sevmenin önemli, değerli ve vatanperavane bir yaklaşım olduğunu belli etmeye çalışıyor.

Atatürk, İsmet İnönü'nün Recep Peker'e hazırlattığı bir raporu görünce, "Bu düpedüz İtalya faşizmidir!" diyerek sert bir tepki gösteriyor. Burada bir görüş ayrılığı mı var?

Gayet tabii. Atatürk'ün bir şeylerin değişmesini istediği kesin. Zaten iki kere çok partili hayata geçmeyi deniyor ve artık cesareti kalmıyor bu konuda. İkinci deneme daha da kötü oldu: Solcular ve onların mürteci dedikleri gruplar bir araya geldi. Aslında, terim olarak boşandığı kadınla yeniden evlenene "mürteci" denir. Tabii en ön anlamı da "cahiliyye" devrini özleyip dönmek isteyendir. Bizim yakın tarihimizde bu terim şeriat özleyenlere verildi. Birtakım kimseler de cevaben "Şeriatı özlemek ve dönmek irtica ise mürteciyiz," dediler. Ama tabii siyaset bilimindeki kullanma şekli daha farklı. Şu bir gerçek ki Atatürk demokrasisiz devam etmeyi istemiyor.

Muhalefet partisini CHP'nin içinden çıkararak kurmak gibi bir düşünceleri de var. Ama İsmet Paşa'nın partide hizip istememesinden ötürü bu gerçekleşmiyor. Belki bir muhalefet partisi için bölünme yaşansa, İsmet Paşa'nın parti içi mücadeleyle devrilmesi söz konusu olabilir miydi?

İsmet Paşa bunu istememiş ama daha sonra aynısını kendisi yapıyor. Bir sürü parti çıktıktan sonra, çok ilginç biçimde Demokrat Parti ile birlikte sistem dışı partileri yok ediyorlar.

CHP tek partidir ve "diktatörlük" sisteminin yönetim örgütüdür deniyor, doğru tarafları var ama tam değil. Naziler ve komünistlerin aksine, devlet CHP'nin üstündedir ama CHP devleti yönlendirecek bir parti olamaz. CHP'yi ve ideolojisini totaliter rejimlerde olan Nazi, Faşist ve hatta Falanjist partilerin dünya görüşü ve devlet üzerindeki şekillendirmesiyle mukayese etmek doğru değil. Toplumun inşası, dünya görüşünün tespiti ve devletin kuruculuğu bakımından SSCB Komünist Partisi ile hiç mukayese edemeyiz. Cumhuriyet Halk Partisi'nin cumhuriyetçilik, laiklik gibi saikleri vardır. Cumhuriyetçilik prensibi dışında laikliğin bile zaman zaman uygulaması tartışmaları görünümler verir. Bir kere parlamentodaki parti meclis grubu haliyle milletvekillerinin tümünü kapsar. Ancak birisi istifa ederse, kendisine göz yumulduğu ölçüde bağımsız olarak bu grubun dışında kalabilir. Grup TBMM Salonu'nda öğleden önce toplanır; aynı kimseler, aynı yerde öğleden sonra meclis umumi heyeti olarak toplanırlar. Öğleden sonra tasarılar ne kadar tartışmasız ve ekseriya oy birliği ile geçerse (oy çokluğu haline de rastlanır) sabahki oturumlarda farklı görüşlerin yan yana oturduğu tartışmalar ortaya çıkar. Bu tartışmalı oturumlarda CHP'lilerin sağ milliyetçi düşünceden sola yakın görüşlere kadar her tavrı barındırdığını görürüz. Umumi sloganlar şefe sadakat ve tabii örgütlenmeme dışında bu gibi farklılıklara cevaz da verilir. Her şeyden önce bu partide Tahsin Banguoğlu, Aydın Bolak gibi sağa yakın milliyetçiler veya sola yakın mebuslar da olmuştur.

Maalesef CHP grup toplantı zabıtlarının iyi muhafaza edilmediği görülüyor. Ferruh Bozbeyli'nin[9] başkanlığı sırasında bu zabıtlar çuvallar içinde TBMM Başkanlığı'na teslim edilmiş ve zamanla herkes parça parça bu zabıtları alıp gitmiş. Bizzat CHP'nin kendi arşivlerini koruyamadığı açıktır. Bu diğer partiler için de geçerli bir durumdur. CHP grup toplantılarına ait zabıtların parça parça bazı neşriyata yansıdığı biliniyor. Bunlarsız yakın siyasi tarihimizin her türlü yorumunun karanlıkta kalacağı açıktır.

Atatürk öldüğünde içinde kalan bir ukde var mıydı? Mesela çok partili yaşam, hür demokratik rejim...

Demokrasi bir hayal olarak içinde kalmış mıdır, bilmiyoruz. Çünkü dünyada doğru düzgün bir demokrasi kalmamıştı. Mesela 1938'de Avusturya'nın sistemindeki sıkıntıyı gördü. Kendi ölümünden bir gece önce de dükkânlar yağmalanmış, insanlar sokaklarda dövülüp öldürülmüş, Nazi kamplarına toplamalar başlamış. Benim o günlerin kahrını çeken, Dachau toplama

9 Hatıraları yakın zamanda neşredildi. Ferruh Bozbeyli, *Yalnız Demokrat*, Timaş Yayınları, 2009.

kampında kalan Avusturyalı bir Yahudi dostum vardı. Tevkif edildiği günü kastederek; "10 Kasım 1938 itibariyle Avusturyalı olarak addetmiyorum kendimi!" demişti. Öyle bir dünyada kimsenin Atatürk'ün demokrasisine laf söyleyecek bir durumu yoktur. Düşünün ki VIII. Edward'ın müstakbel eşi dahi, Nazi ileri gelenleri ile fazla samimiydi. Kendisi de bu ideolojiye yatkındı. Kıta Avrupa'sında zaten demokrasi çok zayıflamıştı. Onun için bu işin olmayacağına dair bir düşüncesi vardı ve o zaman için bu doğruydu. Nihayetinde Türkiye demokrasiye şartları oluşturmadan giren bir memlekettir, çünkü bir yandan kalkınma, yapılanma, sistemsel gelişimle uğraşırken, diğer yandan siyasi rejimin yenilenmesi çok zordur. O yüzden, en azından 1960'ların sonuna kadar Türkiye'de demokrasinin oturduğunu söylemek mümkün değildir.

Atatürk'ten sonra arkası gelmeyen şey nedir? Eksik kalan ne oldu?

Ben tarihsel süreç eksikliğine dayanan teorilere hiç itibar etmem. Kimileri köy enstitülerini devam ettirmemesi, kimileri yobazlığa karşı savaşı durdurması diyor. Yobazlık(!) denen davranış, hareket ve yaşam biçimine karşı mücadele etmesi mümkün değil. Mesela içlerinde Yusuf Hikmet Bayur'un da bulunduğu parti heyeti Anadolu'yu geziyor, her yerde Kur'ân dersleri veriliyor ve Osmanlıca öğretiliyor. Gelip Recep Peker'e söylüyorlar, o da "Ben ne yapayım?" diye cevap veriyor. Doğudaki gizli köy medreselerinde yetişenlerden ileride yazarlar ve hatta Diyânet İşleri Başkanı çıktı. Böyle çıkan bir yazar da Turan Dursun, İslâmcılarla (!) mücadele ederken suikasta kurban gitti. Her yerden her türlü düşünce çıkar. Tarikatler dahi baba-oğul, usta-çırak, mürşid-mürid ilişkisi içinde devam etti.

İsmet İnönü deyince aklınıza ne geliyor? "İkinci Adam" nasıl tanımlanır?

İsmet İnönü cumhuriyetçi bir komutandır. Karizmatik bir kişilik değil, otoritesi olan bir devlet adamıdır, fakat bu otorite çoğu kişinin alaka gösterdiği bir otorite değil. Zamanla muhalefetin babası, sevimli bir ihtiyara dönüşüyor. Ama azınlıkta kalan bir dönüş bu. İnönü öldükten sonra daha çok kabul gören bir tarihî kişiliktir. Millet, bu tarihî kişiliğe yaşarken ilgi göstermemiştir, çünkü İnönü çok kötü bir cumhurbaşkanlık dönemi geçirdi. Türkiye harbe girmemiş olmasına rağmen, (non belligerent) ülke çok kötü bir iktisadi duruma geldi. İlginçtir, aynı anda hem öyle zor bir dönemi göğüsleyebilen hem de bunu devam ettiremeyen bir bürokrasi vardı. O dönemde çekilen sıkıntıyı halk İsmet İnönü'ye mal etti. Ayrıca CHP'li profili öyle üstten bakan ve ukala bir görünüm arz ediyordu ki halk bundan hoşlanmadı.

İnönü'nün en zayıf tarafı, dinamizmi küçük ve üretmeyen bir Türkiye'yi temsil etmesiydi. Üretmeyen bir ülke her zaman için sıkıntılıdır. Bununla birlikte, İnönü ciddi bir kanun adamı ve bir komutandı, herhangi bir diktatör değildi. İkinci Cihan Harbi diktatörleri arasında duruma uyum sağlayan bir tek o vardır. Fakat halkı anlamak zordur; halkın da onun yaşadığı sıkıntıyı anlaması zordur.

İnönü için başarısız bir devlet adamı profili çizilmesinin sebebi nedir? Bugün dahi çok fazla eleştirilmiyor mu?

Öncelikle belirtmek gerekir ki İsmet Paşa ikinci adamdır. İkinci adamın da bazı görevleri vardır. İnönü aslında devrimci değildir; harf devrimini istememiş ve haklı olduğunu düşünerek itiraz etmiştir. Fakat kanun çıktıktan sonra da kesinlikle eski harfle yazmamıştır. Diğer taraftan, kanuna ve nizama çok dikkat eden bir liderdir. O dönemde Türkiye'de hırsızlık, yolsuzluk olsa bile usulsüzlük olmazdı. Türk siyasetçisi, karakteri dolayısıyla, hazineyi boşaltarak başka ülkelere götürmek gibi bir şey düşünemez. Mesela Adnan Menderes'in oğullarından biri alışveriş yapmak için, borç almak yerine yurtdışında bir hesap açtırmak istemiş. Bunu öğrenen Menderes herkesin içinde çocuğunu azarlamış ve "Bir başvekilin çocuğunun yabancı bankada hesabı olamaz!" demiş. Türklerde bu zihniyet hâkimdir. Böyle bir yapı içinde yüksek devlet adamları arasında kanuna mugayir iş pek olamazdı, bünye buna uygun değildir.

Diğer yandan da o dönemde üretim yapılmıyordu. Bazıları İsmet İnönü'nün değil, Celal Bayar'ın üretimi sağladığını iddia eder fakat bu doğru değildir. Asıl mesele memlekette imkân olmamasıdır. Ne insan gücü, ne teknisyen, ne sermaye, ne de kadro vardı. Üstelik bu haldeyken Cihan Harbi başladı. Türkiye doğrudan harbe katılmıyor ama durumdan da istifade edemiyor. İthalat kısıtlaması altında, Avrupa dışarı bir şey verecek durumda değil; Akdeniz'de seyrüsefâin sivil gemiler için tehlike arz ediyor. Mevcut ihracat gelişemez, çünkü harbin taleplerini karşılayacak yatırımlar yapılamıyor. Buna karşın anormal derecede bir talep artışı var. Bu noktada aşırı spekülasyon ve karaborsa tehdidine karşı -bu düşüncesinde Birinci Cihan Harbi'ndeki kötü anılar etkendir- hükümet buğdayı müsadere etmeye başlıyor. Üretici kendisi dolduramasa bile depoyu müsadereye devam eder ki bu da köylüye zulümdür. Yol yapılacak, maden işletilecek diye köylünün üzerine angarya yıkılıyor. Bunların hepsini hesaba katmak gerekir.

İsmet İnönü'nün ekonomi konusunda aşırı devletçi olduğu doğru mu?

Kesinlikle değil. 1930-1940'lı yıllarda kim tuğla üretimi dışında bir sanayi alanı yaratabilir ki? O zamanın zenginleri de belliydi. Mesela İstanbul'un en zengin ve gözde adamlarından biri, Tuzla'da tuğla harmanları olan bir girişimci, inşaat sektöründe olmasına rağmen işi çeşitlendirip bugünkü gibi süslü fayans, klima sistemi ya da cam işleri yapmıyordu, kolay değil yapamazdı. İnönü yatırım yapmak vaadiyle muafiyet talep ederek kazanç elde etmeye çalışanları önlemeye özen gösterdi. Bu arada belki birkaç iyi niyetli yatırımcıyı da engellemiş olabilir. Bazı şikâyetler o kadar küstahça oluyordu ki mesela bir soyguncu kendini hak sahibi olarak gösteriyordu. Bunun gibi davaları ayırt etmek çok zor. Mimarı, kimyageri, mühendisi olmayan devlet adamlarının işi hakikaten çok zordur. Üçüncü Cumhurbaşkanımız Celal Bayar bankacı olduğu için görünüşte kapitalizmin babası sayılıyor. Oysa tek başına ne yapabilir ki? 1950-1960 arasında koruma temin edilen özel sektör ne yapabilmiştir?

İnönü dönemi icraatlarını Cumhuriyet'in diğer liderleriyle karşılaştırabilir misiniz?

Devlet hayatında kanuna itaat de, ciddiyet de önemlidir. Fakat İnönü kesinlikle bizim alıştığımız enerjik başbakan tiplemesinde değildir. Genel olarak asayiş, kanun, sükûnet ve asıl önemlisi, borçlanmaya olabildiğince değil mutlak surette karşı duran mali bir denge gözetiliyordu. Tabii böyle bir memlekette mali dengeyi tutturmak bürokrasi için fevkalade kolaydır, fakat bunun vatandaş açısından o kadar da kolay olmadığı göze çarpar. Yol vergisi, angaryalar, çeşitli vergiler mutlak suretle alınırdı ki onların alınması esnasında hiç hoş olmayan manzaralar ortaya çıkardı. Adnan Menderes döneminde o vergiler kaldırılıyor; insanların ne kadar rahatladığını düşünsenize. Köylüler Menderes'i karşılamak için yollara akın ederdi.

Bu bakımdan, vergi indirimi çok önemli, çünkü malın alınıp satılması, ticaretin teşvik edilmesi gerek. Oysa vergiler insanları zora sokuyordu. Köylü zaten üretemiyor, ürettiğini de satamıyordu; çünkü yol yok, pazarlama yok. Mesela Toprak Mahsulleri Ofisi'nin yaygın olarak kurulması Menderes'in işidir. 1950 yol haritasıyla 1951 haritasını karşılaştırın, 1952-1953'ün haritalarına bakın; yolların ve yol ağının şose ve asfalt olarak genişlediğini net biçimde göreceksiniz. Bazıları "Yol yapıldı ama benzin nereden temin edilecekti?" diye itiraz ediyor ama demiryolu ağı da Anadolu'ya yayılmamış daha önce. Yani köylü istediği gibi ürününü taşıyamıyordu.

Fransa'nın bile İkinci Cihan Harbi'ne katılırken %55'i köylüydü. Afrika haritasının yarısını mor renkle belirlenen Fransız kolonileri kapladığı halde, anavatanda durum böyleyken, o zavallı kolonilerin ne durumda olduğunu varın siz düşünün. Diğer yandan, İngiltere'nin kırsal nüfus oranı ise %3'tür. Aradaki farkı görebiliyor musunuz? Kıtada Almanya çok çabuk toparlıyor kendini, hatta sanayi ülkesi olmuş. Atatürk bu doğrultuda ilerlemeye çalışıyor ama iki önemli unsur eksik: Birincisi nüfus yok. Eğitimli nüfus çok az. İkincisi ise, ideoloji noksanlığı mevcut. Bize ilkokulda öğretilen şeyler doğru değil. Diyorlar ki Türk köylüsü açılıp modernleşmek istemiyormuş. Böyle bir şey söz konusu değil. Nitekim 1960'larda Mübeccel Kıray Çukurova'da üç köyün mukayesesine dayanan bir araştırma yaptı. En kapalı köyde bile üç misli daha iyi bir hayat tasavvur ediliyor ve köylü daha ilerisini istiyor. Çok evvelce 1940'larda Manisa köylerinde Behice Boran bir araştırma yapmıştı fakat o zamanlar pek çok şeyi soramıyor. O yüzden, Mübeccel Kıray'ın soru sorarken daha cesur olması onun araştırmasını ön plana çıkarıyor ve bize köyün değişim özlemiyle birlikte başlayan atılımı naklediyor.

Olayın ekonomik ve sosyal boyutunun yanı sıra, bir de siyasal boyutu var. Bu siyasal boyut nasıldı? Dönüşümler ve devrim ile ilgili İnönü'nün tutumu nasıldı?

İnönü'nün devrim gibi bir tutumu, hatta hiçbir tutumu yok. Aslında konunun İnönü'nün tutumu ile ilgisi de yok. Asıl mesele memleketin zenginleşememesi.

Günümüzde de sıklıkla konuşulan Varlık Vergisi meselesi var. Cumhuriyetin bir yanlış uygulaması...

Savaş dolayısıyla ithalat ve ihracatta önemli değişmeler görülüyor. Türkiye'nin sanayileşmesinden vazgeçelim, uygar yaşamını sağlayacak ithalat bile yapılamıyor. İhracatta ise taş toprağa kadar her şeyin sevki söz konusu. Savaş sanayii ikame hammadde arıyor; bu nedenle yeni bitki türleri, maden çeşitleri ve yatakları ele geçirilmek isteniyor ve bunların örneklerinin toplaması ve ihracı bazı işadamlarına yükleniyor. 1942 yılında bütçe gelirleri neredeyse üç misli artmıştır, tabii giderler de buna göre... Bütçe açık vermektedir. Savaş ekonomisinin yarattığı zorluklar malum; en başta üretken nüfus silâh altındadır. Zirai vergiler köylüyü ezmektedir. Bu durumda kurtuluş maalesef modern devlete yakışmayacak Varlık Vergisi ihdasında görülmektedir. Maliye bürokrasinin çok yeni kaynaklar yarattığını ve yaratabileceğini söyleyemeyiz.

Varlık Vergisi, üzerinde ezbere konuştuğumuz gibi ön planda Hitlerist bir eğilimin yönlendirmesi midir? Bu bir kolay hüküm; muhtelif kademelerde özellikle alt kademelerde bürokrasinin ırkçı hınzırlıklara giriştiği görülür. Esas görüş ise belki onun kadar ağır ama bununla alakasız bir devlet tavrıdır: "Zor günler yaşıyoruz, bu masrafı ve yükü köylülerimiz kaldıramıyor, kaldı ki onları da üretimin dışına çektik, cephededirler. Devlet gücümüz ve bizim düzenimiz sayesinde zengin olan insanlar bu yükü karşılamalıdır." Cahit Kayra'nın *Savaş-Türkiye-Varlık Vergisi* kitabı da okunmalıdır.[10] Varlık Vergisi'ni koyan ve kabul eden yüksek heyetten bir tek o hayatta kaldı.

Bu görüşle 435 milyon lira vergi tahakkuk ettirildi ve 109 milyonu zaten ödenemeden affedildi. 1943'te geç kalan bir Toprak Mahsulleri Vergisi belki daha ağır bir uygulama ve utanılacak bir tasarruftu ama bütçe açığını da ancak köylüyü mahveden bu vergi kapatabildi. Üstelik de yurtdışında Varlık Vergisi kadar kötü bir intiba yaratmadığı açıktır.

10 Cahit Kayra, *Savaş-Türkiye-Varlık Vergisi*, Tarihçi Kitabevi, 2011.

Varlık Vergisi olağanüstü savaş vergisiydi. Mali adalet beklenemez, bir zaruret sonucuydu. Maliyenin zavallı aciz bir uygulamasıydı, sonuçları ise devlet ve cumhuriyet için ağır bir yük ve meşum şöhret yaratmak oldu. Uygulamada, yerel komisyonlarda rüşvet mekanizması, kayırmalar ve maliye bürokrasisinin bazı mükellefe yönelik şahsi kiniyle trajik boyutlara ulaştı. Konan vergiyi ödeyemeyenlerin bir süre için Aşkale'ye sürgünü Türkiye'nin Yahudi meselesinde malum ülkeler kategorisine sokulmasına neden olmuştur ve hiç şüphesiz cumhuriyetin kurucu partisi için hem yurtta hem dünyada uzun yılar devam edecek kötü bir intiba getirdi. İsmet Paşa, Elza Niyego olayından ve bilhassa 1934 Trakya pogromundan beri antisemit olarak şöhret yapmıştı. Varlık Vergisi'nde Ankara'da maliye vekâletinin müdahalelerinden uzakta mahalli komisyonlar en ağır vergiyi Yahudi tüccara uygulardı. Sayılar belli değil fakat Aşkale'ye sürgün uygulamasında da en çok Yahudiler mağdur oldu. 1943'te konan bu vergilerin daha uzun süreli uygulanması mümkün değildi. Mali yönden de bir fiyasko olduğunu herkes kabul etmektedir.

Bugünün CHP'si ile Tek Parti Devri CHP'si sıklıkla karşılaştırılıyor? Ne düşüyorsunuz bu konuda? Haksızlık değil mi?

Türkiye'de tek parti yönetimi, Avrupa'nın diktatörlükler dönemine paralel olarak yaşadı. Yolsuz ve okulsuz, sanayi tesislerini ve insan kaynaklarını kaybetmiş bir ülkenin 27 yıllık rejimiydi. O devrin başbakanları arasında İnönü gibi Celal Bayar da vardı. Demokrat Parti'nin kurucuları o CHP'nin milletvekilleriydi.

İkinci Cihan Harbi henüz sona ermemişti fakat zaferi kimin kazanacağı belliydi; dolayısıyla Almanya'ya savaş ilan edenler -ki son aylarda bunlara Türkiye de dâhildi- San Francisco Konferansı'na katıldılar. Bu toplantı ile Birleşmiş Milletler Örgütü ortaya çıkacaktı ve yeni kurulan dünyada asıl olan demokrasinin var olmasıydı. 1945 Nisan sonlarında San Francisco'ya BM Anayasası'nı imza için giden Türk delegasyonunun başkanı Hasan Saka;

Türkiye'de demokrasiye gidildiğini ve savaştan sonra her türlü demokratik akım ve düşüncenin gelişmesine müsaade edileceği yolunda bir demeç vermişti.

Türkçüleri mahkûm ettiği ünlü 19 Mayıs nutkunda da İnönü bu geçişi tekrarlamıştır. O kadar ki, bunu takip eden zaman içinde Türkiye çok partili hayata geçti. 1946 seçimleri seçim usulü bakımından pek parlak olmasa da çok partili bir seçimdi ve Meclis de o şekilde oluştu. Bizzat herkesin saygı duyduğu Kâzım Karabekir Paşa'nın Meclis reisliğine seçilmesi bile bu yeni havaya CHP'nin uyduğunu gösterir.

Gelişmeler hız kazanmıştı; ilk CHP kurultayında Cumhurbaşkanı İsmet İnönü'nün "millî şef" sıfatı kaldırıldı. Daha da önemlisi paşanın "değişmez genel başkanlığı" da kaldırılmıştır. İsmet Paşa hızla yeni dünyanın ve yeni düzenin şartlarına intibak ediyordu. Dönüşüm partinin yapısında, mecliste ve siyasal söylemde hızla gerçekleştiriliyor; İsmet Paşa dâhil kalpten inanılmayan sözler tekrarlanıyor ve bir müddet sonra inanılıyordu. Bu yeni dünyanın şartlarına uyum babında isabetli bir davranıştı.

Bugün Tek Parti devrini şuurla yaşayıp muhatap olanlar 80 yaşının üzerinde, Türkiye'yi yöneten nesiller, memur ve politikacılar bu dönemi hatırlamıyorlar ve sorumlu da değiller. CHP'lilere karşı tek parti devrinden bahsetmek, alkole karşı kampanya açan birine "Sen içki düşmanı geçiniyorsun ama pederini biliriz, akşamcıydı, içki sofralarından eksik olmazdı," demeye benziyor. Bugünkü CHP'nin 70 yaş ve üstü kuşağı dahi 1970 seçimlerinde Demokrat Parti modelini benimseyerek seçim kazanan, ondan evvel dünyanın değiştiğini anlayan, ona göre politika yöneten, İsmet Paşa'yı başkanlıktan seçimle uzaklaştıran takımdır. 1950 öncesinin tek partisinden bahsetmek artık politika kürsülerinin değil, 20. yüzyıl tarihçiliğinin işi olmalıdır. Tarih öğrenilmeli; devamlı öğrenerek saplantılarımızdan kurtulabiliriz. Tarihin yakasına yapışarak hesaplaşmak çıkar yol değildir. Tarihin bilançosu çıkarılır.

4

ADNAN MENDERES DEVRİ

CUMHURİYET TARİHİNİN ALTIN YILLARI MI?

Cumhuriyet döneminin ekonomik kalkınma süreçleri arasında Menderes günlerini anlatmak için bir ifade kullanılıyor. "Atatürk sonrası Cumhuriyet tarihinin en parlak 10 yıllık süreci..."

Bu deyimi DP'liler değil, DP devrinde partiye ve hükümete muhalif olan *Forum* dergisinden Profesör Aydın Yalçın'ın 1960'dan sonra kullandığını göreceğiz. Herkesin bakış açısı değişiktir. DP Türkiye'yi yeniden inşa etmek istedi, yol aldı bu arada ama eski Türkiye'nin birtakım sağlıklı yönlerini de gereksizce tahrip etti.

Atatürk sonrası gelişmenin en parlak dönemi, dünyanın çeşitli yerlerinde olduğu gibi bizde de İkinci Cihan Harbi sonrasıdır. Ziraat, sanayi gibi konularda geliştik. Savaş boyu planlı ve bol ithalat mümkün değildi; İstanbul limanına ulaşacak kadar cesur gemilerin malları birkaç aç ithalatçı tüccar tarafından anında yağmalanıyordu. Gerçi "limandan çıkma" dedikodularına paralel olarak, gereksiz alımların da epey fazla olduğu bellidir. İhtiyaç olmayan ürünün devlete satılması söz konusudur. İhracat noktasında ise, incir ile üzüm bir yere kadar bizi götürebilir ki onlar da sahiplidir zaten. Bir noktadan sonra da taş-toprak, bitki satılmaya başlanıyor. Almanlar, Amerikalılar hep hammadde peşindedir. Savaş sanayisi için kıt ve ithali imkânsız maddeleri ikame edecek yeni hammadde arıyorlardı. Otlar, taşlar, madenler, tetkikat yapılmaları için götürülüyor ve lazımsa geniş partiler halinde ısmarlanıyor. Aslında diğer ülkelerin tetkikatını yapan sanayi ülkeleri var ama hiç kimse Türkiye'nin genel bir tetkikat haritasını yapamamıştır. Hafız Esad döneminde Suriye'nin muhtelif yönlerinden tetkikat haritasını bile Almanların Tübinger Atlas grubu çıkarmıştır. Türkiye'nin böyle bir haritası henüz çıkmamıştır. Sadece Tübinger Atlas grubundan Peter Alford Andrews etnik haritası için bazı gözlem ve hatta öğrenci ödevlerini kullanmıştır.[11]

Menderes'in 10 yıllık dönemi, Cumhuriyet tarihi içinde nasıl bir görüntü çiziyor, nasıl bir dönüşüm başlıyor?

Öncelikle halkın üzerinden jandarma ve kaymakam baskısı kalkıyor. Şikâyet durumunda kaymakam haksız bulununca cezalandırılıyor. Turgut Göle, Ankara civarında kaymakam iken sırf oradan DP'ye oy çıktı diye köylülerin sırtına palan vurdurmuştu. Adnan Menderes'ten sonra böyle bir vaka olamaz ama bürokrasinin eşrafı koruduğuna yönelik iddialar vardır ki doğrudur. Burada ara bir zümre var; devletin önüne geçip "biz devletiz" diyerek halka kafa tutan, halkın önüne geçip "biz halkız" diyerek devlete kafa tutan bir zümre. Bu DP devrinde taşrada hakikaten olmuştur ama şimdi de var, ondan öncekilerde de vardı, CHP döneminde de vardı. Türk demokrasisinde bu hep olur; birileri kendini halkın temsilcisi yerine koyar ve ona göre hareket eder. Mesela bazı Mülkiyeli kaymakamlar "Ne işiniz varsa yapa-

---

11 Peter Alford Andrews, *Ethnic Groups in the Republic of Turkey*, Tübinger Atlas des Vorderen Orients, Ludwig Reichert Verlag, 1989. İstanbul Edebiyat Fakültesi ve Ankara Dil ve Tarih-Coğrafya Fakültesi'nin Antropoloji bölümü öğrencilerine mezuniyet öncesi ödev verirlerdi. Bunlar çok kıymetli çalışmalardır. Yabancılarsa bu köylere kolay kolay giremezler çünkü köye ecnebi biri gelirse muhtar derhal konuya el atar. Yani Türkiye'de çalışmak Suriye'ye benzemez.

rım ama bana kendiniz gelin!" derlermiş. Çünkü aracılar buradan çıkar ediniyor. Devletin yavaş yavaş parası olmaya başladığı için, Toprak Mahsulleri Ofisi'nin garantisiyle, köylü artık para kazanmaya başlıyor, artık ayağına ayakkabı alabiliyor. Ankara'da bazı mağazalar açılıyor. Tarımda modernleşme için sayılara bakmak, artan traktör sayısını incelemek gerek. İkinci Cihan Harbi yıllarının ithalat-ihracat dengesi âdeta zorunlu bir tasarrufa ve rezerv birikimine neden olmuştur. Savaş boyunca düşük ithalat ve bol ihracat döviz birikimi de sağlamıştır ve bu rezervler eritilene kadar bir bolluk olmuştur. Muhalefetin hücumu, "Paşanın biriktirdiği döviz, daha akıllıca mesela yatırıma kazanmalıydı," tarzındaydı. Ne var ki, muhalefetin makul tenkitleri ekseri hırçın hücum ve tenkitlerinin arasında kayboluyordu.

Dışarıdan gelen bir siyasi baskıdan söz ediliyor?

Hayır, biz Nazi Almanya'sının müttefiki gibi görünüyoruz ama savaşa girmemişiz. Bu yüzden Sovyetler Birliği ve İngiltere'ye yaklaşımımız son derece temkinli ve bu durum şüpheyle karşılanıyor. Zaten onlar biz nasıl bir tutum alırsak alalım hoşnut olmazlar. Böyle bir ortamda biz Birleşmiş Milletler'e gittik ve bunun için gerekli olan çoğulcu parti düzenini sağladık.

Hep vurgu yapılan bir husus var. Menderes döneminde bir hilafet arayışı, mürtecilik, gericilik gibi bir tehdit var mı?

Böyle bir arayış her zaman vardır. Ticani olduğu söylenen birtakım adamlar Ulus Meydanı'nda yeni moda kolsuz japone elbiseyle geçen hanımlara ustura ile saldırmıştır. O zamanlar Ticani ifadesi çok kullanılır olmuştu ve Ticani hareketi büyüyor.[12] Başka birileri Atatürk heykelinin kolunu baltayla kırıyor. Derhal hepsini içeri almak üzere operasyon başlatılıyor. Şahsi bir hatıra-

12 Mağrib kökenli Şeyh Ahmed Ticanî tarikatı âdeta Kemal Pilavoğlu irşadı ve önderliğinde yeniden dirilmişti.

mı zikredeyim. O zamanlar mesela babam anneme parkta Rusça kitap okumamasını tembihlerdi, çünkü hükümetin sağcıları içeri alıp solcuları dışarıda bırakması pek mümkün değildi. Anlaşılan solcu ve komünist avı gecikmeden başladıydı. Rusya tehlikesi sembollerle abartılıyordu. İşte bu CHP zihniyetidir ve DP ile devam eder. DP olmasına rağmen kaynak yine aynıdır çünkü DP de onların içinden çıkmıştır. DP'linin biri camilerin az olduğundan dem vururken, bir yandan da İstanbul'da Vatan Caddesi'nde Mimar Sinan eseri camiler yıkılıvermiştir. DP'nin millî tarihe ve sanata saygısı da bu kadardır.

1950-1960'lı yıllarda Anadolu'da yavaş yavaş küçük bir girişimci sınıf ortaya çıkıyor, o sırada İstanbul ne yapıyor?

Onlar da en fazla salça fabrikası kuruyor. Hatta şöyle yapıyorlar: İstanbul'a gelip büyük fabrikalardan bozuk salça konservesi alıyor, sonra onu Anadolu'da domates suyu olarak şişeliyorlar. Bu gibi kimseler ciddi paralar kazanıyor ama görgüsüzce de harcıyorlar. Anadolu'da böyle görgüsüz refah manzaraları varken, İstanbul ne yapıyordu? Korumacılık tedbirleri sayesinde sanayicilik ön plana çıkıyordu. O tarihlerde sanayicilikle ilgilenenlerin çoğu Mahmutpaşa, Tahtakale civarında mesela plastik işiyle meşgul oluyordu. Hammadde olarak plastiği alıp kalıba döküyor, ilaç fabrikalarına kapak yapıyor veya tenekeyi alıp üzerine boya basarak satıyorlardı. Düşünün, böyle insanlar sanayici olduklarını sanıyor. Bu aşamadan sonra, 1950'lerin ortalarında Türkiye'de mühendisliğin istihdam edildiği ve giderek işbaşına geçtiği, patenti yabancı olan ama uygulayıcı bir sanayicilik yayılmaya başladı. Korumacılık bunu kolaylaştırdı, sıkıntısını ise halk çekti. Bizim nesil giyimde de, çocukken oyuncak isterken de bu döküntülü dönemin ürünleriyle yetinmiştir.

O dönemin Avrupa ve Türkiye karşılaştırması nasıl bir tablo ortaya çıkarıyor?

İkinci Cihan Harbi'ne kadar yerkürenin çok küçük kısmı sanayi toplumu kimliğine sahipti: Hatta bu sanayi toplumlarının kendi aralarında da çarpıcı bünye farklılıkları vardı. Mesela Britanya adalarında tarımla ve hayvancılıkla geçinenler nüfusun %10 kadarını teşkil ederken; Fransa'da bu oran %50'yi geçiyordu. İspanya feodalitenin kalıntılarıyla, hem de okkalıca kalıntılarıyla hükümferma olduğu bir ülkeydi. Kanlı iç savaş; sayıca kalabalık gibi görünseler de solcuların arasında bir birliğin olmadığını gösterdi. Çünkü ülkenin çalışan sınıfları bölgelere göre nitelikçe farklıydı ve solculuk da dağınıktı. Üstelik de sanayi Bask ve Katalunya'da yani kuzeybatı ve kuzeydoğuda temerküz etmişti. Solun iç kargaşasına bütün dünyadan gelen rengârenk solcu gönüllüler de tuz biber oluyordu. Çünkü işçi sınıfı ve şehirli nüfusu azdı. Sol olabildiğince fantezilere açık bir yelpazeydi. Hiçbir solcu lider sağdaki General Franco kadar toplayıcı olamadı. İspanya, Falanjist örgütlenmeye açıktı; bombalanan Bask bölgesi ve Madrid'le yıldızı bir türlü barışmayan Katalunya dışında; sanayi ve şehirlilik oranı düşük bir ülkeydi. İtalya'nın kuzeyi ve güneyi yapısal bakımdan çok farklıydı ve orta İtalya dahi kuzeyden farklıydı. Sovyet Rusya trajik yöntemlerle sanayileşiyordu. İskandinavlar ve Almanya dışında ve tabii ABD ve Uzakdoğu'daki Japonya dışında sanayi ülkesinden söz etmek mümkün değildi.

Türkiye'de o yıllarda 1 milyonu ancak bulan İstanbul dışında Ankara ve İzmir aslında önemli iki küçük şehirdi. Ülkemiz kasabalar ve köylerden oluşuyordu. Böyle bir toplumda devlet desteği de vız gelir; yüksek sınıfın yükselmesi mümkün değildi. Dünyaya açık yaşamı bir-iki sanayici tüccar aile (ama hakikaten bir-iki tane) ve devlet bürokrasinin Hariciye Vekâleti kesimi sürdürmeye çalışıyordu. Avrupa ürünleri herkesin üstünde parça parça bulunurdu; ya ayakkabı, ya çanta, ya blucin, ya bluz vs. Yaşamda Avrupa zahmetle ve istisnai olarak ulaşılabilen bir bölgeydi. Daha çok mutfak olarak ve belirli mekânlarda vardı. Siz herkesin "falan yerde yer içerdik" dediğine bakmayın. Anılarını anlatanlara baksak on tane Degüstasyon, on tane Karpiç az gelir. Sadece bir-iki aile dışında hiç kimsenin ticaret ve sanayi hanedanı kurmayı hayal dahi edemeyeceği açıktı. Bir devirde ismi geçenin, sonra nam-ı nişanı bile duyulmazdı; görülmezdi...

1950'lerde dünya değişti; Türkiye daha da değişti... Traktör kırsal bölgeyi altüst etti; geleneksel köy ağalığı bazı bölgelerde yerini çiftlik zenginliğine terk etti. Kasabalarda tüketim arttıkça yeni bir taşra burjuvası ortaya çıkar oldu. İmparatorluk eğitiminden gelme teknisyen birikimi yeni zenginliğin hizmetine girince Türkiye sanayileşmeye başladı. Tüketim artmaya, bilinçli tüketim de yerleşmeye başladı. Bugün İstanbul dünyanın kültür merkezlerinden; eski kitap ve antika pazarı hatırı sayılır büyüme gösterdi. İkinci, hatta üçüncü kuşak sanayici ve tüccarların sayısı arttı.

Demokratik talep ve değerleri taşıyan unsur olarak yükselen orta sınıftan bahsedelim biraz?

Daha önce orta sınıf sadece az sayıdaki devlet memurları, özel sektörün sayılı menajeri ve bunun gibi büyük şehirlerdeki az sayıda esnaf ve serbest meslek erbabından oluşurdu. Orta boy çiftçi az sayılmazdı ama toprak miktarı veya mal birikimi her zaman için orta sınıfı oluşturmak için yeterli kıstas değildir, başka unsurlar da gerekiyor. Yaşam biçimi ve siyasal katılım için; kültürel birikim ve oluşan sınıf şuuru ve tüketim eğilimleri de gereklidir. Kalabalık bir küçük sermayedar grubu, hukukçu, mühendis vs. bulunmuyordu. Bazı vilayetlerde birkaç hekim, büyük kentlerde üniversite hocaları başta gelmek üzere dar bir hekim grubu muayenehanelerde hasta bakardı. Bunların "Karun malı" denen servetleri bugünün ölçüsüyle servet sayılmaz.

Derken traktörle zenginleşen toprak sahipleri, büyüyen şehirlerde her çeşit kazançla zenginleşen ticari orta sınıfları şişirmeye başladı. Görgüsüzlük "hacı ağalık" diye nitelendirildi ve hayatın içinde göze batıyordu. Taksitle alınan çamaşır makinesi, elektrik süpürgesi ne yapılır edilir, evin görünür bir yerine konurdu; buzdolabı haydi haydi teşhirdeydi. "Ne zaman isterseniz buz alın" denen komşular ikinci defa hatta üçüncü defa gelse dahi buz alırdı. Her mahallenin buzhane gibi buzdolaplı bir evi vardı. Mahallelerde sınıfa göre mekân henüz oluşuyordu. Gecekondularda dahi zengin hemşehri fakir hemşehri biraradaydı. Orta sınıf çocuklarını okutuyordu. Kızını üniversitede okutmayanlara dünyada hiçbir ülke insanı (hatta Avrupa ülkelerinin orta sınıfı dâhil) bu kadar tepki göstermezdi. Herkes Avrupalıydı ve Avrupa'yı methederdi. Yabancı dil bilmeyenler ve Avrupa görmeyenler kasidecilerin başında gelirdi. Esnafın düzenbazlığı ve falanın hırsızlığından söz edenler, "İsviçre'de parkta unutulan cüzdanların mutlaka geri geldiğini" ilave ederdi. Öte yandan tahsilin en âlâsı verilen kızlar evlenene kadar öyle tek başına bırakılmazdı. Mamafih orta sınıfın muhafazakârlık kalıplarını süratle değiştirdiğini söylemek gerekir.

Zamanla Amerikalıların "üst orta sınıf" dediği zümre de türedi. Genelde iş yapan serbest meslek erbabı, bilhassa karar verici makamlarda oturan bürokrasi, imtiyazlarını suiistimal ederek, olmayacak arazilere kurdukları yazlık ve kışlık kooperatif evlerle Türkiye tabiatının her tarafını tıraşlıyorlar, Boğazlardaki-Akdeniz kıyılarındaki kendi yuvalarına girince de "Etrafı berbat edenlerden" şikâyet ediyorlardı. İster alt olsun ister üst, memleketimiz orta sınıfının muhterem üyeleri herkesin kanun ve kurala uymasını ister ama kendisi kolay tarafından yaşamak ister. Arabasını kaldırımlara, hatta insanların girip çıkacağı kapının önüne park eder. Hatta biri arabasını park edecek yer bulamayınca, "mezarlıkları otopark yapalım" diye fetva dahi verdi. Böylece ölülerimizin yaşayanlara yeşil saha bahşetme imkânı da ellerinden alınacak gibi. Vahhâbilik orta sınıf açgözlülüğü ile çok bağdaşan bir tavırdır. Henüz orta sınıfımız ulusal kültürel mirasa sahip çıkacak düzeyde değil.

Ama felaket anında Türkiye orta sınıfı geleneksel değerlerine henüz sahip olduğunu gösteriyor. Birçok toplumlara nazaran daha kolay örgütlenip bir araya geliyor. Bunu Kızılay'ın bile döküldüğü 17 Ağustos 1999 deprem felaketinde gördük. Bireyler üçer beşer bir araya geldiler. Her gün deprem alanına koştular.

1950 ile 1960 arasındaki süreci nasıl tasvir edersiniz?

Türkiye kapitalizminin ısmarlamaya dayalı gelişen "altın çağı" olarak tasvir edebilirim. Bu tabir biraz önce söylediğimiz gibi Aydın Yalçın'a aittir. Yalçın'ın bu ifadeyi Demirel'e yaklaşmak için uydurduğu söylense bile, bence samimi olarak bunu düşünüyordu. İlginç olan şey, aynı kişinin 1950–1960 arasında Fethi Okyar, Şerif Mardin ve sonradan sola geçen bazı simalarla birlikte *Forum* dergisini çıkararak, DP'ye karşı inanılmaz bir akademisyenler muhalefeti yürütmesidir. Üstelik bu kişiler CHP'li de değillerdi.

Nihayetinde o dönemde akıllı bir devlet siyaseti yürütülmüştür. Söz konusu kadro üçüncü dünya ülkesi kadrosu değildir. Belçika'da eğitim bursuyla mektep bitirip, Ruanda'ya veya Kongo gibi bir ülkeye dönüp birdenbire millî eğitim bakanı olan insanların ülkesi değildir burası. Mesela Celal Bayar İttihat ve Terakki çıkışlı, saltanatı görüp yaşamış, ilk TBMM'de mebus olarak İstiklâl Harbi'ne katılmıştır. Keza İsmet Paşa da Balkan Savaşları'ndan beri vatanı savunan, devletin direniş ve yıkılışını görmüş, Mustafa Kemal Paşa'nın yanında yer almış bir kişidir. O dönemde devletin ileri gelen siyasilerine baktığımızda, hepsinin donanımlı insanlar olduklarını görürüz.

Türkiye'de siyaset biliminin hatalarından biri yaklaşımdandır. Kim başa geçerse geçsin, sağcı ya da solcu, ehil ya da gayri ehil, kadrosu ve Türkiye'yi idaresi üçüncü dünya sosyolojisi kalıpları içerisinde değerlendirilmektedir. Bu çok yanlış bir yaklaşım ve apaçık bir kusurdur. Öncelikle Balkanlar ve Ortadoğu tarihi öğrenmeden, eski metinleri okuma alışkanlığını edinmeden stratejik düşünme anlamında isabet oranı çok düşer. Türk ordusunu Latin Amerika ordularıyla mukayese etme hatası bile var. Mesela, 1950-1960'larda Latin Amerika ülkelerinde ordu mensupları toprak sahibi, İngilizceyi güzel konuşan, gösterişli ve yaşamayı bilen adamlardır. Bizim subayımız ise Anadolu insanıdır, köylü veya kasaba ailesinden gelirdi. Yakın zamanlarda ordu mensupları eğitimin rağbet kazanması nedeniyle yeni yükselen orta sınıf içinden çıkıyor ve hatta subay çocuklarının da bu mesleğe talebi artıyor. Bu eğilim çok ilginçtir; burada kültür ve yaşam biçimi insanların cephesini tayin eder; sınıf hep aynıdır. Şimdi böyle bir düzlemde Latin Amerika ordularıyla mukayese yapmanın anlamı nedir! Kendi tarihî ve kültürel değerlerine, hatta icap ederse yakın kültürlerin değerlerine göre siyasal kurumları değerlendirmek ve örgütlenme modelleri önermek gerekir. Mesela bizim yasama sistemimizde asla bir Lordlar kamarası olmaz, senato olamaz.

İmtiyazsız, sınıfsız toplum idealine gelecek olursak, insanların sınıf değiştirme imkânları belki yakın dönemde fazlaydı ama imtiyazsız toplum gibi bir şeye kim inanabilir ki? Millet meclisi denilen şey, her gün büyük kalabalıklar tarafından ziyaret ediliyor. Meclis lokantası o günün ihtiyaçlarına göre, mebusların yemek yerken, bürokrasiden veya yargıdan birini yemeğe davet edip akıl soracağı veya yabancı bir parlamenteri davet edeceği bir yer olarak düşünülmüştür. Fakat bizde memleketlerinden gelen delegeler akın ediyorlar. Parlamento dediğimiz şey başkentte taşranın lobicilik faaliyetlerini yapmak zorundadır. Bunun taşra için ne kadar büyük bir nimet olduğunu, Anadolu halkını ne kadar oyaladığını, kalıpları ne kadar değiştirdiğini, ama aynı zamanda merkezde parlamentonun neden böyle garip biçimde işlediğini anlayabiliyoruz. Öyleyse *lobby* denen faaliyetin varlığını tanıyıp onu meşru zeminde örgütlemeyi ve yasal sınır ve niteliklerini çizmeliyiz.

Dış politika bakımından, Menderes'in İnönü'den farkı neydi? Radikal bir kırılma yaşandı mı?

Hiçbir fark yoktu. NATO konusunda, Sovyetler karşıtı olma konusunda, bırakın CHP ile DP'yi, bütün Türkiye hemfikirdi. O konularda kalem oynatılmazdı; oynatan da 1952 tevkifatında olduğu gibi kendini İstanbul-Harbiye'deki koğuşta bulurdu. Hâkim zihniyet şuydu; Türkiye'nin tavrı fazla değişken olamaz, çünkü dış politika millî bir husustur ve orada tenkit olmaz.

Menderes döneminde dünya ile entegrasyon adına ABD ile yakınlaşma mı söz konusu oldu? O günden bugüne ABD ile ilişki üst düzeyde sürüyor.

Dünya zaten kendiliğinden iki kanatla bütünleşiyordu. İkinci Dünya Harbi'nden sonra Avrupa'da öyle bir tahribat yaşandı ki neredeyse tüm müesseseler yıkıma uğradı. Mesela Alman ve Avusturyalı Yahudi elitler Amerika'ya göç edip dönmediler. Avrupa aydınlarını kaybetti. Kamplarda ölenlerin çoğu elit sınıftan değildi; zavallı halktı, orta sınıf insanlardı. Mesela Auschwitz Kampı'nda öldürülen kişilerin ayakkabılarının çıkarıldığı yerde, ayakkabı türlerinden, desenlerinden kimlerin öldürüldüğünü anlayabilirsiniz. Parası olanlar veya mesleki becerisi olanlar ise büyük ölçekte kurtulur. Hatta Türkiye'ye dahi geldiler. Gerçi Türkiye'ye gelenler geri döndüler ama Amerika'ya gidenler dönmediler; bu da Avrupa'yı sarstı. Kendi uzman kadrosunu kullanamayan bir sistemin işi zordur, devam etmesi mümkün değildir. Nitekim Nazizmden sonra başat Avrupa medeniyetinden söz edilemez. Avrupa'nın kendini koruyan tarafı Anglo-Sakson kanat, yani Britanya oldu.

Peki, biz o dönüşen dünyanın içinde yer alabildik mi?

Evet, o dünyanın içinde herkes yer aldı. ABD işte bu noktada dünyayı düzenleme vazifesini eline aldı ve fakat bu düzenleme farklı şekilde oldu. Düzenleme iktisadi teşviklerle, anlaşmalarla, yatırımlarla gerçekleşti. Fakat bu uygulama etkisini her yerde aynı şekilde göstermedi. Almanya yıkım içindeydi ama Almanya'nın kadroları yeni dünya düzenine daha çabuk uyum sağladığı için kalkınmaları hızlı oldu. O dönemde çıkan başarılı kitaplar çok kaliteli ve orijinal işletme kitaplarıdır. Ama harp öncesi Alman kültürü, felsefesi, tarihçiliği, sanatı, edebiyatı eridi gitti.

Bizim kadrolar ise sıfırdan başladıkları için, Amerika üzerine yüklendiler ve 1950'lerde müthiş bir işletme döngüsü oluştu. 1950'lerin başında, lisan bilmek bile bir çalışan için şirkette yükselme nedeniydi. Yugoslavya'dan, SSCB'den göçmen olarak gelmiş, alelade vasıfsız biri bile bundan faydalanabildi. Birkaç sene içinde küçük bir şirkete ortak olabiliyorlardı, çünkü mesela Almanca biliyorlardı ve şirketlerle temas edebiliyorlardı. Bunu gören akıllı kimseler çocuklarını okuttular. Çocuklarını Türk okuluna gönderen kapitalistlerin sayısı çok azdır. Biraz sermayesi olan kişi, ne yapıp edip çocuğunu Robert Kolej'e, Saint Benoit Fransız Lisesi'ne, İtalyan Lisesi'ne veya Alman mekteplerine gönderirdi. Bugün dahi milletvekilinin biri "Çocuklarımız artık İmam-Hatip'te okuyacak," diye sözde müjde veriyor, kendi torunu ise Fransız Lisesi'ndeymiş. Lise, meslek lisesi, dinî öğretim veren lise hepsinin seçkinini kuramaz ve kalitelerini koruyamazsak pek umutlu ufuklara gidemeyiz. 1960'ların başında çoğu kişinin gözden kaçırdığı şey, eğitimin en çabuk meyve veren şey olmasıdır. Yeter ki iyi örgütle, gayretli ol... Eğitim inkılabı hurma ağacı gibi değildir, yüzlerce sene beklemek gerekmez. Eğitim başka bir kültürdür, şeftali ağacı gibi birkaç yıl içinde meyve verir ama dikkat ve yenilik yoksa çabuk yozlaşır.

Ve Türkler eğitimi keşfediyor. Osmanlı'nın son döneminde başlayan, Cumhuriyet'le tırmanan yeni bir zenginlik, yeni bir imkân, nesillerin geleceğe hazırlanması...

Türkiye zaten imparatorluktan gelen bir altyapısı olan, mühendislik ve tıb dışındaki alanlara da süratle adım atmaya başlayan bir ülke haline gelmiştir. Bir de bakıyoruz ki kendini yenileyemeyen, yenilemekte geç kalmış İngiltere- Fransa blokuna göre, taze dimağlar fışkırmaya başlamıştır. Söyleneni anlayan, ne isterse yapabilen adamlar ortaya çıktı ve Türkiye kabuk değiştirdi. Ben kendi hayatımda bile bunu hissettim. İlk zamanlar Türkiye'de, Ankara'nın etrafında bile yol yoktu ama 1960'larda her tarafa gidebiliyorduk. Elektrik yoktu, vilayet ve kazalar jeneratörlerle aydınlatılıyordu ama 10 sene sonra 1970'lerde köylere bile elektrik geldi. Bunu ancak mühendisleriniz varsa yapabilirsiniz. Mesela Demirel gibi birinin kadroları başarabilir bunu ve de öyle oldu.

1965'te demokratik düzen şekil olarak da tamamlanmıştır, çünkü 1946'da ve 1950'de tek partinin içinden çıkan bu kimseler komünizm ve irticaya karşı birleşmişlerdir. 1965 seçimlerinde bu mevzu halledilmiştir. Türkiye Büyük Millet Meclisi'ne Marksist-Sosyalist parti de girmiştir (TİP). Behice Boran gibi isimler Marksist-Leninist olarak anılmaktan çekinmeyen fakat komünist olmadıklarını, sosyalist olduklarını iddia eden politikacılardır. Bu insanlar meclise girmiş, sorunlara el atmıştır. Hatta sonradan bazı partiler aracılığıyla gerici diye tasvir edilen kimseler de meclise girmeye başlamıştır. Gerçi Necmettin Erbakan gibi bazı isimleri almadılar ama o da kendi partisini kurdu. Açıkçası, Türkiye'de eğilim kendisine İslâmcı diyen partilerden yanadır. Bu zihniyet büyük bir patlama yapmıştır, çünkü millet özel mülkiyetine düşkündür. Halk hayat tarzında değişiklik yapmaya kesinlikle gönüllü değildir, hatta gayet muhafazakâr kalıplar içerisinde yaşamak ister. Bu durum, küçük toprak ve küçük sermaye sahibi toplumların başlıca özelliğidir. Mesela İspanya'da Kastilya köylüleri Avrupa Birliği'nin Protestan olduğunu düşünmüş, endişeli ve soğuk davranmış; sonradan Avrupa Birliği'nin tarım ürünlerine iyi bir sübvansiyon oranı verdiğini görünce daha ılımlı davranmışlardı.

Peki toplumdaki bu gerilimin çözümü mümkün mü?

Hem laik hem de bu tarz bir ihtiyacı çözümlemeye muktedir bir irade bugünkü Türkiye'de var mıdır bilmiyorum. Hem laik hem de muhafazakâr bir düzeni bir arada yürütmeye çalışmanın ya da bu konuda bir iktidar mücadelesi yürütmenin bir gereği yok. Burada nihai bir çözüme varmak mümkün değildir; bu gerilim hep devam eder.

Bu gerilimin toplumumuza etkileri nasıl olur?

Bu gerilim ister istemez gündelik yaşama da sirayet eder, çünkü bu tip uyuşmazlıklar ancak çok büyük kavgalarla sona erer. 1980'lerin başında, İsrail'de Yahudiler arasında "Cuma akşamları sinemalar gösterimde olsun mu" diye kavga çıkardı. Günümüzde kavga olmuyor ve sinemalar çalışıyor. Hatta belediye sınırları dışındaki büyük mağazalar Şabat günü de işliyor. Bu bir uzlaşmadır ama bir problem bitince diğeri başlıyor. Nitekim bu gibi gerilimlerin nihai olarak önünü alamazsınız. Hele bizimki gibi din ile devletin ayrım çizgisinin kesin olmadığı yapılarda.

Müslümanlık ve Yahudilikte böyle kesin bir ayrım çizgisi yoktur, çünkü müstakil bir kilise yahut ruhban yoktur. Burada *laisizm* dediğimiz bir kavram söz konusu olmaktan daha çok bir konvansiyon vardır. (İki kelimeyi "kavram" ve "uzlaşma" ittifakı diye çevirirsek de yeterli olmayabilir). Bu yüzden gerçekleşmesi zordur ve bu zorluk ölçüsünde de tartışma çıkar. Çok sıkıcı, uzun ve devamlı bir süreçtir ve çatışma nedenlerinin tek tek halledilmesi ve uzlaşma gerekir. Bir gün sinema için tartışma çıkar, öbür gün mektebe geliş kıyafeti sorun olur ve sıkıntılar bitmez. Fakat bazı prensipleri geliştirmek için denge kurmak gerekir. Başkasının yaşam tarzına müdahale eden kişiye haddini bildirirler ve bu, her iki taraf için de geçerlidir. Tahran'da bir olaya şahit olmuştum: Kadının biri başını hafifçe açtı diye pasdaran (erkek ve kadın zabıta) laf ettiğinde, kadının kocası yalvardı, kadıncağız çok çekindi. Bizde olsa, koca böyle bir duruma tepki gösterir. Her milletin bünyesi farklıdır. Bizimki gibi ülkelere gelince, mesela örtünme konusunda farklı düşünen insanlar birbirini görmezden gelmelidir ki en güzel sistem görmezden gelip kendi işine bakmaktır. Bu bir tarzdır ve buna göre bir sistem ve üslup geliştirmek gerekir. Sopanızdan evvel üslubunuz önemlidir.

Adnan Menderes nerede hata yaptı? Bazı gerilim noktalarını göremedi mi?

Menderes zeki bir adamdır. Bu sadece benim fikrim değildir, hiçbir zaman DP'li veya AP'li olmayan Tahsin Bekir Bey gibi CHP'liler, ondan "gayet aklı başında bir genç" diye bahsederdi. Yabancı sermaye kanunu kendisi ticaret vekili iken çıktı. Menderes de komisyonda üye olarak bulunuyordu; Menderes'i oradan tanır.

Menderes'in nerede hata yaptığına gelirsek, kendisi hakkında çok çabuk hükmü edilen "yanılmazlığın ve ilahi seçimin" gerçekliğine ve devam edeceğine şark toplumlarındaki ekseri politikacılar gibi inanmasıdır. Demek istediğim şu, karizma bir kilise tabiridir. Batılılar sosyoloji ve felsefede, bütün orijinal düşünen toplumlar gibi laik görünen birimlerde ruhani tabirleri kullanırlar. Mesela Max Weber "karizma" tabirini kiliseden ödünç alarak sosyolojide kullanmaya başlar. Karizma, bizdeki "kut" veya "sahipkıran" ifadesi gibi Tanrı'dan lütfedilen ilahi bir şeydir. Sahipkıran kelimesini bizde aklı evvelin biri "mülk sahiplerini kırıp topraklarını alan" diye uydurmuştur ama bununla ilgisi yok. Bu, gökteki bir takım yıldızıyla alakalı bir terimdir. Orijinal düşünen felsefeciler bu gibi tabirleri alır, böyle terimleri fikirlerini yansıtırken kullanırlar. Tüm bu tabirleri, teolojik terminolojiye kısmen de olsa hâkim oldukları için mahalle imamları da bilir.

Menderes'in karizma ile ilgili öz yanılgısı başkadır; etrafı iyi anlamak yetişme meselesidir. Çiftçilikle uğraşan, çiftçinin problemlerini, devletin sıkıntılarını bilen, Serbest Fırka'ya girdiği zaman bunu iyi ifade ederek Atatürk'ü bile etkileyen, aklı başında bir gencin doğal olarak karizması oluşur. İşte bu akıllı adam zaman içinde değişti. "İstanbul'un trafik problemini halledeceğim," diyerek beş tane "Sinan Mescidi"ni yıktı. Bu dünyada beş tane "Sinan Mescidi" yıkacak bir şehirli görmüyorum ben. Böyle bir şeyi ne Parisli, ne Londralı yapar; hatta o böyle bir durumda sokak savaşı çıkarır.

Mesela Saraçhane'deki Belediye Sarayı tam bir rezalettir. Evvela basit bir taklittir. Binanın inşaatıyla bölgedeki tarih tahrip edildi; geç Roma devri kalıntıları gömüldü. Ankaravi Medresesi ve asıl önemlisi Şehzade Mehmet Camii'ni gölgeleyecek bir ucube ortaya çıktı. Yeniçeri Acemi Oğlan Kışlası yıkıldı, 16 Mart 1920'de İngilizlerin baskınına tanıklık eden Şehzadebaşı Karakolu ortadan kaldırıldı. Etraftaki konakların her birinin üzerinden tek tek geçildi. Eski konaklarda bazen onların ilk sahipleri ve daha çok dar gelirliler birer veya ikişer odaya sığınmış olarak mütevazı bir yaşam sürerlerdi. Eski İstanbul'un orta sınıfları o zamanlar Laleli, Fatih ve Şehzadebaşı'nda direniyorlardı. Konuştukları dil İstanbul lehçesiydi; hafif bir abartıyla "olmor, yapor" veya "hemşirem çamaşır yıkayor, ameleler duvarı yıkıyor" veya "gelecak penşenbe" gibi deyişleri hatırlıyorum. Yıkım başlayınca bu ince tavırlı, temiz dilli, mütevazı İstanbullular bir yerlere dağıldı. Ardından bugünkü çirkin Belediye Sarayı yükseldi. İstanbul'da aşırı mesken sıkıntısı vardı. Yüzlerce ailenin hepsi bu çirkin bina yüzünden harap oldu. 17 Ağustos Depremi'nde bina çatladı; çok bilmiş kurulun üyesi hocalar bu ucubeyi bir de millî mimari eser (!) diye tescil ettiler, bir yığın restorasyonla bu kişiliksiz binaya paralar döküldü. Merak ediyorum; hangisi daha çok dayanacak acaba; bu heyula mı yoksa yanı başında ezilip kalan Ankaravi Medresesi mi?

Menderes imarı hızını alamadı. Caterpillar markalı inşaat makineleri 2 bin yıllık dünya başkentinde avcılığa çıktılar. Beyazıt'ta Kemankeş Kara Mustafa Paşa külliyesi yıkıldı; yıktıranı anladık, seyreden ulemaya ne demeli. Rölövesi dahi yoktur. Aksaray Vatan-Millet caddelerinde fotoğrafı bile çekilmeyen Sinan mescitleri meçhule karıştı; evet Semavi Eyice Hoca'nın sözünü ettiği Sinan mescitleri bunlar. İkisi Turgut Özal tarafından yeniden inşa ettirildi. Tabii aslı ile alakası olmadığını ben bile görüyorum. İşte Menderes bu gibi sebeplerden mazisiyle ilgilenen muzdarib seçkinlerin gözünden düşmüştür. Günümüzde bu konuda konuştuğunuz zaman da tersliyorlar. Tabii Menderes'in arkasında Sedat Hakkı Eldem var ama ilginçtir Cumhuriyet gazetesi de var. Menderes'i her gün tenkit eden gazete, cami yıkacağını görünce alkışlıyor, hatta akıl da veriyor "Şurası gereksiz" diye. Menderes farkında olmadan bu güruhun önüne düşüyor. Bu güruhun içinde DP'liler var ama ilâve takımdan adamlar da var ve başlıca vasıfları çok yüksek sesle her şey hakkında kesin konuşmaları ve çok bilmiş olmalarıydı. Galiba Menderes o andan itibaren erimeye başladı.

Ben bunu anlayabiliyorum ama affetmem mümkün değil. O güruhun etkisine kapılan yanlış yapmaya başlar. Dolayısıyla, bizim 1952'de gördüğümüz, köylülerin haline ağlayan, onların hayatlarını değiştiren, onları gerçek bir vatandaşlığa doğru götüren, ceplerine para girmesini sağlayan, çarıktan kurtaran, yatırım yolu açan adam, bir noktadan sonra milletin asli unsurlarına zarar vermeye başladı. İnşaat makineleri ile millî abidelerimizi, İstanbul'u yıkmaya başladı, şehirleri altüst etti ve hakkında kötü bir spekülasyon başladı. İstanbul elbette imar görecek ama böyle değil. Lizbon da İstanbul gibiydi ama böyle yapmadılar. Onlar da fakirdi. Lizbon hakikaten Avrupa'nın en uç ve en fakir yerlerinden biridir ve hatta şu anda bizden daha fakirdir. Fakat bambaşka bir imar görmüştür. Sayın Murat Bardakçı bana nadir nüshası olan CHP'den Lütfi Kırdar'ın valiliğine ait bir proje dosyası gösterdi. Suriçi klâsik İstanbul dışındaki Beyoğlu, Beşiktaş vs. zaten o zaman planlanmış ve yıkıma ve yapıma başlanmış. Zihniyet aynıdır; iki parti de İstanbul'u kübik olarak düşlüyor ve tanımıyor.

Bu yetenekli adam 1960 darbesini öngöremedi mi?

Darbeyi kimse öngöremez. Maalesef sivil bürokrasiye bırakılan MİT'in bazı vakaları öğrenemediği anlaşılıyor. Ordunun içinde hava kuvvetlerinden Tekin Arıburun Paşa gibi iktidara bağlı olan komutanlar var. Bir kısmı da başka oluşumlar içerisinde. Ama asıl ilginç olan bu darbeyi ordunun üst kademelerinde yeri olmayan subayların tertip etmesidir. Millî Birlik Komitesi'nin ilk oluşumu tamamen bu şekildedir. Sonradan, hatta son dakikada rütbelileri içlerine almışlardır. Onları da içlerine almalarının sebebi, üst kademenin kendine has ağırlığını arkalarına almayı hedeflemeleridir. Aslında 27 Mayıs, ordunun da korktuğu bir şeyin başlangıcı oldu. "Bundan sonra böyle küçük rütbeliler darbe yapamaz; icap ederse biz yaparız," mantığı yerleşti. Türk ordusunun 12 Mart 1971'deki mukabil muhtırası tamamen orduya komünizm girme endişesinden dolayı gerçekleşmiştir. Yani askerî mektepteki akşam yoklamasında sol ellerin havaya kalkması üst komuta kademelerinde bardağı taşıran son damla oldu ve bu arada daha çok sol bir eğilim gösteren alt kademe komutanlar da bertaraf oldular. 12 Mart günü müdahalecilerin kompozisyonu başkaydı; hemen ertesinde o komutanlar da sivil yandaşları da üst kademe tarafından bertaraf edildi. Tümgeneral Celil Gürkan ve Orgeneral Faruk Gürler biyografileri okunmalı. Orduda sol büyük bir tehlike arz ediyordu. 1971'de sol sağ eğilim arasındaki gerilim sokaktan çok ordudaydı. 1980 ise değişik bir ortamda oldu. 1980 meselesi malum; Türkiye ideolojik bir iç savaşa sürükleniyordu. Aslında bunu istememek değil, hazırlıklı olmak düşüncesi vardı. 1980 olaylarını basit provokasyonlar, intikamlar olarak görmek çok yanlıştır. Öğretmenler, polisler, doktorlar, ülkedeki herkes ikiye ayrılmış durumdaydı.

Kimlerin iç savaşıydı bu?

Görünüşte sağcılar ve solcuların. Sol deyince Marx'ın geleceğe dair spekülasyonlarını yorumlayan sol partiler, sağ deyince entelektüel muhafazakârlar anlaşılmasın. Türkiye'de etnik gruplar vardır ve etnik grupların etrafında oluşan, özellikle kasabalarda aktif olan bir sağ ve sol vardır. Evliya Çelebi'den beri kasabada üretim yoktur. Köylü üretir, köylü tabiatı bilir; toprağı tanır, şehirli ise modern sanayi ve ticari hayatın sorumlusudur, ama kasabalı böyle şeyler bilmez ve yapmaz; siyaseti de dedikodudan ibarettir. Çünkü yapacak fazla işi de yoktur. Kasabaları değiştirmek için büyük merkezlerde yatılı okullar açılması lâzımdı ve kasaba seçkinleri ancak böyle yetiştirilebilir ve ulusal hayata bütünleştirilebilirdi. Son Osmanlı ve ilk Cumhuriyet asrında böyle bir eğilim ve faaliyet de vardı ama bunun önü kesildi. Çok partili dönemin en büyük hastalığı, öğrencileri yerinde okutmaktır. Ben buna şiddetle karşıyım, çünkü bir münevver böyle yetişmez. Kasabalı olmak ayıp bir şey değildir. Rusya'nın en büyük tarihçilerinin çoğu kasabalıdır ve bunlar sırf Rusya tarihiyle değil, meselâ Roma tarihiyle de ilgilenmişler, dünya çapında eserler vermişlerdir. Ama Çar devrinden beri eğitim kurumları başka merkezlerden örgütlenir, yönlendirilirdi, bu hatta dinî eğitim kurumları için de böyleydi. Osmanlı eğitim sistemi de bunun gibiydi. Maalesef genelde halka inmek değil; kolaycılık ve ucuzculuk tercih edilmiştir.

Neden Avrupa'da daha iyi tarihçiler, daha sahih aydın tabaka yetişiyor?

Çünkü öğrencilerini doğru dürüst okullarda okutuyorlar ve okutmuşlar. Şimdi kötü okuldan, yetişmiş insan çıkar mı? 1950'lerin başında dahi elli tane lise vardı ve bunların hepsi aynı ayardaydı. Yani İstanbul Kabataş veya Vefa Lisesi mezunuyla, Afyon veya Kastamonu Lisesi mezunu aynı ayardaydı. Korkut Özal, Süleyman Demirel İTÜ'ye nereden girdiler? Hepsi zeki insanlar ama şimdi düzen zeki olanları hasıraltına iteliyor yahut dershaneye yönlendiriyor. O zaman İTÜ Mühendislik'e, Mülkiye'ye veya Cerrahpaşa'ya girebilirlerdi ama şimdi öyle bir başarı çok nadir gerçekleşebilir. Okulların seviyesini düşürdüler ve insanları kasabada tutmaya odaklandılar. Bunu düşman bile yapmaz. "Ben bunları kasabada tutayım da, gözleri hayata kapalı kalsın," diye bir düşünce, kolonici zihniyetin bile aklından geçmez. Bunu kim düşünür? Kasaba insanlarının basit mantığına hitap etmeyi hedefleyen politikacılar düşünür. Ailelerin "Çocuk uzağa gitmesin, gözümüzün önünde bulunsun," gibi istekleri masum olabilir ama bu sefer de o çocuk yetişemez. Maalesef bu algının, bu zihniyetin ve bu sistemin değişmesi gerek. 1980 öncesinde kasabaların içerisinde çok büyük kavgalar oldu ve bu, şehirde de gecekondu mıntıkalarına aksetti. Çatışmaların yapısı Marksizm, Faşizm, Leninizm, Liberalizm mücadelesi değil, etnik çatışma, dinî gruplaşma ve saplantılardı.

Peki, 1960 darbesinin temel sebebi nedir?

27 Mayıs 1960 darbesi, Türkiye'de maaşlı sınıfın hayatından memnun olmamasının bir sonucudur. Sivil olsun, asker olsun tüm memurların gayrimemnun olmasından kaynaklanan bir huzursuzluk vardı. İktisadi hayatta ve döviz rezervlerinde de erime başlamıştı ve yatırımlar tıkanıyordu. İnönü bu konuda hangi tarafta yer alıyor? Darbeyi gerçekten önleyemez miydi?

İnönü'nün nerede durduğu halen ve her zaman sır. Kendisine bakarsanız, bu gibi konularda hep itidal tavsiye ettiğini görürsünüz. İtidal tavsiye etmeyi nerede bıraktı, bunu bilmiyoruz. Ayrıca ihtilali yapanlar İnönü'yü dinlediler mi acaba? Türkeş zaten İnönü'yü sevmezdi. Türkeş'in tırnaklarında teğmenlikten kalma işkence izleri olduğunu kendi de, etrafı da söylermiş. 1944'te Tabutluk olayı, milliyetçi denen grubu CHP'nin onulmaz düşmanı yaptı. Ama buna takılmamak gerek, çünkü orada işkence gören adam daha sonra kurmay mektebine girdi, hatta neredeyse general oluyordu. Demek ki orada o kadar haşin davranılmamış; bu bir gerçektir. Gerçi Orhan Şaik Gökyay ve Nihal Atsız gibi bir kısım insanlara akademik düzeyde mevkileri geri verilmedi, çünkü öyle parlak uzmanları herkesten önce sağ entelektüellerin kendileri istemedi ve çekemedi.

Yassıada Mahkemeleri siyasi-hukuki tarihimizin içinde nereye konulabilir?

Yassıada Mahkemeleri hukuk tarihimizde menfi bir hadisedir ve maalesef adliye camiası bu gibi olayları tekrarlamaya teşnedir. Maalesef şu bir gerçek; Türkiye hukukçu yetiştiremiyor. Yeryüzünün en enteresan hukuk reformlarından birini yaparak sistem değiştirdik. Mehmed Emin Âli Paşa'dan, yani Tanzimat'tan beri Fransız ve İsviçre hukuklarından hareketle Türkiye'nin yeni bir hukuk sistemi uygulama arzusu gündemdeydi. Fakat maalesef Japonya'nın aksine, bu sisteme uygun hukukçu yetiştiremedik. Yakın zamana kadar hukuk fakülteleri sistemin en seçkin fakülteleri olmaktan uzaktı ve şurası çok ilginç ki bu söylediğim, hocalar itibariyle değil, ön planda talebeler itibariyle geçerlidir. Lisan eğitimi ve seminer imkânı olmadan bu kadar çok talebe yetiştirilemeyeceği de mütemadiyen söylenmiştir. Hukukçu seçkin olmak zorundadır; en azından belirli bir kısmı öyle olmak zorundadır. Belki ABD'deki gibi, iktisat veya sosyal bilimler okuyanların içinden alıp hukukçu yetiştirmek gerek. Orada siyaset bilimi, iktisat, sosyoloji gibi bölümlerde okuyan öğrenciler sınava girer ve aldıkları puana göre Yale, Harvard gibi en iyi hukuk fakültelerine yerleşirler. Onun için, Amerikan hukukçuları hakikaten kaliteli insanlardır ve karar verirken hukukçu olmaya dikkat ederler, önyargıya mahkûm değillerdir. Yargıçla suçlu arasında din ve dünya görüşü gibi unsurlar rol oynamaz. Yargıç o an delillere bakarak onları suçlu buluyor. Hukuk yanılgısında bile kendilerince bir haklılığa istinad eden kimselerdir. Hukukçunun her şeyden evvel hukukçu olması, tarafsız düşünmesi önemlidir. Bizdeki bazı kişiler memleket menfaatlerinin önemli olduğunu düşünüyor ama hukuk daha önemlidir. Muhakeme tarzları ve normları çok önemlidir. Sen bugün bunu kendi açından ihlal edersen, yarın öbür gün başkası da kendi açısından ihlal eder.

Yassıada'da maalesef hukukçuların iki şey bilmediği açıkça görülmüştür. Öncelikle bazı hususlarda hukuku açıkça ihlal ettiler, ama daha da kötüsü, muhakeme üslubunu ihlal ettiler. Çünkü hâkim demek zanlıyı cezalandıran kişi demek değildir. Öncelikle hukukçunun karşısındaki sanık kendine karşı saygı gösterildiğini hissetmeli o zaman sanık da yargıca karşı saygı duyar ve itimat eder. Sanık demek hakarete şayan mahlûk demek değildir. Yargıç ve savcı her zaman için karşısındaki "insanı" yargıladığını, dikkat etmesi gerektiğini bilmelidir. Sanığa, cezası ölçüsünde idam cezası bile verilebilir ama o ana kadar o kişiye saygı duymak zorunluluğu vardır ki o da sizin kararınıza saygı duysun. Bizim hukukçularımız üslup bilmiyor; halen de öncelikle ilkokul öğretmeni veya Avusturya'daki veya Fransız taşrasındaki köy papazı gibiler. Sanık haşlıyorlar. Daha beteri sanıklara kin tutanlar var. En tehlikeli eğilim de sanıkların ifadeleri dinlenip kaale alınmıyor, dosyalar zamanında tetkik edilmiyor. İddianameler ciddi ve vakitli hazırlanmalıdır. Adalet itimad edilirliğini kaybetmemelidir.

Yassıada Mahkemeleri'nde en kötü şey, Türkiye'nin seçimle iş başına getirdiği insanların korkunç biçimde yargılanması, salona hassaten zanlı aleyhinde taraftarların getirilmesidir. Vatandaşın mahkeme izleme hakkı sabittir, fakat orada yargıca gülmek, ses çıkarmak, sanığa sempatizanlık yapmak olmazdı, doğru; ama sanıklar aleyhinde küçümseyici alayiş ve gülüşme serbestti. Mahkemede ilke olarak dinleyici yargılamaya nümayişle katılamaz çünkü orada taraf değildir. Bu durum pek çok kimseyi üzmüştür, hatta Menderes'i veya Demokrat Parti'yi desteklemeyen insanlar bile hoşnutsuzluklarını belli etmişlerdir. Bu durum maalesef zaman zaman da olsa halen tekrarlanıyor. Görünen o ki aradan geçen onca seneye rağmen, hukukçularımızda bazı tavırlar değişmemiştir. Tüm bunların nedeni nitelikli eğitimin olmayışıdır, şimdilerde 50-100 kişilik hukuk sınıfları tespit ediliyor çünkü bu bir ihtiyaçtır. Mesela 1000 kişiyle tıb eğitimi yapılabilir mi? Mümkün değil. Türkiye'de hukuk fakülteleri genel anlamda diğer sınavlarda başarısız olmuş, sınav kültürü oturmamış insanların girdiği bir yerdi. Bunun değişmeye başladığını mutlulukla tesbit ediyorum.

Büyükelçi Coşkun Kırca ve arkadaşlarının Galatasaray Üniversitesi Hukuk Fakültesi'ni ustaca bir hukuki statü hazırlayarak az öğrenciyle kuruşunun ardından, İhsan Doğramacı'nın aynı şeyi Bilkent Üniversitesi'nde Hukuk Fakültesi kurarak gerçekleştirmesini şükranla karşılamalıyız. Bu hukuk eğitiminde nitelik yükselmesi için bir başlangıç oldu. Şimdi ikinci safhaya geçmeli ve hızla öğretim üyesi açığını kapatmalı; iç ve dış eğitim burslarını cömertçe vermeli; hatta genç öğretim üyelerini birkaç yıllık (post doktora) denen eğitime yollamalıyız. Ardından barolar ve Adliye'de sınav ve staj sürelerini zorlaştırarak muhtevayı yoğunlaştırmalı ve süreleri uzatmalıyız. Bu ciddiyetin yöntemini Anglo-Sakson ve Batı Avrupa adliye camiasından öğrenmeliyiz. Bir kere daha tekrarlayalım; bu ülkede bürokrasinin düzelmesi Avrupa Birliği'ne girerek sihirli değnekle gerçekleşecek değildir. Doğrudan doğruya idari yargının etkinliği ve nitelik değişikliğiyle mümkündür.

5

KARIŞIKLIKLAR DEVRİ

1960'LARDAN 1980'LERE

1961 Anayasası'nın anayasa tarihçiliğimizin içinde özel bir konumu var. Kimisi özgürlükçü buluyor, kimisi de "o bedene çok boldu" diyor. 1961 Anayasası'nı nasıl değerlendirebiliriz?

1961 Anayasası 27 Mayıs hareketinin yapısına uygundu. Demokrat Partililerden başka herkes kurucu meclisteydi ve Demokrat Parti'nin yan kuruluşları olmadığı için (zaten yoktu) o görüşün anayasa hazırlanırken temsili de söz konusu olmamıştır. Fakat 1961 Anayasası her şeye rağmen tartışmasız ve dayatma ile geçmiş değildir. Bizzat anayasayı hazırlayan komisyon iki kere değişti. İkinci komisyon Siyasal Bilgiler Fakültesi ağırlıklıdır. Gönüllü hazırlığa giriştiler ve kendilerini kabul ettirdiler. Çünkü üyeler arasında uyum vardı, ön hazırlıkları vardı.

1950'lerin sonunda Kilyos'ta bir hafta süren sayfiye toplantısında Ankara Siyasal Bilgiler ile Hukuk Fakülteleri, İstanbul Hukuk Fakültesi mensupları ve diğer hukukçuların katılımıyla yapılan seminerler bir ön hazırlık mahiyetindeydi. İstanbul komisyonu ile Millî Birlik Komitesi arasında hoşnutsuzluk başlayınca Ankara ekibi (özellikle SBF) kendiliğinden devreye girdi ve müstakil olarak toplantılara başladılar. Siyasal Bilgiler Fakültesi'nin Fakülte Kurulu salonu çok canlı ve kalabalık bir taslak tartışmasına sahne oluyordu. Değerli hocamız Tahsin Bekir Balta'nın, 1924 Anayasası'nın bazı değişikliklerle muhafazası teklifini sadece dinleyip fazla itibar etmediler. Bu bir talihsizliktir ama 1961 Anayasası Ankara'da SBF, Hukuk ve Yargıtay çevrelerinin görüş birliğinin hâkim olduğu, geniş bir grubun uzunca tartıştığı ve Kurucu Meclis'e hâkim olarak yön verdiği bir yasama faaliyetidir.

1961 Anayasası Avrupa anayasalarının en belli başlılarından (Alman, İtalyan, Fransız 5. Cumhuriyet) tümünden en özel şekilde alınmıştır. Mümtaz Soysal Cezayir'den Hindistan'a kadar birçok metni gözden geçirdi. Dili bakımından şahane bir edebiyat barındırır, maddeleri çok Batı Avrupalıdır. Fakat o elbise bize bol geldi. Tabii bazı maddeleri de iyi düzenleyememişler çünkü anayasacı olmak için her şeyden evvel tarihçi, hukuk sosyoloğu, hukuk tarihçisi olmak gerekir. Konuyu Roma Hukuku'ndan itibaren ele almalı; ideali yakalamak için kaide budur. Yani müesseseleri izah etmek için kökleriyle bilmek gereklidir. Bir tedbir olarak anayasa hazırlandı ama bir anayasa romantizmine kapıldıklarını fark etmediler. Senato gibi çok lüzumsuz müesseseler getirdiler ve o anayasayı yapan zevat 1980'de tekrar askerlerin dikkate bile almadığı bir anayasa taslağı hazırladı.

Peki, Anayasa Mahkemesi?

Anayasa Mahkemesi gerekli idi ama maalesef kuruluş bakımından iyi düşünülmemiş olmasından dolayı, üniversitelerden hiç kimse küçümseyerek buraya aday olmamıştır (Muammer Aksoy dışında tabii). Şimdi bir sürü profesör var Ankara'da ve bu, iyi bir eğilim sayılıyor ama o zamanlar durum öyle değildi. Anayasa Mahkemesi'nin bir yüce mahkeme olması gerekir, bunun için Amerikan hukuk eğitimi gibi bir hukuk eğitiminin teşkilatlanması gerekir. Lise mezunu on binlerce çocuğu hukuk fakültelerine alarak, gereken hukukçunun üretilemeyeceğini olaylar zaten gösteriyor.

1960 darbesinden sonra literatüre 147'likler meselesi olarak geçen, bazı üniversite profesörlerinin işlerinden çıkartılması nasıl cereyan etti?

O dönemde faydalanamayacaklarını düşündükleri bazı profesörleri üniversiteden attılar. Bunların hangileri faydalı olabilir, hangileri olamazdı, bilemiyorum ama bu konudaki kriterler gülünçtü. Nihayetinde böyle bir işlem üniversitenin kendi iç işidir. Bir insanın açık hırsızlığı veya yolsuzluğu varsa o zaten 147 kararına ihtiyaç duyulmaksızın işinden uzaklaştırılır. Bu hadiseler darbenin en antipatik yönlerinden biri oldu. Ayrıca profesörleri işlerinden atarak onları ancak kahraman haline getirirsiniz. Kimileri 147 ile atılanları görerek "Keşke biz de atılsak," dediler. Hatırladığım kadarıyla, Tarık Zafer Tunaya gibi hocalar ruhen zedelendiler ama hocalara yurtdışında görevler verildi. Sonradan öğrenciler hem de o yıl üniversite kapılarına akın edince, daha önce gönderdikleri hocaları onları eğitmek üzere geri aldılar. Geriye kalan şey, gereksiz bir meseleden dolayı birbirine diş bileyen üniversite kadroları oldu ve hiç hoş olmayan bu durum o süreçle sınırlı kalmayarak, uzun süre devam etti. Mağdur hocalar, kendilerini mağdur ettiklerini düşündükleri kişilere karşı kendi asistanlarını kışkırttı. Diğerleri de o asistanlara yönelmeye başlayınca, kan davası gibi tuhaf bir durum oluştu. 1970'lerde içlerine girmeme rağmen ben bile bu durumun kalıntılarını gördüm. Dahası, maalesef halen bu çatışma bir şekilde devam ediyor. Nihayetinde hiç istenmeyen sonuçlar ortaya çıktı. Bu gibi durumlarda hep istenmeyen kahramanlar ortaya çıkar ki bu da meselenin en tatsız tarafıdır.

Siyasi tarihimizde Adalet Partisi ve Doğru Yol Partisi ile devam eden bir Demokrat Parti geleneği var. Nasıl bir çizgi izledi bu gelenek?

Esasen Demokrat Parti geleneği adı altında, sınırları keskin bir şekilde çizilmiş ayrı bir ekol, bir siyaset, bir ideoloji, bir hareketten söz etmek doğru değil. Demokrat Partililer, Demokrat Parti programını yazan insanlar Halk Partisi'nin içinden çıkmışlardır. Hatta içlerinde Celal Bayar gibi İttihat ve Terakki'nin üst kademesinde yer alan isimler de bulunur. Zaten İttihat Terakki'nin iktisadi programı hazırlanmış bir düstur değil, zamanla gündeme gelen uygulamalardır. Birinci Cihan Harbi'nden evvel, dünyada Bolşevik Partisi ya da Faşist Parti gibi bütün hayatı kapsayacak totaliter programlı bir parti yoktur. Bu nedenle, tek partinin içinde de değişik görüşler mevcuttur. Mesela CHP'de Adnan Bey'i çok sever ve takdir ederlerdi; DP'liler zaten bu partiden çıktı. Cumhuriyet partileri olmaları sebebiyle, bunların ortak yanları, komünizm ve irticayı sevmemeleridir. Buna taviz vermek ise başka bir şeydir, fakat o tavizi de DP yalnız başına vermiş değildir. Taviz CHP ile başlamıştır. Öte yandan, bu partiler asker konusunda çok hassastırlar ve bugünkü partilerin tutumunu benimseyemezler. Bu uzun zaman böyle gitmiştir. Peki, Adalet Partisi niye öyle bir politika güttü? Sadece ordudan çekindiği için değil, Türkiye'de mevcut olan, asker konusundaki bazı hassasiyetleri, bazı dengeleri gördükleri için. Bunu görmeden, neticeyi hesaba katmadan anti-militarist bir politika takip etmek kolaydır ama netice ne olurdu? Adalet Partisi şüphesiz DP'lilerin içinde durumu kavrayan ve "kaide-i tedric" prensibi ile yol alan bir harekettir.

Tek Parti yönetimi altında ise, yöneticilerde rakipsizliğin ve kontrolsüzlüğün getirdiği bir küstahlık, bir rahatlık olabilir. Çift partiye geçildiğinde ise bu durum değişiyor. Buna rağmen çift partili ya da çok partili demokrasilerde alışageldiğimiz kontrolcülük, denetimcilik, protestoculuk gibi fonksiyonları Türkiye'de beklemeyin.

Bu bağlamda İdris Küçükömer'in "Türkiye'nin sol partileri sağ, sağ partileri de aslında soldur," tezi hakkında ne dersiniz?

Böyle bir tasnif yapmak o kadar kolay olmaz. Türkiye'de sol partiler de vardır ve sözünü ettiğimiz iki parti de sol partileri dışlar. Bu sol partilerden kastım, Komünist Parti ve İşçi Partisi. Kanaatimce, bu partilerin başındaki insanlar ve bazı üyeler de değerli insanlardı. Mesela Burhan Oğuz Türkiye'yi madenci olarak gezmiş, memleketi çok iyi tanıyan biriydi. Müthiş raporları, son derece başarılı kitapları vardır. 1961 Anayasası'nın yarattığı ortamı da bu bakımdan iyi değerlendirmek lâzım. 61 anayasası müthiş bir örgütlenme, müthiş bir eleştiri serbestisi getirmişti. Eski solcular ortaya çıkıp yazı yazmaya, konuşabilmeye başladılar, örgütlenebildiler. Sendika kuruldu ki bu çok önemlidir.

Menderes'ten sonra, Süleyman Demirel iktidara geliyor.

Süleyman Demirel bir Anadolu çocuğudur. Türkiye'deki Anadolu elitinin ilklerinden biridir. Böyle başarılı Batı Anadolu köy çocukları vardır; mesela Asım Kocabıyık gibi... Demirel gayretli, zeki ve mühendis olan bir Anadolu çocuğu. Anadolu insanları zaman içinde subay, devlet memuru, mühendis, hekim oldular. Demirel de çok zeki ve kendini iyi yetiştirmiş biri ve Su İşleri Genel Müdürü oldu. Adnan Menderes öncülüğünde yapılan barajlarla birlikte "Barajlar Kralı" unvanını aldı. Bu barajlar bugünkülerle ve sonrakilerle mukayese edilemezse dahi, Türkiye'nin ziraatına ilk nefesi veren, Anadolu'ya ilk elektrik üreten barajlardır. Menderes'in öncü rolü, Anadolu'yu karanlıktan, toprağı çatlamaktan kurtarmasıdır. Demirel de bunu iyi kavramış ve devam ettirmiştir. Zaten bu insanlar toprak insanları; biri köylü, öbürü çiftlik ağası. Biri Isparta'nın köylüsü, öbürü Aydın'ın çiftlik ağası. Çok ilginçtir, aynı bölgenin insanları sayılırlar. İşte Anadolu eliti bunlardır. Bu elitler eliyle, artık Cumhuriyet'in yönetimi klasik yargıç ve general devrinden uzaklaşacaktır. Bir nevi Rumeli eğitimi karşısında, Anadolu insanları ortaya çıkmaya başlayacaktır.

İlk başta bu isimler vardı ama böyle bir ideoloji benimseyemediler. Rıza Nur da bu şekilde bir Anadoluculuk anlayışı geliştirmeye çalışmış ama başaramamıştır. İlmî hayatımızda, tarihçilikte böyle bir Anadoluculuk akımı vardır, fakat bunların hepsi kapalı kalmıştır. Demirel gibi insanlarla Anadolu artık tatbikata geçiyor. Anadolu çocuğunu doktor, mühendis, bürokrat olarak hayata sokuyor ve bunlar önce bürokrasiyi, devlet politikasını, bir yandan da özel sektörü ele geçiriyorlar. İlginç bir örnektir: 70'lerde, 80'lerde İstanbul Üniversitesi'nde solcu hocalar vardı. Birkaç asistanla konuşurlardı ama hiçbir zaman ebedî bir ittifak kuramazlardı çünkü bir şiarları yoktu. Hâlbuki aynı müessesede, hemen yanı başındaki diğer hoca talebesini, asistanını yetiştirir, kendine bağlı bir grubu olur. Bu insanlar yavaş yavaş siyasi hayatı da, iktisadi hayatı da ele geçirdiler ve bugünlere geldiler. Bunun yolu da budur zaten. İstediğiniz kadar dinci, cemaatçi deyiniz.

Demirel için iyi devlet adamları seçmiş diyebilir miyiz?

Fevkalade başarılıdır bu konuda. İyi adam seçer ve de çok vefalı bir liderdir. Ayrıca çok korkunç bir hafızası vardır. İnsanları çok iyi tanır. Süleyman Bey'in kendi açısından tek yanılgısı Tansu Çiller'dir. Karizması da çok yüksektir. Köyün kanaat önderlerini tek tek isimleriyle biliyor, şaşılacak şey. Kafasında devamlı her şey yerli yerindedir. Cumhuriyet döneminde doğan, Cumhuriyet'in yetiştirdiği en önemli liderlerdendir. Ama Köşk'ü müşavirlerle doldurdu. Bunlar ne yaptılar bilmiyorum. Fakat ulusun cumhurbaşkanı rolünü iyi oynadı. Burada hiçbir kusur yoktur. Nitekim bugün insanlar ona eskisinden çok daha fazla sempati duyuyor.

Süleyman Demirel'in yakın dönem siyasi tarihimiz açısından önemi nedir?

Demirel 1964 yılında birdenbire genel başkan olarak ortaya çıktı. Halkın kendisiyle ilgili birçok farklı kanaati var. Bir kısım

Mason olduğunu düşünüyor; hatta bir dönem öyle bir vesikayı yayımladılar. Fakat loncanın maşrık-ı azamı Nejdet Egeran, Demirel'in mason loncası üyesi olmadığına dair bir belge verdi. Bu belge üzerine, loncanın içindeki sol pozitivist eğilimliler bir tartışma başlattılar ve ayrı bir lonca kurdular. Türkiye garip bir Mason örgütlenmesi tarzına girdi. O gün bugündür iki ayrı grupturlar.

Herkes Demirel'in mazisine bakıyor ve İTÜ'lü olduğunu, Su İşleri Müdürlüğü ve müteahhitlik yaptığını vurguluyor. Hâlbuki 1960 darbesi olduktan sonra yaptığı önemli işler var. Ya da mesela Morrison firması temsilciliğini gündeme getiriyor ve muhalif basın ve üniversite çevrelerinde "Morrison Süleyman" adıyla anılıyordu. Fakat bunlar arasında kendisinin "Barajlar Kralı" lakabı unutuluyor. Kendisi 20'li yıllarda doğmuştur ki bu kuşağın köylüsüyle şehirlisi eşittir. Çünkü Türkiye her yerde eşit ölçüde kıtlık içindedir. Dolayısıyla, toplumda garip bir fırsat eşitliği var, çünkü bütün toplum fakir. Demirel Anadolu'da önce ortaokula, sonra liseye devam ediyor. O zamanki liselerde matematik de, edebiyat da her okulda eşit derecede öğrenilirdi. Demirel de bu şekilde İTÜ'yü kazanıyor.

Kendisi barajlar hamlesinin teknisyenidir. Bu çok önemlidir, çünkü Türkiye'nin elektrifikasyonunu, sulama meselelerini barajlar olmaksızın çözme imkânı yoktu. Sulama teknikleri de o dönemde dünyada da çok gelişmiş değildi. Debisi fevkalade yüksek olan, ulaşımın mümkün olmadığı Türkiye coğrafyasında bunu başarmak önemli bir iştir. Fakat Türkiye'nin 1950'lerden beri enflasyonist ekonomiye girmesinin en büyük nedeni baraj yatırımıdır. Tarihteki Mezopotamya devletlerinin en büyük sorunu da, en büyük başarısı da baraj yapmak olmuştur. Çünkü su, bu coğrafyada çok önemlidir ve devletin bu meseleyi kontrol altına alması gerekir. Milattan önce 5000'de de, milattan sonra 2000'de de durum aynıdır. 1950'lerin Türkiye'sinde de devlet baraj yapmak zorundaydı.

CHP bu bakımdan inandırıcılığını yitirmişti. Çünkü Seyhan Barajı'nın inşaatı sırasında barajın köstebekler tarafından delineceği ve barajın patlayacağı gibi ilginç (!) iddialar ileri sürdüler.

Bir de Demirel'in farklı bir davranış tarzı vardı. Bazen insanların bilmediği kadar lügatli bir Türkçe konuşur, "fuzuli şagil (işgalci)" der; bazen de "Eyisiniz, eyisiniz" diye halk ağzıyla konuşurdu. Onun Türkiye'si karayolu uzunluğu, elektrik kilovatı, millî gelir artışı gibi şeyleri hedeflerdi. Hem konuşma tarzı hem de bu hedefleri milletin hoşuna gitmiştir. Çünkü Demirel onlara öğretmeye kalkmaz, milletin diliyle konuşur. Başkaları gibi halkı keşfetmesine gerek yoktur. Bu, siyasette çok önemlidir, çünkü siyaset adamının başlıca ilgi noktası insanlar ve çevreyi değerlendirmek olmalıdır. Bizim iki başbakanımız, Tansu Çiller ve Mesut Yılmaz bu dünyayla değil, kendileriyle ilgiliydiler ve ikisi de muvaffak olamadı ve unutuldu. Demirel sabırlı bir kişidir; tenkit ve protestoya sert tepki göstermez. Şaka ve nükteyle iğneler, soğukkanlı da olur. Tek parti politikacıları, zaman zaman haşin olan Menderes'ten sonra Demirel üslubu olan efendi bir politikacı ve devlet adamı tipi çizdi; zaman zaman sert çıkışlarına rağmen nazik devlet adamı tipini tamamlayan diğer politikacı rakibi Ecevit'tir. Bu alanda Türk hayatı bu iki lidere çok şey borçludur.

Siyasal İslâm tartışmalarında hep onun adı geçmiştir. Necmettin Erbakan'ın Türkiye siyasetindeki yeri nedir?

Sur içinde büyüyen insanlarda belirli bir ölçüde Müslüman İstanbul'un, eski konservatif İstanbul'un havası vardır. Erbakan, fıtraten zeki bir insandı. Matematik zekâsı vardı ve eski Türkiye'nin zeki çocukları, teknik üniversiteye giderlerdi. O dönemde sivil sektörde de Mülkiye'yi tercih ederlerdi. Orada klasik usulle imtihan yapılırdı. İTÜ'de de öyle imtihan yapılırdı. Bugünkü liselerde olsalar, bu çocuklar oraları kazanamazlar. Yani Korkut, Turgut Özal, Demirel, Erbakan Hoca bu liselerde yetişti. Bu liselerdeki öğretmenler aynı zamanda çok iyi edebiyatçılardı. Pertev Naili Boratav, Orhan Şaik Gökyay ve Hüseyin Nihal Atsız gibi... Mesela Abdülbâki Gölpınarlı Balıkesir'deydi. Orada Necati Öğretim Enstitüsü denilen, sonradan öğretmen okulunda Halil İnalcık'ı o yetiştirdi. O önemli hoca, değişen Türkiye fotoğrafında taşrada da etkisini sürdürdü ve taşrada önemli insanlar yetiştirdi.

Erbakan zeki ve çalışkan biri ve makine işini çok iyi biliyor. Almanya'da kalmış ve asistanlık yapmış birisi. Ayrıca fevkalâde Müslüman, dindar bir insan. İdeolojisi de son derece kabuklaşmış. Mühendislerde çok derinlemesine bir sosyal bilim ya da filoloji eğitimi yoktur. Benim üzerinde durduğum nitelik ise, metin takip etme, filozofik bir temellendirme ve önemli bir tarih kültürüdür. Mukayeseli olarak ve sanatla beslenmiyorsa, müzikle alakalı olmazsa bu bir sorundur. Maalesef bu simalar sadece problem çözmeye yöneliktir. Yani mühendisin en büyük sorunu budur. Çok zeki insanlardır ve problemleri hızlı şekilde çözerler. Bu simaların içinde istisnaî olan kişi, bence Demirel'dir.

Şöyle bir sorun da var: "Meseleleri İslâm çözer," deniyor. Fakat şu soruya cevap verilmesi gerek: Hangi İslâm Dünyası? Resul-i Ekrem Efendimiz mi, etrafındaki Sahabetü'l-kiram mı, Emeviyye, Abbasiye devri mi, yoksa bugünkü İslâm dünyası mı? Bugün İslâm dünyasının kimlerden müteşekkil olduğunu değerlendirmek gerekir. Elhamdülillâh sayı kalabalık ama nitelik? Sonra hangi İslâm'ın problemini nasıl çözeceğiz? Hangi tefekkürle? Bu asırda, İslâm âleminde Şahrastanî gibi zamanları ve mekânları kavramış bir Horasanlı var mı? Bugünün Faslı coğrafyacı tarihçi İdrisî'si var mı? Necmettin Erbakan büyük bir inançla ve büyük bir retorikle Avrupa'nın matematiğinin de, biliminin de bizden olduğunu söylüyordu ama bu soruların yanıtı yoktu.

Maalesef bu zeki adamlar ciddi şekilde Arapça dahi bilmiyorlar. İslâm tarihi, coğrafya ve fıkhının, felsefesinin künhüne vâkıf olanı çok az. Bir diyânet teolojisi daha doğrusu kelâmı yok, tarihî metinleri yorumlama yok ve o dünyayı tanımıyorlar. Arap dünyası pek çok açıdan sıkıntılı. Türk Dünyası ise özgürlüğü tatmış bir dünya olsa dahi, o dünyanın içeriği ile bağı zayıf. Mamafih İslâm dünyası da öyle ya da böyle protokol, hiyerarşi bilmez. Mamafih Süleyman Bey'e hakikaten bir saygıları vardı ve bunu usulünce gösteriyorlardı.

Millî Görüş geleneğinin hayali neydi?

Herkes gibi "büyük, onurlu Türkiye ve mutlu halk". Ama mühim olan gerisidir. İlk olarak kendilerini şöyle ifade ettiler: "Dinsizin hakkından imansız gelmez, biz imanlılar geliriz." Yani "Biz iktidara geliriz," demek istediler. Gelebilirler de ama kasabalı oldukları, dünyayı iyi tanımadıkları anlaşıldı. Bu insanlar içinde, Arap dünyasından, İran dünyasından, Pakistan ve Hint Müslüman dünyasından tanıdığımız türde mütefekkirler de yoktu. Aralarında bir Hamidullah, bir Fazlurrahman yoktu. Dolayısıyla bu hareket kendi gücü ve kendi güçsüzlüğü içinde eriyip gitmedi. Erimeye maruz kaldı, kapatıldı ve mağdur duruma düştü. Sonra da yerini başkası aldı.

Erbakan'ın İslâm Birliği kurma hedefi bir hayal miydi?

Evet. Örnek olarak söylüyorum; Kaddafi'yle teşkilat olur mu? Onun nerede samimi, nerede hakikaten inanmış, nerede küçük hesaplarla hareket eden biri olduğunu bilemezsiniz ve bu sırf onun özelliği değil. Özellikleri itibariyle o bir dünyaya aittir. Bunları tanımak lâzım ki daha güçlü ideal bir ülkücü olunabilsin. Demirel ise çok zeki ve etrafa dikkat etmeyi bilen bir adam. En önemlisi insanları tanıyor. İnsanları yüzünden okuma kabiliyeti var. Bu yetenek Recep Tayyip Erdoğan'da da var. Bu, uluslararası ilişkilerde de önemli bir şey. Fakat Demirel daha sakin bir adam. Düşünün, biri İslamköylü, diğeri Kasımpaşalı. Bunlar iki ayrı dünya. Mesela Erdoğan futbol oynuyor değil mi? Futbol oynamak kolay iş değildir. O da bir zekâ ve hızlı düşünce gerektirir. Bu vasıflar önemli ama bazı çıkmazları da var. Her zaman özleminiz realiteyle bağdaşmaz.

Bu kuşağın içinde Necmettin Erbakan halka has bir üslupla, bir kürsü vâizi edasıyla kariyerini sürdürmüştür. Taraftarları büyük meselelerde onu dinleyip, anlamak zevkine varmışlardır. Diğerleri ise kötüleme, karalama üzerine kurmuşlar sözlerini. Erbakan ise yanlış bulsanız bile ciddi bir şey anlatıyor. İşte bunun için, 1974 Kıbrıs Çıkartması'nı ancak ve ancak Ecevit'le Erbakan yapabilirdi. Çünkü bütün orta ve orta sağ cephe bu radikal karardan ve maliyetinden çekinirdi. Sağcılar da, solcular da bunu göze alamazdı.

Solu, seçimle iktidara taşıyan bir lider; Ecevit. Karaoğlan nasıl bir siyasetçidir?

Ecevit'in kendine göre karizması vardı. Bazı saldırılarda, talihsiz olaylarda adam yara almıyor. Çok namuslu olduğu için yara almıyor. Ecevit'in kabahati iyi adam tanımamaktı. Listeye ve makama iyi adam koyamazdı. İkincisi; Ecevit noktası, virgülü ile düzgün konuşanlardı. Mesela Mesut Yılmaz öyle değildir. Tansu Çiller hiç değildir. Süleyman Bey de Türkçeye hâkimdir. Demirel'in kendine has üslubu vardır. Günümüzden Recep Tayyip Erdoğan da iyi konuşur, hitabeti güçlüdür. Ecevit Robert Kolej'in yetiştirdiği en has Türkiye tipi adamdır. Kendi kendinedir, bu topluma göre bir tiptir. Bazı hataları vardır, kadroları kurarken adam tanımadığı için, iyi adam seçemediği için daimi suretle ihanete uğramıştır veya nazik olalım, yakın çevresiyle yolları ayrılmıştır. Demirel modern Türkiye'nin altyapısını kurdu; bir özelliği daha var, sabırlı ve üslubu ağırbaşlıydı. Demirel ve Ecevit birbirleriyle sert kapışırdı ama vatandaşla ilişkide "efendi tipli devlet adamı"ydılar. Tek Parti'nin Olimpos'ta gezinen politikacılarından sonra Menderes'in zaman zaman kibar, bazen duygusal ve saldırgan kişiliğini, hatta bugünkü politikacıların sert ve belirsiz tavrını göz önüne alırsak, bu iki politikacının demokratik düzenin şekil şartını yerine getirdiklerini söylemeliyiz.

Ecevit çok iyi bir çalışma bakanıydı. Hazırlattığı ve müdahale ettiği kanunların ne kadar mükemmel olduğunu bugünkü iş hukukçuları da söyler. Ayrıca fevkalade çalışkan bir kişiydi; ideal bir devlet memuru ve politikacıydı. Herkesle çok iyi konuşurdu. Herkese "sayın" diye hitap etmeyi o öğretmiştir. Çok düzgün çalışan biriydi. Etrafında bir bozulma olduysa, ondan habersiz olmuştur diye düşünüyorum. Fakat takıldığı bazı noktalar vardı; Köy-Kent projesi bunlardan biridir. Bu mesele Ecevit'i çok sorun içinde bıraktı ama "Bu hayaldir," diyenler, ya böyle şeyleri akıl edemeyen sağ taraf ya da kendi partisinin içindeki bilgisiz kimselerdi. Maalesef bizim sosyalistlerimiz hayal kuramaz, kaba ve yuvarlak sloganlarla konuşurlar. Köy-Kent gibi projeler aslında dünya sosyalistlerinin ortak programlarıdır. Mesela Siyonistler küçük yapılanmalar kurdular ve dediler ki; "İsrail büyük şehirlerde rantın tek merkezde olduğu, yatay veya dikey olarak eşitsiz bir toplum olmayacak. Biz burada herkese, her şeyi eşit dağıtacağız." Fakat bu yürümedi ve o yapılanmalar dağıldı. İnsanlar zamanla işsiz ve küçük yerleşmelerde mektepsiz kaldı ve tabii aşırı sağ partilere oylar çıkmaya başladı ki bu kaçınılmazdır. Ecevit'in Köy-Kent Projesi de böyle bir projeydi. Yine de bunu yanlış olduğu için eleştirmek başka, küçümsemek başka bir şeydir. Ecevit maalesef eleştirilmemiş, küçümsenmiştir. Küçümseyen kişiler ise, kendi ütopyaları olmayan ve hiçbir şey düşünemeyen insanlardır.

Ecevit'in rakiplerinden ayrışmasının solun oy oranını arttırdığı doğru mu?

Kendisinin, 12 Eylül'den sonra "Benim seçmenim MHP'lidir!" şeklinde bir görüşü vardı ve isabetliydi. Bunu kapalı gruplara söyledi ve çok doğru bir teşhisti. Kendisi o yolu seçti diye değil;

seçmenlerin dünyasını ve taleplerini doğru teşhis etmiş, tahlil etmişti. Gerçekten de o cenahtan oy almıştır. Bunu bazı basit akıllılar gibi, "faşizme kayma" olarak niteleyemeyiz. O seçmen kitlelerine yaklaşma, onları anlamak demektir. İnsandan anlamayan ve onlara ilgi duymayanın zaten politikacı olamayacağı açık. Ama bizde bu tutarsız adamlar bazen politikaya çekilir ve baş dahi olur. Ecevit çeşitli cemaatlerle de ilişki kurdu, çünkü onların içinden çıkan organizatör nitelikli kişilerden istifade etmiştir. Sosyalistler örgütleyici kişileri severler. Türkiye'nin Halk Partisi ise bu örgütleyici özelliğe sahip değildi; yani ilk kurulduğu dönemdeki özelliğini kaybetmişti. 1960'larda bile halkevi ve köy enstitüleri için üzülen insanlar vardı. Hâlbuki bu eski örgütlenme biçimi mazide kaldı. O dönemde faydalarının olduğu doğrudur ama örgütçülük iddiası olan kişinin yeni bir şeyler yapması lâzım.

Peki, Demirel'le Ecevit arasında hayli uzun süren çatışmanın sebebi nedir?

Ecevit'in karşı tarafta olması çok normaldir. Ecevit çocukluğunda son sadrazam Tevfik Paşa'nın yanında oturmuş biri. Sanki bir enkarnasyon durumu var. Yani Ecevit bir şehir çocuğu, Osmanlı'nın şehir çocuğu. Ona göre bir kültürü var, ona göre bir okulda okumuş. Mesela İngilizcesi çok iyidir. Kendine göre bir öz Türkçeciliği, bir zarafeti vardır ki onu ailesinden almıştır. Tabii Ecevit'in gerçeğe uzak projeleri de vardı. İki lider arasında çok ciddi çatışmalar yaşanması tabiidir. Demirel'in projeleriyle Ecevit'in dünyasının hiçbir ilgisi yoktur. Mesela, Demirel'e Köy-Kent projesinden bahsedebilir misiniz? Mümkün değil. Köyle kent arasında bir eşitsizlik olması onu fazla alakadar etmez. "Köyü kalkındırmaya bakalım," der. Daha gerçekçi yaklaşımdır.

Cumhuriyet'in milliyetçileri siyasal alana Türkeş kanalıyla giriyorlar...

Türkeş'in partisindeki en bariz özellik şudur: Meclise 11 kişi girdiler ve zannedildi ki büyük bir kavga çıkacak, birtakım milliyetçi sloganlar ortaya atılacak. Fakat böyle bir şey olmadı, eriyip gitti. Başka bir örnek: TİP neden eridi? Çünkü TİP, Marksist açıdan 1960'ların Türkiye'sine uygun bir program öneremedi ve içinde birtakım fraksiyonlar türedi. Bu noktada *YÖN*'e kızarlar ama hâlbuki TİP'i öldüren zihniyet *YÖN* değildir. Sol çatışmada TİP'i deviren, parlamentocu sosyalizmi, Marksist hareketi yıkanlar, *YÖN* tipi hareket değildir. Bunu yapanlar *YÖN*'ün etrafında o organı kullanması için kalem oynatan eski Marksistlerdir. Nihayetinde, Türk solunun teorik birikimi bir yana, aksiyon tarafı çok zayıftır. Teoride de çok güçlü müdür, o da kuşkulu. Türk Komünist Partisi ise enternasyonal hareketlerin içinde, maalesef seçkin yeri olan bir parti değildi. Bu çok önemli bir konudur.

Milliyetçilerin ise ne insanı sürükleyen bir söylemi, ne de buna uygun kadroları var. Devamlı bir yüz yüze eğitim ve bir teşkilatlanma olması dikkate değerdir. Kısa sürede, kısa yoldan yüz yüze eğitimle partinin gençlerini yetiştirmeleri, 1970-1980 arası çatışmalarda da rol oynuyor. Bu dar kadro milliyetçiliğidir ve kitleye hitap eden, yol açan bir partinin örgüt modeli değildi. Hâlbuki parlamenter metotlarla kitleleri etkileyecek, onlara ümit verecek bir yapılanma yok. Türkiye'de ne parlamentodan böyle bir beklenti var, ne de bu ekipler parlamentodaki çalışma ve kişilikleriyle toplumu kendilerine çekebiliyorlar. İkinci Cihan Harbi sonrasında, İngiltere'nin en önemli sol mütefekkiri Harold Laski'yi düşünün. Söyledikleri Bolşeviklere çok yakın ama muteber bir farkı var: çok partiye ve parlamentoya inanıyor. Bu çok önemli bir nokta.

Türkiye toplumunun milliyetçi bir toplum olduğunu söylüyoruz ama bu hâlâ köylü milliyetçiliği görüntüsü veriyor. Kent milliyetçiliği Türkiye'de neden yeşeremedi?

Çünkü bu milliyetçilik, çoğu insanın zannettiğinin aksine, *parochial mind* denen kasaba, mahalle zihniyetinden beslenir. "Parochial" kelimesi, "parish"ten, yani kiliseden gelir ve kilise mahallesi, kilise çevresi, mahalle anlamındadır. Balkanlar bu zihniyetten kurtulamıyor. Çünkü milliyetçilik en azından sosyalistler kadar enternasyonal olmayı, dünyayı tanımayı, başka milletlerle temasın olmasını gerektirir. Milliyetçiliğin duygusal tarafının bile, sadece kendi ülkemizdeki edebiyat, sloganlar, hareketler değil, başka ülkelerin milliyetçilerinden etkilenmesi, beslenmesi gerekir. Başka bir ülkenin ulusalcı cenahını dinleyerek, anlayarak, tenkit ederek bu konular anlaşılabilir. Tıpkı sosyalistler gibi, Türkiye milliyetçileri de dış dünyayla tanışmış, onları dinlemiş, etkin bir şekilde tahlil ve eleştiri süzgecinden geçirmiş değiller. Bu durum hâlâ değişmiş değil.

1960'lar ile 1970'lerin arasına baktığımızda, köyden kente doğru çok yüksek bir göç oranı olduğunu görüyoruz. Bu göç toplumu nasıl değiştirdi?

Göç kaçınılmaz bir şeydir ve evrensel bir durumdur. Sanayi devrimine, Neolitik devrimden bu yana insan yaşamındaki en büyük devrimdir diyoruz. Sanayi devrimi kısmen biliniyor ama Neolitik devrim, yani tarım devriminin neticelerini tam olarak bilmiyoruz. Bazı tahminler ve hipotezler var ama şöyle bir sonuç ortaya çıkıyor: Göç her yerde aynı sebeplerle gerçekleşmiyordu. Birincisi, makineleşme artınca insanlar köyde yetersiz arazi kalmasından dolayı göç etmişler. Fakat bütün aile, hep birlikte şehre gelmişler ki bu durum İngiltere ve Avusturya hatta Rusya'da görülür. Doğu Avrupa Yahudilerinin, Polonya göçmenlerinin ve İtalyanların Amerika'ya birlik halinde göç ettikleri söylenir ki orada en dayanıklı unsurlar olarak onlar kaldılar. Burada bizde ise öncelikle muhafazakârlaşma oluyor ve göçmen geldiği yeriyle bağıntısını koparmıyor, hatta köyde toprağı eken akrabalarıyla, aile üyeleriyle bağı devam ediyor. Bu durum sosyologlarımızın hiç tahmin edemeyeceği bir şeydi. Köylüler şehirde gecekondu kavramı ve yaşam biçimini yarattı. Şehirli hanımlar onları acınacak halde görürlerdi ama onlar sadece köydeki yaşamlarını şehirde sürdürüyorlardı: Evlerinin bahçeleri var, akşamları eş dost ile sohbet ediyorlar. Psikolojik olarak cemaat ruhu ayakta; düğün dernek onları bir arada tutuyor.

Öte yandan, mesela hastanelerde şehirli ve varlıklı kimselere tanınan öncelikler onlara sağlanmıyordu diye düşünülür ama hemşerilik desteğiyle şehirli olandan daha iyi bir hizmet alabiliyorlardı. Dolayısıyla gecekondu popülasyonu ciddi bir muhafazakâr oy deposuna dönüştü. Ama artık hiçbir politikacı buna güvenmesin; çünkü o zamandan bu yana çok şey değişti. Bugün gecekondunun şekli değişmiştir. Tek katlı müstakil evden çok katlı binaya geçiş oldu ve bunun estetik ve medeniyet anlamında yarattığı tahribat da barizdir. Artık varoş hayat tarzı ve kültüründen söz ediliyor. Bu yeni yerleşimler eski gecekondu mahalleleriyle mukayese edilmeyecek kadar ruhsuz yerleşim yerleri haline gelmiştir. Bunların yanı sıra, bütün dünyada baş gösteren gençliğin ümitsizlik hali de müthiş bir gerilimi beraberinde getirdi. Bunun siyasal sonucunun ne olacağını bilemeyiz ama dikkatli olmazsak bizi çok iyi şeylerin beklediğini söyleyemeyiz. Varoşlarda etnik kökenli gerilim ve ufak çatışmalar var; nereye varır bilinmez.

Gecekonduyu küçümseyen bir tavır gelişiyor...

1960'lardaki gecekondularda oturan zengin insanlar da vardı ve bunu kültürel bir alışkanlık olarak tercih ediyorlardı. Burjuva insanının problem olarak gördüğü, sıkıntılı bir yaşantı vardı ama o insanlar umutluydu ve belirli ahlak kurallarını, dünya görüşünü devam ettirirlerdi. Elbette arada sırada sorunlar olurdu ama gecekondu halkını gereksiz, hatta zararlı görmek gibi kültürel bir küçümseme çok yanlıştır.

Anadolu insanları İstanbul'a göç ettiklerinde niyetleri temizdi, kendi bulundukları yerde çok memnunlardı. Lakin devletin arazisini işgal ediyorlardı ki bu durum dünyada başka hiçbir yerde mümkün değildir. Gecekondu insanı yavaş yavaş zenginleşti; meşru veya gayrimeşru olarak hizmet sektörüne girdi. O dönemdeki 30 yıllık şehirleşme serüveni, bizim klasik eğitimde öğrendiğimiz Avrupa'daki şehirleşmeye ve onun kalıplarına benzemiyordu. Bugün şehirleşme çok daha kötü hale geldi, çünkü insanlar ekmeye, biçmeye, üretmeye uygun altyapılı kırsal arazileri terk etmeye başladı. Öyle bir hayatı bırakarak şehrin sözde vaatkâr dünyasına geliyorlar. Fakat eğer Türkiye mirî arazi konusunu, arka plandaki sonradan görme egemen gruplar arasındaki rant kavgası yüzünden çözemezse, bu durum çok kötü sonuçlar doğurur. İktidar partileri bu kavgayı kendi saflarındaki rant kavgasından dolayı önleyemiyor. Nüfuz grupları arasındaki paylaşım sorununu çözemediklerinden, kanuni ve adil müzayedelerle hazine adına arazileri satışa sunamıyorlar. Maalesef İstanbul, İzmir; köyündeki arazisini ve mesleğini bırakıp gelen insanlarla doldu ve bu değişik ve sapmalı bir şehirleşme yarattı. Bu şehirleşmenin ortasında işsizlik, etnik kümeleşme, gerilim ve nihayet üçüncü kuşağın yaşam ve dünya görüşü değişikliği ve kuşaklararası uyuşmazlıktan doğan varoş sosyal yapısı çok ilginç ve korkunç boyutlara ulaşmıştır. Sema Erder'in Ümraniye üzerine yaptığı özgün çalışma[13] maalesef halen akademik dünyada dahi az okunmuştur ama problemleri 15 yıl öncesinden haber vermiştir.

Buraya kadar Türkiye'de köyden kente göç üzerinde konuştuk. Bir de yurtdışına işçi göçü var. Şimdi 3. kuşak sahnede.

Bir yandan işçi göçü, diğer yandan da beyin göçü var. Aslında işçi göçüyle, beyin göçü kadar önemli bir unsuru kaybettik. Okumamış kesim olsa bile, çalışmaya yetenekli ve intibaklı bir

13 Sema Erder, *İstanbul'a Bir Kent Kondu: Ümraniye*, İletişim, 1996.

nüfusu gönderdik. Ne yazık ki bu konuda eşgüdümlü ciddi saha araştırmaları yok. Herkes Amerika'yı kendi başına keşfediyor. Bulgularını kendi amaçlarına göre değiştirenler bile var. Oysa henüz çok büyük sayıda olmasalar da göç edenler, onların geri dönüşleri, geri döndüklerinde nelerin değiştiği, bu unsurların Türkiye'ye neler getirdiği, onların gidişinin ne tür kayıplara sebep olduğu araştırılmış değil. Mesela bu kitleden gençlerin linguistik sorunları ciddi raporlara dökülmüş değil.

Peki, 1968 kuşağı?

Marksist muhalefetin 1965'te parlamentoya girmesi önemli bir gelişmedir. Bu hareketi Türkiye burjuvazisinin parçaladığını söylüyorlar ki bu doğru değildir. Türkiye burjuvazisi dediğimiz kalabalık öyle becerikli rafine yöntemlerle örgütlenebilecek bir takım değildir. Başlangıçta parlamenter platformda ortaya çıkan sınıf çatışması çok çabuk parlamento dışına ve parti safları dışına taştı ve etnik taleplere dönüştü. Türkiye'nin ne yöneticileri, ne aydınları bu ülkenin etnik problemini teorik olarak evvelden tanıyordu, çünkü böyle bir tetkik merakları yoktu. Mesela Kürtleri şahsi tecrübeleriyle, askerlik anılarıyla tanıyorlardı; konuyu ayrıca irdeleme yoluna girmediler. En önemlisi merak etmediler. Bir kısmı da çekindi. Bu konudaki tek istisna, muhtemelen Alman profesörlerin etkisiyle, İstanbul Edebiyat ve Ankara Dil ve Tarih-Coğrafya Fakültesi'ndeki Antropoloji kürsülerinin öğrencilere verdikleri ödevlerdir. Ödeve göre, öğrenci yaşadığı vilayette bir köy seçer, oraya gider ve o köyün ahalisi hangi dili konuşuyor, nereden göç etmiş, âdetleri nelerdir, gibi soruları yanıtlamaya çalışır. Tabii bu ödevler uzun süre raflarda kaldı ve kimse bunlarla ilgilenmedi. Daha önceki sayfalarda bahsettiğimiz gibi ilk defa Peter Alford Andrews etnisite ile ilgili rehber yazdı. Tabii bilgi eksikleri ve kavramsal hataları var; üstelik bunu eksik ve berbat bir biçimde Türkçeye çevirdiler.

Sol siyasete dönecek olursak, sınıf savaşı, iktisadi savaşım bir yana, bu tür konular siyasetin içine girdi. Böyle bir ideolojiyle ve düşünceyle ilgisi olmayanlar da bu ekiplere katıldılar. Üniversalizm kisvesi altında, etnik politika gütmek amacındaydılar. Bu hem çok tehlikeli hem de çok kolay bir yoldur ve bu konuda verilen tavizler de vardır. Sol partiler üyelerinin niteliğini ve amacını bilmelidir. Bunun antidemokratik tutumla ilgisi yoktur. Maalesef Türkiye sosyalizmini güçsüz düşüren yaklaşım budur. 1965 parlamenter sosyalist hareketi, muhalefet hareketi neden dağıldı denildiğinde, bunun üzerinde durulmalıdır.

1968 kuşağı, parlamentonun dışındaki her tür solcudan müteşekkil sayılabilir. Bu kuşak ne üretmiştir, bilemiyorum ama millete bir hareket geldiği doğrudur. Ordu onlardan çekinmiştir ve bunun darbe üzerinde bir etkisi olmuştur. Şurası bir gerçektir ki 1971 darbesi, yani muhtıranın ardında birtakım sosyal talepler var. Yine de burada enteresan bir şey vardır: ordu sisteme müdahale etti, fakat sistem onu yendi. Çünkü bizim ordumuzda bir tane belkemiği vardır: terfi ve hiyerarşi. Kimse mevcut hiyerarşi ve terfiyi bozamaz. Cunta oturduğu yerde kalamaz. Sivil hayata dönmek zorundadır ama her zaman için de "Biz buradayız," der, şimdi bu tanımım ne olur, nasıl gelişir henüz kesin konuşmayalım.

Bir önemli yanılgı da; Demirel hükümetlerini bire bir ABD kuklası diye tanımlamaktı. Oysa dönemin Varşova Paktı'nda yer alan ülkelerdeki kanaat Demirel'in ABD'nin üslerini kontrole başladığı, Doğu blokuna yanaştığı ve uyumlu, barışçı politika güttüğüydü. 1960'ların ikinci yarısındaki Türkiye'yi 1950'ler gibi değerlendirmek demek ki pek isabetli değil.

Bu dönemdeki bir diğer önemli olay da Kıbrıs Çıkartması. Genellikle aşırı temkinli yürüyen dış politikanın en iddialı çıkışı, en sert müdahalesi.

Ben bu olayın çok tayin edici olduğunu düşünmüyorum. O bir neticedir. Türkiye ordusu mekanize olmaya ve kendi altyapısını üretmeye başladı. Kıbrıs Çıkartması'nın ilk göstergesi bu. Çıkartma gemileri burada üretildi, iaşe sistemi tayin edildi. Eski kurmay sınıfı hazırdı. Bu kişiler çalışmayı, örgütlemeyi biliyorlar. Sadece üniformalısı değil, üniformasızı da orada bir teşkilat kurdu. Bunlar önemli, fakat Kıbrıs başka bir şeyi de gösterdi. "Türkler burayı elde tutamazlar, çünkü asayişi sağlayamazlar," dendiği halde, asayişi sağladılar. Bunu dönemin İngiliz devlet adamı olarak James Callaghan itiraf etmiştir. Kuşatmanın ilk haftasında İngiltere'nin fikri değişti ve Türkiye'yi ciddiye almaya başladılar. Zaten dış dünyada problem ondan sonra ortaya çıktı. Biliyorsunuz, "Ver kurtul" diyenler var. Şimdi yavaş yavaş o fikirden vazgeçmek zorundalar. Çünkü gazla petrolün kokusunun olduğu yerde kimse verip kurtulmaz.

Sonuç olarak, Kıbrıs Harekâtı başarılı bir operasyondur ve bu yönde alınan karar da doğrudur. Çünkü çok yakınımızda, anlaşmalarla alınmış bir yükümlülük ve korumakla görevli olduğumuz bir cemaat var. En fazla tetkik edilen, hatta etnolojisi vesikaya en çok dökülen, gerçek etnik yapısını bilinen Türkler Kıbrıslılardır. Sadece 16. asra ait Mühimme defterleri dahi Kıbrıs halkının Karaman eyaleti dağlılarının adaya sürgünüyle oluştuğunu gösterir. Hiçbir yer hakkında bu kadar sarih bilgi yoktur. Toros dağlarındaki Türkmenlerin kimisi devlete vergi yükünden ve tahrirden dolayı serkeşlik yapan hatta isyan eden, kimisi komşu oymaklarla arbedeye girip eyalet yönetiminin başını ağrıtan gruplardır. Nizam-ı âlemin tesisi için buraya sürülmüşlerdir.

Peki o tarihî karar doğru muydu?

Hiçbir zaman savaş kararları doğru görünmez ama alınmamasında da yanlış veya doğru olduğunu bilemezsiniz. Çünkü yokluk ile malûl bir istem üzerinde fikir yürütülmez. Fakat Türkiye orada bir şey olduğunu gösterdi. Çıkarmadan sonra topoğrafya çıkardığımızı, tespitler yaptığımızı, kurmaylarımızı gördüler. Sonra orada bir düzen kurulduğunu, asayişin sağlandığını gördüler. İkincisi, Türkiye bir şey yapabildiğini gösterdi. Çünkü artık "50 senedir bunlar bir şey yapmadılar," düşüncesi vardı. Üçüncüsü, bir koordinasyon olacağını gördük. Yani Ecevit'in Türkiye'ye yabancı bir unsur olmadığını anladık. Ecevit'e kadar yurtdışındaki şehit mezarlıklarına dahi çok ilgi göstermezdi. Genelkurmay şehit mezarlıklarının tesbit ve restorasyonuna Ecevit'in ziyaretlerinden sonra başladı. Dolayısıyla Türkiye mahiyet değiştirdi ve Türkiye çıkarmadan sonra empoze edilen sıkıntılara da direndi.

Millî davamız uğruna bir bedel de ödedik. Peki, Kıbrıs konusundaki duruşumuzu sürdürebildik mi?

Maalesef yürütemedik, yanlış işler yaptık. Ada'ya yerleştirilmemesi gereken unsurları getirdik. Oraya yerleşecek insanlar, anavatanda belli bir yeri olan insanlar değil, meskeni olmayan Türkler olmalıydı. Diyelim, Bulgaristan'dan gelenler gibi. Bu unsurlar hem oraya daha uyumlu olur, hem de daha çalışkan olduklarından iş görürlerdi. Çünkü Şarklılar, Bulgaristan Türkleri kadar çalışkan değillerdir. Bu bizi Kıbrıs'ta çok kötü bir duruma düşürdü. Maalesef bu konuda Erbakan ve Ecevit'in ideolojik, pragmatizmden uzak tutumu su yüzüne çıkıyor. Biri "Müslüman olsun da kim olursa olsun" diğeri "Doğuluları doyurmak gerekir" anlayışıyla hareket etti. Kıbrıs doğuluların doyacağı değil, çalışılarak kalkındırılacak bir ekonomidir. Adanın çok eksiklikleri vardı, halen var.

1980'lere doğru yaklaşırken tırmanan sokak gösterileri hakkında ne düşünüyorsunuz?

Türkiye'de hem solda hem de sağda, orta yolcularda pek olmayan bir teatralite merakı var. Çok ilginçtir, böyle bir teatralite DP'li ya da CHP'liler de görülmez. Bir taraf kızıl bayrak taşır, yumruklarını havaya kaldırır, diğer taraf tekbir getirir, yeşil bayrak açar. Mesela Konya mitingi. Bu mitingler çok sakıncalı değildir; demokrasilerde öyle mitingler olur. Ama o günün Türkiye'sinde olmaz. O günün, o saatin, o şartların Türkiye'sinde bunlar uygun düşmez.

Türkiye'deki sağ partilerin içinde bir çekirdek vardır. Bu çekirdeği İsviçre Kalvinistlerine, Amerikan Quakerlarına benzetemeyiz. Belki onlar Türkiye'dekilere göre daha da müstakil gruplar olabilir ama bu tür mukayeseler yanlıştır. Bizde bu grupların içinde dar bir kesimin bir gösteri, teatralite merakı da var. Anadolu'nun durağan hayatının içinde, insanların kendilerini ifade ediş tarzlarında bir jest, bir mizansen arayışıdır. İran Şiiliği bu meseleyi çözmüş, 1000 yıldır teşkilatlanan bir gösteri kültürüyle, mükerreren 10 Muharrem'de taziye merasimlerinde mükemmel bir gösteri örneği sunmuştur. Humeyni zamanında bile bu sürmüştür. Polis o toplantıları takip edebilir ama dağıtmaz. Böyle bir şey Türkiye'de yok.

DSP ve ardından Refah Partisi, kadrolarını iyi sevk edemedi. Bu kadrolara bakıldığında son derece provokatif konuşan kişiler olduğu, apayrı bir üslup kullanan kişiler olduğu görülür. Necmettin Erbakan çok sayıda insanın hürmetini kazanmış olabilir ama herkesin sevgisini kazandığını söyleyemeyiz. Her şeye rağmen, Necmettin Erbakan Türkiye'ye inanan bir insandır ve Türkiye'nin insanıdır.

Babıâli baskınıyla başlayan darbeler tarihini tasnif ederken neden 1980 müdahalesini ayrı tutuyorsunuz?

Çünkü 1980 darbesi Türkiye'de gerçek anlamda bir iç savaş başlangıcı üzerine geldi. İç savaşlar her zaman iktisadi zaruretten doğmaz. Türkiye'nin o zamanki tıkanmaları belliydi. İktisadi politikalar değişmeye başlamıştı. Fakat terör iktisadi politikaları takip etmez. Banker sıkıntılarının yanı sıra, sağ-sol çatışmaları başlamıştı. Fakat bunun sosyalist sınıf çatışmasıyla hiçbir alakası yoktu. Savaşanlar aynı sınıfın mensuplarıydı. Orduda da çatışma unsurları hâkimdi ve Türkiye bir felakete gidiyordu. Kimileri bunu askerlerin kışkırttığını söylüyor. Ben hiçbir ordunun bu kadar etkin ve başarılı bir kışkırtma ağı kurabileceğine inanmıyorum. Türkiye toplumu kontrolden çıkmıştı. Çatışmalar da darbeden sonra sona erdi, çünkü belirli odak noktaları tutuklandı. Daha evvel tutuklanamazlardı, çünkü partiler her iki tarafa dağılmıştı. 12 Eylül evvelinde MHP de, CHP de kendilerine göre birtakım kimselere göz yumuyordu. Adalet Partisi ise teşkilat kontrolü olan bir parti değil, çok enteresan bir kitle partisiydi. Oportünizmi değil, ancak susmayı tercih edebilirdi. Acizdi ve öyle de yaptı. Ordu durumu kontrol altına aldı.

6

ÖZAL'DAN ERDOĞAN'A

1980'LERDEN 2000'LERE

Cumhuriyet tarihinde önemli bir dönüm noktası; 1982 Anayasası? 1876'dan bu yana en çok tartışılan anayasa metni?

1982 Anayasası'nı yapan grup eski anayasacılarla uyuşamazdı; ikincisi dil bakımından sorunlu bir metindi, nitekim kısa zamanda fire verdi. 1982 Anayasası başarısız bir taklittir; bozuk Türkçe ile getirilen hükümlerin kolayca anti-demokratik diye nitelenmesi kolaycılık olur, fakat birtakım ciddi sınırlamalar koymuştur. Metin kendi içinde de tutarlı değildir; başka anayasalardan toplama bir karakter arz eder. Maalesef bizim anayasacılarımızın ekseriyeti başka anayasaları okumayı da bilmezler; metnin arkasındaki tarih ve felsefeyi bilmeden yorumladıkları görülür. Batıdaki anayasa hukukçularının en önemli özelliği, Roma hukukundan başlayarak, Cermanik hukuka kadar bilmeleridir. Kilise hukuku bilir, şehirleri iyi tanırlar. Bir tarihte birileri, nasıl bir mantıksa, 1809 Sened-i İttifakı ile 1215 Magna Carta-sı'nı birbirine benzetiyor ve bu hikmet (!) tekrarlanıyor. Böyle bir şey olabilir mi? Bir diğeri Tanzimat Fermanı'nı incelemiştir. Bu 1940'da çıkan 100. yıl kitabında (*Tanzimat I*) görülür.[14] Hukuku kavramış bir hocamızın yaklaşımıdır ama çok yetersiz kalır. Dönemin vesikalarına inerek metin yazarının (Vâz'iul kanun)

14 *Tanzimat I*, Yüzüncü Yıldönümü Münasebetiyle, Maarif Matbaası, 1940.

ruhunu kavramadan yaratıcı olunmaz. Tarık Zafer Tunaya gibi isimler bu nedenle atmosferi sorgulamak için Osmanlı Arşivi'ne girdiler ve gene de Tanzimat Fermanı için en uygun yorumu idare tarihçisi Halil İnalcık Hoca yaptı.[15] Fakat bu hukuk tarihçisi geleneği hemen kırılmıştır, çünkü hukukçular bu geleneği devam ettirmemiştir. Bizim anayasamızı yapanlar İtalya'ya, Almanya'ya bakıyor, Batının iyi işleyen anayasalarını taklit ediyorlar. Temel yaklaşımları ise, faşizmi yok etmek... Gerçi bu gerekli bir eğilim, ama sihirli değnek değil.

Halk 82 Anayasası'na nasıl %92 oy veriyor?

Tabii anayasayı okuyarak vermiyor. Ortama bakıyor ve durumun daha fazla karışmaması için böyle bir karar alıyor. Çok sağduyulu; âlimane değil ama akilâne bir yaklaşım. Ben niye bu anayasayı reddettim? Okuduğum için ve dayanışma meclisinin niteliğini beğenmediğim için.

Referandumda bireylerin kontrol edilip korktuğu abartmasını yapmak doğru değil. Aslında Türk halkı anayasa içeriği ile fazla uğraşmaz. 1961'de olduğu gibi "boş ver canım" edasıyla bu anayasalar kabul edilir. Yalnız bu kadar zamandan sonra darbe komutanlarının yargılanması fikri bana gülünç geliyor. Yani bir toplumun her şeyi affedilebilir ama çocukluğunu affetmek mümkün değil. Dünkü alayişi bugün aksine çevirmek olgun toplumlara yakışmıyor.

1980'lerde yeni bir toplum tasavvuru ortaya çıkıyor ve bu tasarım Turgut Özal'ın şahsında simgeleşiyor. Bir tarihçi olarak sizin için Özal ne ifade ediyor?

Turgut Özal Teknik Üniversite geleneğinden gelen, fevkalade zeki bir mühendis. Parti içinde en önde gelen, en büyük kararları

15 Halil İnalcık, "Tanzimat'ın Uygulanması ve Sosyal Tepkiler", *BELLETEN*, Cilt 28, Sayı 112, 1964.

alan, dahi bir yönetici değil ama çoktan beri tartışılan, çoktan beri istenen liberal pazar politikalarını ve piyasa kurallarını uygulamaya koyan kişi. Döviz mevzuatını düzelten kişi ne Özal'ın bizzat kendisidir, ne de etrafındaki kişilerdir. Bunu yapan Hasan Celâl Güzel'dir. Çok çalışkan bir insandır. O ağır mevzuatı ayıklamayı başarmıştır. TOKİ, o zaman aslında Vahit Erdem ve Emine Bağlı Veysel etrafındaki beş kişiden müteşekkildi. Kimilerinin beğenmediği Mülkiyeliler ekseriyettedir. TOKİ Mülkiyeli ve Teknik Üniversiteli işbirliğine dayanır. Sanılanın aksine başarılı oldu ve dürüstçe çalışıldı. Fakat TOKİ'nin artık Türkiye şehirciliğine ters ve zararlı bir kurum haline geldiği açık.

Seçimler Turgut Özal'ı başbakanlığa taşıyor. Halk onu neden seçti, neden sevdi?

O dönemde iflas etmiş bir sistem var. Darbeyi yaşamış, siyasi partilerin çalışmadığı, bürokrasinin külliyen iflas ettiği bir ortam söz konusu. Kasabalarda huzurun kaçtığı bir ortamda bir darbe yapıldı ve askerî darbeler kaçınılmaz olarak kendi hatalarını da içlerinde barındırırlar. Sonunda seçime gidildi ve çok şaşırtıcı olmayan bir sonuç ortaya çıktı. Özal zaten Demirel'in en güvenilir adamıydı. Politikasını darbeci komutanlar devam ettirdi ve onu işbaşında tuttu. O işe de onu Demirel getirmişti ve 24 Ocak 1980 kararlarını uygulamaya koymaya onun başkanlığında başlandı. Halk da Özal'ı sevdi, çünkü Halk Partililerin aksine, milletin mülkünü iyi değerlendirdi. Maliyecilik kaynak yaratmaktan önce, kaynağı iyi kullanmaktır. Maliye bürokrasisi, içinde dahiler de, beceriksizler de barındıran çok önemli bir müessesedir. Özal buradaki beceriksiz adamlardan kurtuldu. Çünkü kendisi de bürokraside çalışmış biri olarak durumu biliyordu.

Fakat Cumhurbaşkanlığı adaylığı konusunda bir hata yapıldı. Maalesef Türkiye'yi başbakanın yönettiğini Türkiye'de pek çokları anlayamadı. Türkiye'nin tarihini, anayasal gelişimini bilmiyormuş gibi davranıyorlar. Belki gençlikte hayalini kurduklarındandır, Reisicumhurluk makamını mutlak olarak hedefliyorlar. Oysa bizim mevcut anayasal sistemimizde, Türkiye'yi yöneten kişi reisicumhur olamaz, geleneğimizde de her zaman devlet (sâhib-i devlet) yönetimi veziriazam'ın elindeydi.

Özal'ın İslâmcı cepheden geldiği pek doğru sayılmaz. Öte yandan, katiyyen Türkçü değildir. Fakat dünyaya açıldıktan sonra, zamana intibak edebilmek için Türkçü olmuştur. Turgut Bey'in dış politikasında çok başarılı bir yönü var. Türkiye'yi Asya'ya ve Balkanlara açtı, Türkiye'nin imajını değiştirdi. Fakat hayalperest bir yanı da vardı ve maalesef basından da kendisini kışkırtanlar oldu. Kürt meselesi konusundaki yaklaşımdan söz ediyorum. Federatif olmak ve Kuzey Irak'ın da bize bağlanması gibi projeler besledi. Avusturya-Macaristan benzeri bir modelin hayali kuruldu ama ne biz Avusturya'yız, ne de onlar Macar.

Adnan Kahveci çok kısa bir süre maliye bakanlığı yapsa da başarılı olmuştu. Kendisi nevi şahsına münhasır, mucit zekâsına sahip ve çok düzenli bir insandı. Devletin lojmanına bile oturmaz, kirada otururdu. Fakat maalesef Turgut Bey'in maliyeci seçimindeki yaklaşımı pek başarılı değildi.

Peki, Özal'ın ayırt edici özellikleri nelerdir?

Özal çok sevilen, ekip çalışmasını bilen bir insan. Fakat ne yazık ki onun zamanında Türkiye yatırımların daraldığı bir ülke haline geldi. Demirel sanayi yatırımlarını teşvik etmiştir ki bu çok önemli bir şeydir. Özal döneminden itibaren Türkiye para politikalarını takip etti; bu gereklidir. Fakat Türkiye yatırımların azaldığı bir ülke haline geldi. Temel sorun olan enerji noksanı ise çözülmedi. Türkiye'deki temel problemi çözecek büyük yatırımlar ve atılımlar yapılması gerekirdi. Adnan Menderes her şeye rağmen çölün ortasında baraj kurmuştu ve karayolu politikasına devam etmişti. Bugünkü gibi ekspres yol yapmaya benzemez.

Köylere elektrik götürme işini Demirel halletmişti. Ben 1960'larda Türkiye'yi gezmeye başladığımda, burası jeneratörler ülkesiydi. On sene içinde elektrik köylere kadar girdi. Fakat enerji konusu ve toprak mülkiyeti, hazine arazisi meselesi çözülemedi. Hâlâ Türkiye hazine arazileriyle, miri topraklarıyla boğuşan, bu yüzden de köyden şehre göçü yanlış yönlendiren bir ülke. İstanbul gibi bir yerde bile, hâlâ yağmalanan araziler var. İngiltere'deki insanlar köyden Londra, Manchester ya da Birmingham gibi endüstri şehirlerine gelip, birtakım arazilerin üstüne gecekondu mu kurdular? Avusturya İmparatorluğu'nda Viyana'da gecekondular mı türedi? Bizde insanlar devlet arazisini yağmalıyor. Böyle bir mülkiyet düzeni ve böyle bir şehirleşme olmaz. Peki niye çözülmüyor bu sorun? Çünkü arkasında rant kavgası var. Çünkü çok radikal davranmak lâzım. O radikalizm, o kuvvet, o direnç yok.

Özal, bir zengin sınıf yaratma peşindeydi. Özlediği, eksikliğini hissettiği burjuvaziye kavuşuyor mu?

Onun özlediği bir burjuvazi ortaya çıkmıyor, çünkü bu burjuvazi Amerikancadan başka bir şey bilmiyor. Çok basit bir tüketici. İnsanlar o beklenen metoda uymuyor. Şimdi ise yeni sınıf arasında ikinci evlilikler (kuma), belki de imparatorluk döneminden daha yaygın bir şekilde devam ediyor. Devamlılık henüz oturmadı; Koç ve Sabancı gibi aileler ancak üçüncü nesle yetişti. Bundan sonra ne olacağını göreceğiz. Bu 10-15 ailede ne kadar servet birikecek? Hintli zenginler şu anda çok daha ilerimizde. Endüstriyel zenginler olmamakla birlikte, Rusya'nın da zenginleri var.

1990'lı yıllarda hayatımıza yaygın olarak yolsuzluklar giriyor. Neden?

Yolsuzluk artan zenginlikle birlikte büyür. Pasta büyükse, ona talip olan da çok olur. Bu, her yerde kontrol edilir ve bu kontrol doğrudan doğruya halkın uyanıklığıyla ilgili bir şeydir.

Bizim milletimiz bununla ilgilenmiyor. Daha doğrusu, milletimizin çok tuhaf bir hırsızlık anlayışı var. Birisi birinin cebinden altın çalarsa o hırsızlıktır, kötüdür. Böylesini asmaya kalksan tasdik edilir. Ama ortada olan maldan hırsızlık yapana biraz söylenirler ve öyle kalır. Bu, bütün Akdeniz dünyasının, Rusya dâhil Avrasya denen bölgenin hastalığıdır. Fakat elbette kültürler de törpülenir. Biz henüz garip bir toplumuz. Kamu malını çalan kişi, sonradan hayrat yapar. Hayrat meselesi bu topraklarda çok yaygındır. Bir cemaat kurulduğunda, hemen parayı Amerika veriyor diye gürültü koparılıyor. Amerika niye para versin? Millet veriyor. Vergi kaçırdığından kazandığı da olsa veriyor. Çok ilginçtir; kamu malının çalınması umursanmaz, kamu harcamalarına itimat edilmez, fakat bazı grupların bazı işleri yapabileceğine inanılırsa derhal para bulunur.

Yolsuzluk yapanların, vatandaş olarak karakterleri oturmamıştı. Yani doğru dürüst bir devlet eğitiminden geçmemişlerdi. Bu çok önemlidir. Sultan VI. Mehmed Vahdeddin'in Türkiye'den ayrılırken nasıl titiz ve dürüst davrandığını düşünün. Diğer taraftan, denebilir ki merkez sağı çökerten yolsuzluklar Özal'ın dönemiyle başladı. Çünkü o dönemde müthiş bir kaynak kullanımı başlamıştı. Özal'da hem girişimci bir iş adamı zekâsı hem de mühendis zekâsı vardı ve bu şekilde Türkiye'yi değerlendirdi. Fakat yolsuzluklar bahsinde, bu olumlu gelişmelerin, niteliksiz insanların elinde farklı bir yol izlediğini görüyoruz.

Belediyeler için de yolsuzluk iddiaları var.

Bu, 1983'ten sonra ortaya çıktı, çünkü belediyelerin varidatı arttı. Ondan evvel belediye varidatı yoktu ve belediyeler müteahhit parası ödemedikleri için de mal varlıklarını gizli tutarlardı. Mesela İstanbul Belediyesi mal varlığını bilmezdi. Ahmet İsvan bunları tespit etmişti. Biz Mülkiye'de okurken bu konular üzerinde durulmazdı. Kanun ve yönetmeliklerle ilgilenirlerdi. Hâlbuki bir idarecinin bilmesi gereken budur. Dünyanın bu tarafında, Ortadoğu'da, Akdeniz'de muhteşem şehirler, muhteşem medeniyet eserleri yapılmıştır. Ama bu coğrafyadaki belediyeler batıdakilere nazaran niye zayıftır? Batıdaki belediyeler doğal olarak gelişen köy gibidir aslında. Ama orada kamu malı az veya insanların cebinden çıkar ve insanlar verdikleri paranın nasıl kullanıldığını görürler.

"Batı Avrupa demokrasisi ve burjuvazisi bile belediyelerden çıkmıştır" diye bir sözünüz var.

Evet. Mesela Viyana belediye reisleri birkaç sefer reisicumhur oldu. Fakat ilginçtir, en büyük belediyelerde bile gözler hep maliyededir. Bizde Turgut Özal bir kanun değişikliğiyle belediyelerin varidatını artırdı. Özal'ın en büyük özelliği, acımasızca ve tereddütsüzce kanun ve yönetmelik değiştirmekti. Onları da kendisi yapmıyor, Hasan Celal Güzel gibi Mülkiyelilere yaptırıyordu. Hasan Celal Güzel birinci sınıf bir devlet sekreteridir. Çok okur, süratle tetkik eder ve müthiş hızlı anlar. Zaten öyle çalışmazsa paslanır. Bu gibi insanlar filin yemek yemesi gibi çalışırlar. Bu, Türklere ve Ruslara has bir devlet adamı tipidir. Etraftaki yolsuzlar ve alt bürokrasideki işe yaramazlarla boğuşarak kendi başına harikalar yaratır.

Fakat ben Turgut Özal'ın birtakım yerlere çok doğru insanları bulmakla birlikte, bu insanları sonuna kadar kullanabildiğine kani değilim. Hatta yanlış seçimler de yapmıştır ve ANAP'ın felaketi de o olmuştur. ANAP bir birikimi kullanmıştır. Başlangıçta bu iyi kullanılmış, sonunda tükenmiştir. Yatırımın olmadığı bir yerde, üretimin gerçek anlamda artmadığı bir yerde eskiyi kullanabilmek, kanalize etmek de bir nevi istihsaldir. Yani iktisadın bugünkü tarifinde fizyokratlardan farklıyız; artık tek gerçek üretim toprakta olur demiyoruz. Üretim ulaştırma ile de, depolamayla da, kullanmayla da olur. Çek kullanıldığı zaman, mevcut para ve altın üzerinde çoğaltan etkisi yaratıyor. Bir şey kullanırken idare edebilmek, bir vizyon yaratabilmek üretimdir. Bana kalırsa, Özal'ın döneminde bu Türkiye'de iyi yapıldı. Mevcut stoklar, rezervler, donanımlar fevkalade esaslı bir şekilde iktisadi atılımda kullanıldı. Belki Demirel bunu yapamadı ama o Türkiye'nin en önemli şeyini tamamladı: üretim için gereken alt yapıyı, yani elektrifikasyon ve yol sorununu tamamladı. Özal ise o kaynakları iyi kullanmayı bildi. Bu bir çoğaltan etkisi olduğu için, zaten fazla uzun süremezdi. Çünkü Türkiye gibi bir toplum, yatırım yapmadan, üretim kapasitesini gerçek anlamda artırmadan devam edemez. Hiçbir cemiyet devam edemez. Türkiye ilk anda enerji kaynaklarını barajcılıkla buldu ama artık yeni enerji kaynakları bulmamız gerek.

Ve derken 2000'li yıllara geliyoruz. Millî Görüş içinden "Yenilikçiler" olarak ortaya çıkan ve sonra AKP'yi kuran hareket nasıl şekillendi?

Öncelikle "Millî Görüş gömleğini çıkardık," dediler. Aslında bu insanların kökeni Millî Türk Talebe Birliği'dir ama Türk particilerinin umumi hastalığıdır, gençlere fırsat vermediler. Türkiye'de eski grubu "makosenliler" diye ifade ettiler ki makosen, hareket kabiliyeti azalan yaştaki adamları ifade eden bir deyiş. İşte bu makosenliler gençlere fırsat vermezler. Bu, çok tuhaf bir şekilde çok-partili döneme de sirayet etmiştir. Tek-parti rejiminde bu anlaşılabilir ama çok-partili rejimlerde bunun olması kabul edilemez. Bizde Avrupa'daki partilerin kadro yenilemesi, dinamik gençlik unsuru maalesef yoktu. Hatta bu, kanunlarla yasaklandı ve gençlik teşkilatları kaldırılmaya çalışıldı. Bu tabii ki çok hatalı bir tedbirdi.

Sonuç olarak, yeni hareket Millî Görüş'ten ayrılırken, büyüklerinin yaptıkları hatayı, eksik bıraktıkları noktaları görmüş olabilir. Bu nedenle, ilk önce siyasete uluslararası sahnede başladılar. Amerika'ya ve Avrupa'ya gittiler. Zaten hemen hemen bütün Türkler Amerika'ya bayılırlar. Amerika, yaşam biçimi, kültür kalıpları itibariyle Türkiye'deki orta sınıfların dünyasıyla fevkalâde uyumlu, onlara tesir eden bir memlekettir. Türkiye'deki orta sınıfların Amerika'da, batı müziğini, Rönesans'ı, batı felsefesini arama ihtiyaçları yok, çünkü Amerikalılar kendileri de bilmiyorlar. Lakin bilmediğimiz şu; ABD dünya medeni mirasını elit tabaka için örgütleyip muhafaza eder. Biz de o endişe yok. Öte yandan, Amerika'nın lüksüne, kolay tüketimine de hayran oluyorlar ve o hayat tarzıyla bütünleşiyorlar.

"Yenilikçiler" daha başlangıçta, Amerika'yla, Avrupa ülkeleriyle iyi bir ilişki geliştirdiler. Nasıl mümkün olabildi?

Bu daha ileri safhalarda ortaya çıktı. Ama bu tür görüşmeleri komplo teorileriyle değerlendirmemek gerekir. Amerika herkesi tanımak ister. Recep Tayyip Erdoğan bir yana, bazı yazarları bile çağırır, tanımak isterler. Bu çok ilginçtir. Herkesi bir şekilde tanımaya, dosyalamaya çalışırlar. Şunu da söylemek gerekir ki bu işi onlardan daha iyi yapanlar da var. Yalnız dediğim gibi bu tip komplo teorilerini abartmayalım. 2000'li yıllarda Türk sağ politikacıları arasında başbakan olma niteliğine sahip, Recep Tayyip Erdoğan'dan başka bir kişi yoktu. Erdoğan hâlâ partisindeki en iyi hatip, insanları en iyi tanıyan kişi. Belki tek zayıf noktası, zor ikna olması. Ama belki de o mekanizmada ikna olmasına da gerek yoktur. Türk siyasi hayatında lider ne derse o olur. Bu, diğer partiler için de geçerli. Bu sorun çözülse, çok farklı bir noktaya gelebiliriz.

Bu insanlar muhafazakârlar ama paradoksal bir şekilde Avrupa Birliği yanlısı olarak ortaya çıktılar. Galiba kendi isteklerini bu şartlarda daha kolay gerçekleştireceklerini düşünerek böyle bir yola girdiler. Fakat Avrupa Birliği artık yapısal bakımdan kendini yenilemesi, değiştirmesi gereken bir siyasi ve ekonomik birlik halinde. Bu siyasi birliğin içinde uyuşmaların yanı sıra, uyuşmazlıklar da var. Ben en problemli ülke olarak Romanya'yı görüyordum ama oradaki sorun çözüldü. Erdel'de Alman-Macar-Romen unsur fevkalade iyi devam ediyor. Ama mesela ekonomik bakımdan aynı şey söz konusu değil. Şimdi orada yapısal bir değişim olacak. Bugünkü Avrupa Birliği'ne girmek Türkiye için bir kazanç değil, bunu hep söyledik. Hiçbir zaman Avrupa Birliği'yle kültürümüz uyuşmaz gibi bir şey demiyorum; bu bir itiraz noktası olamaz. Ama yapısal olarak, ekonomik bakımdan uyuşamayız. Birincisi, insan unsuru bakımından uyuşmuyoruz. Etnik sorunları çözdüğü takdirde, Türkiye'nin demografik yapısı fevkalade sağlıklıdır. Geleceği de parlaktır, çünkü rezervleri vardır.

Sözün burasında Avrupa Birliği'ne ve genel anlamda Batı ile ilişkilerimize değinelim. Bir teziniz var, "Her kültür ve medeniyet gibi Batı dünyası da duraklayacak ve gerileyecektir." Medeniyetin yönü nereye çevrilecek?

Tabii gerileyecek, Avrupa da geriler elbette. Fransa başladı. 20. asır başındaki Fransa'yı artık bulamazsınız. 100 sene evvel Fransa hâlâ dünyaya ışık tutan, Nobeller alan, tıbta öncü olan bir ülkeydi. Rakipleri gene Avrupa'nın içindeydi ama bugün öyle bir durum söz konusu değil. Fransa kimsenin ciddi rakibi değil. İngiltere eski mirasını götüren bir ülke... Fransa'nın sözü geçmez; meselâ Washington'daki Fransız büyükelçisinin konumu Türk büyükelçisinden daha iyi değildir. Britanya; Rusya, Çin kadar itibar edilmeyen bir temsilcidir.

Özellikle ekonomik kriz sonrasında Avrupa Birliği'nin geleceği çok da parlak görünmüyor. Küresel siyaset de üretemiyorlar.

Avrupa, nüfusu yaşlı ve az, reprodüksiyonunu yapamayan, yani nüfusunu yeniden üretemeyen, eğitemeyen bir toplumdur. Onun için üretim ve tüketim uçurumları başlamıştır ve daha da artacaktır. Bunları lütfen hesaba katın. İnsanlığın nihai hedefi diyerek, yanlış bir Hegelyen yorumla Avrupa'yı değerlendirmeyin. Şu ana kadar öyle yapılmış. İnsanların kafasına bunun nihai hedef olduğu, insanlığın gelişiminin en yüksek noktası olduğu yerleştirilmiş. Öyle bir şey yok. Beşeriyet istikbalde daha mı iyiye gidecek, daha mı kötüye gidecek, onu düşünen yok.

Amerika için de "Duraklama dönemine girdi," deniliyor. Hatta Osmanlı'nın son dönemiyle karşılaştırılıyor.

Amerika için de aynı şey geçerli. Bugünkü Amerika, Avrupa ile mukayese edilmeyecek kadar üretken, dinamik, örgütlenme kapasitesi yüksek bir ülke. Ama yarın ne olur bilmek mümkün değildir. ABD-Osmanlı mukayeseleri ise doğru yöntemli, zengin muhtevalı ifadeler değildir.

Avrupa ile müzakereler ağır aksak da olsa devam ediyor. Ne öngörüyorsunuz ilerisi için?

Fazla abartıyoruz. Herkesle birleşilebilir, herkesle ittifaka girilebilir ama abartmak yanlış. AB meselesi lüzumu itibariyle Türkiye ortamında fazlasıyla abartılmış bir konudur.

AKP'ye dönelim. Nasıl oldu da kuruluşundan kısa zaman sonra iktidara gelebildi?

Halk Partisi kurucu bir partidir, devlet partisidir, fakat kendini zamana ve zemine uyduramamış. Denemeleri oldu, ilk önce ortanın solu çıktı. Bu bir dönem için başarılı bir çıkıştı ama yolundan saptı, çünkü esasları iyi tespit edilemedi. Edilemez de, sanayi sınıfına, işçilere hesap vermeyen bir parti nasıl sosyal demokrat olacak? Partililerin işçi sınıfıyla ne organik bağı var, ne de hesap veriyor. CHP, 1970'lerden sonra kerameti kendinden menkul birtakım solcu milletvekilleri ile ilerlemeye çalışıyor. Onun için de bu parti ileri gidemiyor ya da bölünüyor. Diğer yandan, işçi sınıfının, sendikanın mı sorununu ele alacak, etnik sorunu mu, yoksa mezhep sorununu mu vurgulayacak? Bu sorunların hiçbiri küçümsenemez. Ama bir parti bunların hepsine sahip çıkarken ya öncelik sırasına koymalı ya da bir armoni sağlamalıdır. Bütün problemleri içeren, hepsini çözmeye yönelik program nasıl olacak? CHP bunu yapamadı. MHP ise hiçbir şekilde üniversal bir parti değil. Zannediliyor ki milliyetçilik kasaba işidir. Türkiye gibi bir yerde kasabanın görgüsü, dünya bakışı ve düşüncesiyle ulusçu bir parti sürdürülemez.

AKP ise halka hitap ediyor. İktisadi bakımdan bir birikimi kullandılar. Kendilerinden evvel başlamış bazı şeyleri, mesela özelleştirmeleri sürdürdüler. O kaynak bittikten sonra, sağlık hizmetine geçtiler. Daha öncekilerin hiçbirisi bunu yapmamıştı. Mesela Özal da dövizi yoluna koymuştu. Şurası bir gerçek; devlet hastanesine gittiğiniz zaman yapılan iş görülüyor. Bu devam eder mi bilinmez ama her halükârda oy toplar. Şimdi İstanbul'da ulaşımla ilgili yatırımlar yapılıyor. Sao Paulo'da, New Mexico'da, Kahire'de böyle yatırımlar yok. Demek ki AKP birtakım birikimleri iyi kullanıyor. Bu partinin bir diğer özelliği üyelerini kullanması. Türkiye'de AKP dışında kadın üyeleri etkin olarak siyasete sokan parti yoktur. Ama hâlâ başörtü sorununu çözememesi o kadroları rahatsız ediyor.

AKP zaman zaman Türkiye'yi yeniden kuruyoruz iddiasını dile getiriyor. Fakat Türkiye onlardan çok daha önce her bakımdan kurulmuştu. Yapılan iyi şeyler takdirle karşılanmalıdır ama geçmişimizden miras aldığımız şeyleri de inkâr edemeyiz. Onlardan önceki bir yönetici altyapıyı geliştirmiş, bir diğeri asayişi sağlamış, bir diğeri yollar, barajlar yapmıştır.

Demiryolları meselesine bakacak olsak, şunu teslim etmemiz gerekir: Bugünkü Türkiye 30'ların Türkiye'sinin her bakımdan yüzlerce misli büyüklükte. Nüfusu, ekonomisi, bilgi birikimi itibariyle bu dönemde çok daha büyük hamleler yapılması beklenir. Bunları yapmadan, 30'ları yargılayamayız. Mühim olan husus, kaynağın kullanılmasıdır. Bu bakımdan Ali Babacan önemli bir isim. Eğer hazinesine sahip çıkan, kaynakları yaratmak ve düzenlemekle meşgul olan bir kişiye görev verilirse, bu o hükümetin müsbet hanesine yazılır.

Halkın koalisyon istememesi de bir etken olabilir mi?

Hiç kimse koalisyon istemez. Avrupa'da da böyledir. Hiçbir memlekette koalisyon hükümetleri ideal değildir. Bizde de değildir. Biz 1961'den sonra koalisyonlara alıştık.

Recep Tayyip Erdoğan nasıl bir siyasetçi, nasıl bir lider profilidir?

Recep Tayyip Erdoğan İstanbul'un fakir mahallesinde yetişip yükselen genç tipidir. Kasımpaşa gibi çeşitli sınıfların, farklı unsurların, orta hallinin, fakirin, Yahudi'nin, Müslüman'ın, Karadenizlinin, İstanbullunun bir araya geldiği bir yerde yetişmiştir. Lider politikacıların içinde çok önemli bir yanı vardır. Bence, Türkçe bilmesi bakımından Ecevit-Demirel kategorisindedir. Hitabet dili için kendisini iyi yetiştirmiş, şiir okumuş. Türkçesi çok düzgün. Bu çok önemli. İnsanlarla müthiş bir diyalog kurdu ki bu Türkiye'de az bulunan siyasi karakterdir. Çünkü bizim siyasiler hepsi gökten zembille indirilmişlerdir. Erdoğan ise çocukluktan beri Millî Nizam Partisi çevrelerinde yetişmiş. Gençlik Kolu Başkanı, il başkanı, belediye başkanı olmuş ve buraya kadar gelmiş. Mehmed Zahid Kotku'ya, yani Nakşîbendi tarikatı çevrelerine bir ölçüde intisab etmiş. Onun için cemaatlerle sıcak ilişkileri olduğu da pek söylenemiyor. Her zaman için görünüşüne dikkat etmiş bir kişi. Etrafındaki insanlar da öyledir. Diğer taraftan, kendisinde vefa unsuru var ki politikacıda bu özellik çok önemlidir. Bir yandan da çatışmacı bir kişiliği var. Bu olumsuz da olabilir, olumlu da. Bu, bazı insanların hoşuna gider, bazıları ise, kendi partilisi dâhil çok ürker bundan.

Erdoğan'ın gücü ve karizması nereden kaynaklanıyor?

En önemli vasfı, partisine sahip olmasıdır. İnsanlar partide ona karşı çıkamazlar. Bu nitelik, daha önce hiçbir liderde olmadığı kadar böyledir. Bu otorite nasıl kuruluyor bilmiyorum ama o partiye hâkim. Üstelik bu parti hacimce çok büyük bir parti. Böylelerine hâkim olmak çok zordur. Diğer liderler bu ölçüde başaramamışlardır. Ayrıca hem kendisi hem de partisi çok çalışkan; mahalle düzeyine kadar çok çalışıyorlar. Bu çalışkanlık onlara imkân hazırlıyor.

Abdullah Gül, Recep Tayyip Erdoğan'a göre farklı bir tarza sahip. Gül'ü nasıl yorumlarsınız?

Gül çatışma yönünü, tansiyonunu gösteren biri değil. Onun meziyeti de bu. Abdullah Bey açılıma müsait, konuşması ve üslup yapısı fevkalâde geniş bir siyasetçi. Samimi ve konsensusa açık bir üslubu var ve dünyayı yakından tanıyor. Öte yandan çok diri bir yönetici. Cumhurbaşkanlığı için ideal bir emsal teşkil ediyor. Başbakanlığı sırasında da sorunsuz bir dönem yaşandı. Bu kabiliyetleriyle dikkate değer bir simadır.

Kürt sorunu ve teröre rağmen milliyetçi partiler yükseliş sağlayamıyor. Siyaset sosyolojisi açısından tuhaf değil mi?

Maalesef onlar kasabadan kurtulup dünyaya açılamadılar. Milliyetçiliğin kasabalı değerlerinden, büyüklerin öğrettikleri kurallardan dışarı çıkmamak olduğu düşünülüyor. Bu çok yanlış bir yaklaşım. Milliyetçiler başka milliyetçilikleri de tanımalı ve hissetmeli. Bugün bile Ruslar İkinci Cihan Harbi'nin askerî marşlarını keyifle dinliyor. Komünist oldukları için değil, mukaddes Rusya'yı savunan insanları dinliyorlar. Ama aynı zamanda Alman, Fransız milliyetçiliğini de tanıyor, okuyorlar. II. Meşrutiyet zamanında, Jön Türkler Fransızlara özenir, Almanları takdir ederlerdi; vakıa bunun arkası kesildi. Ama bu gülünç durumdan bir uçtan öbür uca çekildi Türk milliyetçi akımı. Kasabalı olduk. Kasabalı insanın dünyayı tanıması, dünya görüşü kazanması mümkün değildir. Cihanşumul bakış kazanamayan kişi ise milliyetçi olamaz. Kasabalı değerleriyle milliyetçi bir parti kuramazsınız. Sonuç olarak, bu tür bir milliyetçilik şehre, şehir toplumuna hitap edemiyor. Şehrin başka problemleri var. Asayiş, istihdam, altyapı, ekonomi, ulaşım gibi problemler yanında kültürel ve kentsel yabancılaşma gibi sorunlar var.

Gelelim eğitime. Bizi geleceğe taşıyacak yegâne kaynağımız. Cumhuriyet döneminde nasıl bir seyir izledik?

Yakın gelecekte Türkiye nüfusunun en kalabalık kesimi bebek ve okul çocukları değil, orta öğretim ve yükseköğrenim gençliği olacak. Artık doğum oranı düşüyor. Bu noktada üçüncü dünya denen problemli ülkelerin dışındayız. Ama genç nüfusumuz dolayısıyla da Avrupa'dan, özellikle AB'ye yeni giren Doğu Avrupa ülkelerinden çok farklı bir yerdeyiz. Bu asrın ortalarında dinamik nüfuslu bir ülke olarak ihtiyar Avrupa'nın gıpta edeceği konuma geçiyoruz. Pek telaffuz etmiyoruz ama avantajlı bir durumdayız: Nüfus zenginliktir, en önemli üretim aracıdır ve bu asli zenginliğe sahibiz. Oysa biz bunu bir sorun olarak görüyoruz.

Her sene 2 milyona yakın gencimiz üniversite giriş sınavları denen cendereye sokuluyor. Maalesef büyük çoğunluğu üniversiteye kabul edilemiyor, edilenlerin de önemli bölümü istemediği yerde ömür törpülüyor. Bu işin tatsız yönü. Gençliğin azınlığı ise Avrupa gençliğinden daha farklı, küçük sınıflı, bol imkânlı birkaç üniversitede okuyacak. Şu kadarını söyleyelim: Bu gruba girenler, paralarından çok yetenekleri olan gençlerdir. Tanzimat'tan beri Türkiye eğitiminde yetenekli gencin elinden hep tutulmuştur. Tahsil görecekleri birkaç üniversitemiz, ister devlet ister vakıf üniversitesi olsun, Avrupa kıtasının ötesinde ABD ve İngiltere, doğuda İsrail ve Japonya'daki üniversiteler ile kıyaslanacak durumdadır. Diğer üniversiteler ile aradaki uçurum kaçınılmaz. Bunu silmek mümkün değil, düzeltme yoluna gitmeliyiz. Yeni üniversite yasası etrafındaki kavgalar seçkin eğitimin korunması, mevcutların bir parça düzenlenmesi ile ilgili değil. Türkiye'yi yönetenler, hatta birçok üniversite öğretim üyesi üniversitenin ne olduğunu pek anlamış değil; ama şükür anlayanlar var ve bu az sayıdaki insanın etkili oldukları ve bizzat gerçekleştirdikleri eserler de var.

Avrupa'nın üniversiteleri neredeyse bizdeki ekseri yüksek eğitim kurumlarıyla paralel giden bir yapıda; kalabalık öğrenci, az sayıda öğretim üyesi ve laboratuarsız, kütüphanesiz, sağlıksız yemekhaneli görünümleriyle yaşama savaşı veriyor.

Birinci görünümle tam bir tezat teşkil eden ikinci bir sorunumuz var: Üniversitelerimiz birkaçı hariç üstün yetenekli gençlerini değerlendiremiyor. Hatta bu gibi kurumların doğmakta olan ananesini yıkmışlar. En hazin örneği Dil ve Tarih-Coğrafya Fakültesi'dir. Tıb fakülteleri, mühendislik fakülteleri bilhassa 1980'den sonra aralarında hiçbir hiyerarşi olmadan kalabalık sayıda öğrenci alıyor ve bunlar maalesef kıt kaynaklı eğitimle bilimden soğutuluyor. İyi bir eğitim ağı, iyi öğrencileri, yani geleceğin bilim adamlarını kayırır, yaşama ve çalışma şartlarını en mükemmeliyle hazırlar. Ona dünyayı kavraması için sınırsız seçenek sunar. Bu imkânları her öğrenciye sağlayamayız ama hak edene sağlamak zorundayız. Türkiye üniversitelerinin sosyal bilimler alanında başarı sağlaması zor; zira buna yönelik lise eğitimi yok. Küçük yaştan itibaren diller eğitimini alamayan bir gençlik üniversitede iyi bir tarih, filoloji, hukuk, hatta ilahiyat eğitimi alamaz. Ne şiş yansın ne kebap oportünizmi ile sekiz yıllık eğitime geçen millî eğitimimiz imam-hatipleri kaldırma programıyla konservatuar, sanayi, hatta yabancı okulların yabancı dil eğitimini de baltalamıştır. Hazırlıksız ve samimiyetsiz bir düşünceden tutarlı bir eylem bekleyemeyiz.

Önemli bir sorun, üniversite öğrencisinin geleceğin aydını olarak düşünülmemesidir. Küçük vilayetlerin küçük merkezleri, hatta kasabaları üniversite istiyor. Bunun ilim irfan aşkından çok alışveriş ve kira gelirlerini artırmak için istendiği açıktır. Yurttaşlarımız birtakım çokbilmişler tarafından "Çocuğunuz sizin yanınızda okuyup büyük şehirde heder olmayacak," vaadiyle sürükleniyor. Oysa sayılar ortada: Taşralı çocuk baba ocağında okumayı pek sevmiyor. Büyük şehri kazanan hemen gidiyor. Aydın sınıfımızın üyeleri büyük şehirdeki üniversitelerde yetişmelidir. Bu doğal ve sağlıklı bir gelişmedir.

Şu anda bize Avrupa eğitimine göre üstünlük veren ve dış dünyayla yarışmamızı sağlayan genç teknisyenler ordusu az öğrencili bol imkânlı üniversitelerimizde yetişmiştir. Bunların dördü devletin, bir veya ikisi vakıfların kurduğu üniversitelerdir. Bu kurumlar eşitsizliği temsil etmiyor, çünkü yetenekli ve zeki çocuk nadir yetişiyor ve dikkatle eğitilmesi gerekiyor.

DIŞ POLİTİKA

Biraz dış politika konuşalım. Komşularımız kaotik bir durumda. Bu bizi de etkiliyor. Kimisi iç savaş yaşıyor. Suriye, İran, Irak...

Irak denen coğrafi bölge, bugünkü Irak'ın küçük bir parçası. Tarihte Irak diye tek başına ve bağımsız bir ülke ve devlet yok. Koca Osmanlı, Doğu (Maşrık) Arabistan'ında üç günde çökünce Birinci Cihan Harbi sonunda İngilizlerin cetvelle çizip tespit ettiği yerlerden biri Irak, biri de Ürdün'dür; Körfez civarı ve Suudi Arabistan da böyledir. Bugünkü Suriye de tarihteki Suriye değil. Haleb vilayeti gibi fazlalıkları var. Lübnan içinde değil. Kim kimden Hatay'ı ister veya Haleb'i istemesi gerekir belli değil.

Nihayet Suriye'nin genç yönetimi aklıselime ulaştı. Bölgedeki bazı çöküntüleri önlemek için birlikte hareket etmenin ve anlamsız talep ve iddialardan vazgeçmenin daha makul olduğunu anladı. Son ziyaretler bu bakımdan ümit vericiydi derken, Arap Baharı'nın yansımasıyla bölgede isyan başladı. Esad hanedanından en çok canı yanan Sünniler, İhvan-ı Müslimin esasını teşkil ediyordu. Cezalandırılmaları da ağır oldu. Nusayriye (Alevi) takımı ise can havliyle Beşşar Esad rejimini destekliyor. Hıristiyanlar da onlarla birlik oluyor. Dürzîler bir kenarda duruyor. Zaten kavgaya karışırlarsa iyi savaşçı olduklarından ortalık toz duman olur. Dürzîler malum; İsrail'de ama ağırlıklı olarak Cebel-i Lübnan (buraya Cebel-i Durûz da denirdi) ve Suriye'de yaşarlar. Arapça konuşmanın ötesinde Arap kavmiyle gündelik ilişkileri bile çok kopuktur. Üç devletin yurttaşı olmalarına rağmen aralarında çok sıkı iktisadi, kültürel ilişkiler vardır ve "ukkal" dediğimiz ki aralarında kadın üyeler de bulunur, yüksek din adamları zirvesi bu milletin ilişkilerini ve toplumsal düzeni sağlar. Lider (yani Canbolat) Lübnan'da ama bunların başında mutlak diktatör değil, "ukkal" zümresine bazı konularda itaat etmek zorunda ve Dürzîlerin diğer Ortadoğu kavimlerine göre bir üstünlüğü budur. Peki Türkmenlerin durumu ne olacak; güya bizim himayemizdeler. Ulusal bir azınlık olan Kürtler Beşşar Esad'ı destekliyor ve federasyon istiyorlar. Nusayriler ise ayrı devlet istiyor ve bazı aşırı gruplar onlara Samandağı'ndan bile destek veriyor. Suriye Arapça konuşan insanların birbirini din değeri üzerinden boğazladığı bir yer oldu. Türkiye bilgisizce giriştiği ittifaklar dolayısıyla zor durumda. Bir de basında bazı gülünç kalemler var; "Karışmayalım," diyorlar. Sen karışmazsan, onlar karışırlar. Onların karışmasına karşı etkin ama kavgadan uzak tedbirler almak zorundasın.

Irak tarihte olmayan bir siyasi birlik ve onun için birlik değil... Barzani ve Talabani'nin etrafındaki Kürt grupların birbirleriyle çatışması şimdilik sadece tatil edilmişe benziyor. Daha geçen seferki Amerikan müdahalesi esnasında aralarında bir uzlaşma olabilseydi, o zamanki başkan Bush bu bölgeye bağımsızlık verecekti. Ama kan banyosundan çekindi. Onun yerine, Bağdat'ın kontrolünden çıkan bu bölgeyi kendi haline bıraktı. Derhal dünyanın her yerinden fakat özellikle Batı Avrupa, Kuzeybatı Avrupa ve ABD'den iyi niyetli, kötü niyetli; karıştırıcı, toplayıcı, ne kadar sivil (!) olduğu belirsiz bir alay yarı askerî örgüt oraya doluştu. Bazılarının zannettiği gibi kuzeye sadece Türkiye değil, şöyle veya böyle herkes müdahale ediyordu; edemeyen sadece Saddam'ın kendisiydi. Burası önemli; Saddam'ın baskısı bitmişti; bu nedenle o bölgede artık hiçbir Arap liderin hâkimiyeti kurulamaz. Her etnik grubun üzerinde birleşeceği tek direnişçi asgari müşterek budur.

Bugün ortada tarihi, coğrafi kimliği belirsiz bir ülke var; bu ülkede her din ve mezhepten, hatta tarihte kaybolan inançlardan zümreler var. Mesela Hz. İbrahim'e bağlı olan Sabiiler böyle bir zümre. Sayıları az ve Arapça konuşuyorlar ama ibadet dilleri Aramca. Onu bile kendilerine özgü bir alfabe ile yazıyorlar. Batılılar bunlara "Mandaen" diyor.

Bölgede Hıristiyanlık hemen her mezhebi ile temsil ediliyor, Müslümanlık da öyle. Türkler, Kürtler, Araplar, çok azalan sayıda Yahudiler var ve şimdi petrol bölgesinde Irak'ın iki temel azınlık grubu karşı karşıya gelmiş vaziyette. Çatışma patlarsa ucu nereye uzanır belli değil. Herhalde en geçersiz politika "bize ne"ciliktir. Çünkü böyle bir lüksümüz maalesef yok; yukarıda da belirttiğimiz üzere biz karışmasak da birileri bize karışacak gibi.

Böyle bir Ortadoğu içinde Türkiye ne yapmalı?

Bölgedeki Türk yükümlülüğü bizi bataktan koruyacak düstur olmalıdır. İmparatorluğumuz tarihe karıştı ama onun kalıntısı olan Türkmenleri göz ardı edemiyoruz. Çatışmayı barışsever girişimlerimizle yatıştıramazsak, hiçbir şeye karışmamanın da her şeye karışmak kadar tatsız sonuçlar doğurmasından korkulur.

Arap dünyasını tanımıyoruz. Daha dün terk ettiğimiz bir sahayı, bir kavmi ve bölgenin dillerini bilmemek, uzmanlara sahip olmamak, olanlar da bu dünyadan gittikçe yerine yenisini yetiştirememek bizim ayıbımız. Batı dillerinde çifter çifter tercümesi olan, ortaçağlarda kaleme alınan her kavimden Müslümanın Arapça ve Araplar hakkındaki eserlerinin çoğunu Türkçeden izlemek mümkün değil. Modern Arap tetkiklerinin zaten dışında kalmışız, yön veremiyoruz, hatta izleyemiyoruz. Arapça, Diyânet'te çalışanlara bırakılmış, bilgisizlikle övünüyoruz. Petrolümüzü temin ettiğimiz bu bölge hakkında bilgisizliğimiz sürüyor. Politikasının karmaşıklığından korktuğumuz Arap milletlerinden uzak durmayı marifet addediyoruz. Oysa Araplara belki çok karışmadan onlarla birlikte olmayı bilmeliyiz; bunu yapmak zorundayız çünkü bu dünya ile iç içeyiz... Oradan üzerimize ateş de gelebilir, barış rüzgârlarının serinliği de. Marifet bilgili ve becerikli olmaktır. Ortadoğu dünyası romantizmle veya buluğ çağı bebesinin kinciliğiyle yanaşılacak bir saha değil. Çünkü bilsek de bilmesek de; istesek de istemesek de Ortadoğu'dayız.

Ortadoğu'da son 100-150 yıldır önemli değişiklikler yaşanıyor. Batının sanayi devrimiyle birlikte ortaya çıkan gelişmeler ışığında belki de dünya sahnesine armağan ettiği; Doğu-Batı, İslâm-Hıristiyan çatışmasının, kültür çatışmasının temellerinin atıldığı bir coğrafya. Ortadoğu nedir İlber Ortaylı'nın gözünde?

Ortadoğu, maalesef haritası yanlış çizilmiş bir coğrafyadır. Bir imparatorluğun temel, ana noktası iken ortada kalmış. Ortadoğu'da Batı'nın paylaşım planlarının geçerliliği kalmadı. Bu bölüşmenin hiçbir anlamı kalmadı. Suni bir coğrafya ortaya çıktı. Renkli etnik gruplar, bu etnik gruplar da külliyen dinî ve ırki. Kürtlerle Araplar var -ki Kürtler çok kalabalık- ve Irak'ta ne ararsan var. Hz. İbrahim'in taraftarları var, Hanifleri belirttim. Şiiler var, Türkler var, her çeşit Doğulu Hıristiyan mezheplerden cemaatler var (İng. Mandaeism). Bunların paylaştırılması mümkün olmayacağı için hepsi Irak'a doldurulmuş. Haritayı çizen Gertrude Bell ortada bulduğunu âdeta torbaya tıkıştırmış.[16] Or-

16 Gertrude Bell (1868–1926) Durham kentinin yönetimine de katılan sanayici bir ailenin kızı. Arabistanlı Lawrence ile birlikte Britanya İmparatorluğu'na Ortadoğu'da önemli hizmetlerde bulunan casus. Tıpkı Lawrence gibi iyi bir tahsil gördü. Ortadoğu ve hatta Türkiye'nin arkeolojisi üzerinde önemli gözlem ve yayınlar yaptı. Kendi parasıyla çölde kervanla yaptığı tetkikler dolayısıyla Arapların saygısını kazanmıştır. "Çölün kızı" denirdi. Tıpkı Lawrence gibi Araplara karşı büyük bir tutkusu vardır. Onları Türklere karşı kışkırttı. Savaştan sonra Irak'ın coğrafya ve yönetiminin düzenlenmesine önemli ölçüde katıldı.

tadoğu'nun siyasal ve coğrafi yapısı çok aceleye gelmiş bir kurgu. Bugün Irak, kaynayan kazan.

Bu kadar birbirinden farklı din, mezhep ve farklı ırk grupları küçük Irak'ta nasıl bir arada tutulur? Çok önemli bir Türk azınlık var, belirli bir coğrafyada çok önemli bir Kürt grup var. Ve tabii Yahudiler. Irak'ta Yahudilik çok önemli bir unsurdur. Güneye gidiyorsun; Arap ama Şii. Ta Hz. Ali devrinden beri öbürleriyle kavga halindeler ve Sünniler… Kültür olarak bunların farklılığı çok açık. Şiiler Iraklı ama tamamen İran ile temas halinde. Bir nevi İranlılaşmış bir kültür görünüyor orada. Burayı Osmanlı üç eyaletle idare ediyordu. Hatta üç buçuk; Basra, Bağdat, Musul eyaletleri ve merkeze bağlı Şehr-i Zor sancağı.

Çok huzursuzluk ortaya çıktı. Bir kere böyle bir memlekette parlamenter demokrasi çok farklıydı, mümkün değildi, yürümezdi. Yürümedi. Yakın tarihte çok kanlı olaylar beklenir.

Ama şunu unutmayalım; Ortadoğu dünyanın en güzel, en renkli ve insanlık medeniyetinin en muhteşem bölgesi. Bizim vatanımız da bu coğrafyada; onu sevmek, sahiplenmek zorundayız. Zaten ilgilensek seveceğiz de… Tabii bilmek de zorundayız. Egzotik bir yaklaşımla değil, kendi medeniyetimizin bir unsuru olarak…

O halde bugün Ortadoğu'da yaşananlara çok da sürpriz gözüyle bakamayız. Belki 150-160 yıldır süren paylaşım hesapları var…

Hayır, hayır. 1517 Ridaniye'yi hatırlayınız… Yavuz Sultan Selim Han bir yıl altı ay gibi bir süre içerisinde bütün bu bölgeyi; Güneydoğu'nun bir kısmından başlayarak bütün Memluk Devleti arazisini Osmanlı mülkü içine kattı. Bugün Irak denen yerin fethi Kanuni Sultan Süleyman'a aittir. Bu kadar süre içinde ele geçen yer dört asır boyu sükûnet içinde. Yani Arap milliyetçi hareketleri bile daha çok böyle kulüp düzeyinde, kendiliğinden oluşan gruplar halindeydi. Kesinlikle bağımsızlık söz konusu değildi. En önemli istek; "Hilafet Araplara ait olsun". Saltanat için programları yok. Böyle bir ortamda Birinci Cihan Harbi'ne giriyorsunuz. Harp'te Cemal Paşa çok amansız davranmıştır. Harp sonrası sınırlar dünyada görülmemiş cinsten; cetvelle çizilmiş. Alışılmadık yeni bir idare. Irak'ta devlet ananesi yok. Balfour Deklarasyonu'na göre Yahudi, Filistinli Arap'la eşit tutuluyor diyemeyiz ama unsur olarak mütalaa ediliyor.[17] Hâlâ o tarihte gerçekçi bir proje değil. Bir döneme giriyorsunuz, 20. yüzyılın ilk yarısı. 1918–1948 arası Fransa 30 sene boyu Suriye ve Lübnan'da… Bu 30–40 senenin içinde İngiltere ve Fransa şaşılacak kadar acemi, koloniyalistler. Araplarla Yahudiler birbirlerine karşı silahlı mücadele ettiler. Kolonizatör, yerleşimci, yatırımcı Siyonizm, savaşçı Siyonizm'e benzemiştir. Terör politikasına gitmiştir. Ticari politikada müthiş bir dengesizlik vardır. Fransa mesela Suriye'ye ve Lübnan'a epey bir yatırım yapmıştır. Fakat aynı şeyi İngilizler için söylemek yatırım açısından söz konusu değildir. İngilizler 70 seneye yakın yönetimlerinde Kıbrıs'ta da öyleydiler. Son derece eli sıkı bir koloniyal idare kurdu İngiltere. Yani Britanya sömürgelerinde her yerde Hindistan'daki yatırımların benzeri çok yoktur. Bunu Şükrü Sina Gürel'in *Kıbrıs Tarihi (1878-1960)*[18] kitabında ayrıntılarıyla görebilirsiniz.

Bu tarihsel arka planı bilerek yorum yapınca Ortadoğu'da bağımsız bir Kürt devletinin oluşması ya da yaşaması pek mümkün görünmüyor?

Çok zor deniyordu. Mahabad Cumhuriyeti İkinci Cihan Harbi'nde İran'ın işgali sırasında Sovyetler'in kurduğu kukla bir devletçikti. ABD Irak müdahalesinden önce Kürdistan kurmaya çekindi, iç bünyeye güvenemedi. Bugün artık bir devletleri var. Bu gelişir mi; onun için bir kere Kürtlerin kendi iç yapıları

---

17 Jonathan Schneer, *Balfour Deklarasyonu/Arap-İsrail Çatışmasının Kökenleri*, Kırmızı Kedi, 2012.

18 Şükrü Sina Gürel, *Kıbrıs Tarihi (1878-1960), Kolonyalizm, Ulusçuluk ve Uluslararası Politika 2*, Kaynak Yayınları, 1985.

sağlam mı, onu düşünmek lâzım. Herkesin onu bilmesi lâzım. İlk müdahalede ABD böyle bir devleti ilan ettiremedi, Barzani-Talabani güçlerinin oranı 50-50'ydi. Talabani ve Barzani'nin birbirini boğazlayacağı düşünüldü. İkinci müdahaleye kaldı. Fakat İsrail Kürdistan'ın ortaya çıkmasından memnun. Çünkü o bölgede Arap olmayan herhangi bir kuvvet İsrail'de çok hoş karşılanıyor. Ama o ne kadar oturabilecek, etrafıyla nasıl bir bağıntı kurabilecek; çok önemli. Sonra petrol kaynakları var. Onlar ne kadar paylaştırılacak? Bütün bunlar üzerinde düşünülmesi gereken şeylerdir. Galiba en çok da o bölgedeki Kürtlerin kendilerinin düşünmesi gerekiyor. Irak bambaşka bir muamma. İran'ın ise bir mazisi var; Kürtlerin İran'da öbür unsurlarla bir arada yaşamak alışkanlığı, geleneği var. Herkes bir yeri tutmuş. İlginç bir oturmuşluk. İran toplumunda askerden aşçıya kadar kimin hangi toplumdan geldiği, ne olacağı bellidir. Kanunla, nizamla, anlaşmayla değil; gelenekle öyledir. Teşkilatlanma böyledir.

Irak'ta bunların hiçbirisi yok.

Hiçbirisi yok. Çünkü gelenek yok. Şimdi böyle bir yerde denge bozuklukları çok büyük problemler yaratacak. Ve o problemler herkesi çok etkiler. Amerika'yı da etkiler.

Şimdi yaşadığımız sorunlar için "Bunlar geçmişin çözümleriydi," denir. Geçmişte çözüm olarak ortaya konulan, hayata geçirilen düşünceler, projeler bugün karşımıza sorun olarak çıkıyor. Tüm bu konuların Birinci Dünya Savaşı'yla ilgisi var. Bu savaş bazı projelere göre Osmanlı'nın paylaşımı için çıkmıştı. Doğru mu?

On tane projeden bir tanesidir. Osmanlı'nın Reval'de paylaşılması dışında 8-9 ayrı proje daha vardır. Çünkü "Mısır'dan sonra Mezopotamya'yı ve Suriye'yi de alacağız," diyorlar. Fransa, Almanya ve İngiltere bunu düşünmüştür zaten. Almanya dahi; "Biz de alacağız," diyor. Rusya Boğazları ister. Ortada gizli Reval Antlaşması var. Lakin Birinci Cihan Harbi her şeyden evvel Avrupa'nın savaşıdır. O zaman bir Sırbistan konusu vardı. Sırbistan'ın Bosna'da gözü, Adriyatik'te gözü vardı. Bulgaristan Balkanlı kardeşleriyle, Sırplarla, Yunanlılarla kavgalıydı. Romanya vardı. Rusya'nın kendi içinde problemleri vardı. Huzursuzluk vardı ve Polonya sorunu söz konusuydu. Polonya gibi, bir zamanların büyük cumhuriyetinin bağımlı hale geldiğini, topraklarının bölündüğünü düşünebiliyor musunuz? Böyle büyük-küçük devletler arasında büyük çatışmalar yaşamışlardır. Kıtayla İngiltere arasında münasebet vardı. Yani Fransa İngiltere'nin yanında yer aldıysa, şartlar öyle icap ettirmiştir. Çünkü Fransa İngiltere'ye göre geri bir ülkeydi. Sanayide, tarımda bazı Avrupa ülkelerine göre de geriydi ve büyük sorunları vardı. Bunlar sömürgelerde İngiltere ile çekişiyordu. Paylaşılmayan bir koz var. Bir de yeni rakip, güçlenen Almanya var. Öbür tarafta ise Rusya. Almanya ve Rusya ittifak platformunda iken, karşı kamplara düştüler. Zira Avusturya Almanya'nın yanında ise Rusya ve İtalya karşı kampa geçer. Bunların aralarında büyük rekabet vardı ve hiç kimse istedikleri harbin neye mal olacağını iyi hesaplamamıştı.

Böyle bir dönemde Ortadoğu ise Osmanlı barışı altında huzurluydu. Sihri nedir?

Demek ki dengeli bir idare, çok fazla sömürü yok. Yöntemleri son derece ilginç, ben okudukça şaşırıyorum. Ortadoğu bölgesi, Balkanların aksine oldukça huzurlu ve o huzur Birinci Cihan Harbi'nde ani bir biçimde bitti. Arkasında nasıl bir kaos ortamını bıraktığını 1917'den beri biliyoruz.

Osmanlı barışını anlatırken imparatorluk benzeri yapılarda herhangi bir barış şemsiyesinin iyi açılabilmesi için asıl etnik grubun diğer gruplar üzerine baskı kurmadan yönetim modeli sergilemesini önemsiyorsunuz. Bir "Türk Barışı" konsepti arıyor muyuz?

Ordu daima çok önemlidir. Roma İmparatorluğu'nun ordusu Romalılarındır. Bizans'ın ordusu da imparatorluk ordusudur. Ama Osmanlı İmparatorluğu'nun ordusu Türk'tür. Devşirme de var tabii ama Türkleşmiş. Hem de çok orijinal bir şekilde. Bu devşirme, acemi oğlanlar hemen Marmara, Trakya köylerine sevk ediliyor ve köyde din ve dil öğreniyor. En büyük asimilasyon köy ortamında oluyor. Köylü, onu asimile ediyor. Süreç gerçekten çok ilginçtir; orduda Türkçe komuta ediliyor, Türkçe konuşuluyor. Bunu yapan bir orduyu düşünün. Avusturya-Macaristan ordusu Almanca biliyordu ve Almanca orada da mümkün olduğu kadar komuta diliydi. Ama maalesef etnik kümelenmeleri, etnik kayırmaları ortadan kaldıramamışlardı, aksine bunlar arttı. Bu tip gruplaşmalarla ordu olmaz, o çok önemli. İmparatorlukta bazı müesseseler temeldir. Bürokraside kullanılan dil önemlidir. Mesela benim Başbakanlık Arşivi'nde bulduğum Bulgarca, Sırpça dilekçeler var. Köylünün verdiği dilekçe sorun değil. Ama nasıl işler? Türkçe işler, süreç öyle gider ve bir yerden sonra bizde de Türkleştirme yapılmıştır. 19. asırdan sonra Hıristiyan okullarında, eğitim hangi kavmin eğitimi olursa olsun, Türkçe programa sokulur ve en çok ona benzeyen kavmin yükselme şansı vardır. Osmanlı Musevileri okullarında Türkçeyi çok iyi öğrendiler ve o yüzden imparatorluğun hayatına son dönemde çok aktif olarak katılabildiler. Arapların Arapça eğitim meselesi ise açıkçası imparatorluk dağılana kadar resmen çözülüp örgütlenemedi; fakat bu demek değildir ki Araplar ilkokul düzeyinden başlayarak medrese düzeyine kadar Arapça öğrenip okuyamıyordular. Aksine Arap vilayetleri belki anadillerini en iyi muhafaza eden Osmanlı uyruklarının bölgesiydi. Hayatları eskisi gibi gidiyor, edebiyat ve âdetlerini gururla taşıyorlardı. Modern eğitim kurumlarına ise Hıristiyan Arapların, yabancı Katolik ve Amerikan misyonerlerin kurduğu okullar sayesinde girdiler ve bu okullarda Arapça yabancı dille birlikte onlara verildi. Türkçe eğitimden dışlanmıştı, ancak Sultan Abdülhamid dönemindeki eğitim reformlarıyla birlikte Galatasaray, Mülkiye, İstanbul'daki

Tıbbiye ve aşiret mektepleri sayesinde Türkçe bilen bir Arap eliti yetişmeye başlamıştır.

Osmanlı barışının acaba günümüze uyarlanması, 21. yüzyılda yeniden inşa edilmesi ve Türkiye'nin bu bölgede olup bitenler karşısında etkinliğini kullanması ne kadar mümkün olur?

Türkiye'nin olayların dışında kalması, seyirci olması, savaşmayan ülkeler kategorisine girmesi mümkün değildir. Bu istesek de istemesek de olacak. Zamanı ve müdahale nispetini ve taktik ve stratejileri iyi saptamak lâzım. Asker ve politikacı kanat arasında mükemmel bir uyum şart. Çünkü o husus çok zayıf, çok kuvvetsiz devletlere has bir tutumdur. Bilhassa Birinci Cihan Harbi'nin getirdiği yıkımlardan sonra, savaştan çok iç ve dış politikasını kapatıp ülke inşa etmek zorundaydı. Kara yoluyla, demiryoluyla, sağlık hizmetiyle tüm bunları başardı Türkiye. Birtakım hastalıkları sildi süpürdü, eğitimde birtakım yolları açtı; çok şaşılacak bir icraat o zamanki şartlarda. Zira halkın %90'ı cahildi ve çaresi yoktu. Bunu hallettiler ve sanayii atılımlarını yaptılar. Şimdi böyle bir ülke zaman zaman dışarıya karışıyor. Ama o dönem koşulları içinde (1930-1950'ler) beynelmilel sahalarda top oynamaya kalkması çok tehlikeli olurdu ve verimsiz sonuçlanırdı.

Bugünün koşullarında kamuoyunu oyalama katiyen doğru değil. Artık olmaz. Eğer çizgi dışında kalırsanız, tutarlı bir çizginin içine giremezsiniz. Zannetmeyin ki böyle bir durumda zarar ziyan dışında kalırsınız. Bu mümkün değil. Bir kere oradaki birtakım azınlıklarınız anlaşmalarla sizin kefaletiniz ve yükümlülüğünüz altındadır. İran'da, Azerbaycan'da böyle yükümlülükler yok. Onlarda kültürel bakımdan böyle tarif edilmiş bir azınlığımız yok. Bulgaristan, Yunanistan, Sırbistan, Romanya ve Ukrayna kurulduktan sonra, bütün Osmanlı sınırları böylelikle Türkiye Cumhuriyeti sınırlarının kültürel azınlıklarına girdi. Bu tabii birtakım hak ve görevler veriyor, yükümlülükler getiriyor; onu kullanmak ise ayrı bir husus.

7

2023'E DOĞRU TÜRKİYE YÜZÜNCÜ YILINDA CUMHURİYET

Şu anda dünyanın en büyük 16. ekonomisiyiz. 2023'te, hedeflendiği gibi ilk 10'a girebilir miyiz sizce?

Bu tempo ve örgütle giremeyiz. Çünkü yükselmek gittikçe güçleşiyor. Zirveye doğru ilerledikçe, yükselmek güçleşiyor. Ben 10 sene sonra bu yapıya ulaşabileceğimizi zannetmiyorum. Çünkü bunun için hakikaten başarılı kadrolar yaratmak gerekir. Özal bunu yapıyordu. Şimdi ise yapılmıyor ve başka türlü yakınlıklar, başka türlü vasıflar aranıyor. Liyakat çok önemlidir. Dünyada inşaat yatırımlarıyla belli bir noktaya kadar geliniyor. Mesela İspanya böyleydi ama bir noktadan sonra tıkandı. Büyük bir sıçrama için kalitenin, niteliğin, eğitimin değişmesi gerekir. Ben bu 10 sene içinde arazi meselesinin halledileceğini umuyordum. Enerjide çok kesin kararlar verilmesini, daha önemlisi eğitimde bir düzen sağlanmasını umuyordum. Kadro dediğimiz, mensup olduğun aşiret, tarikat veya okuldan değil; Osmanlı gibi geniş ve renkli bir alandan adam devşirerek sağlanır. Bu yapı değişmeden ne aynı şekilde devam edebilir, ne de daha iyi hale gelebiliriz. Yatırımların artması ve üretimin nitelik değiştirmesi gerekiyor. İlk onda yer alan ülkeler, ikinci ondan çok farklı ülkeler.

Avrupa Birliği'nin, Türkiye'ye çekinceli bakmasının haklı sebepleri olabilir mi?

Batı Avrupa ülkelerinin Türkiye'yi ortak pazara almaması fevkalade gülünç bir durum. Avrupa'nın ciddi bir ekonomisi, ciddi uzmanları olsa idi ki öyle değil, Brüksel bürokrasisinin hali vaziyetin vahametini gösteriyor, Türkiye gibi bir ülkeyle ilişkilerini bu şekilde tutmazlardı. Alternatifler üreterek, birtakım baskı gruplarının seslerini yükseltmelerine fırsat vermezlerdi ki bu tutumu başka durum ve mekânlarda gayet güzel yapabiliyorlar. Mesela, Hıristiyanların sesi biraz fazla çıkınca, laikler ve ateistler bunu manipüle ediyor. Ama burada böyle bir tutumları yok ve gülünç bir hale düşüyorlar.

Aslında haklı oldukları yönler de yok değil. Bunların başında, Türkiye'mizin etnik sorunu geliyor. Kendimizi onların yerine koyarak düşünelim. Siz Türkiye gibi bir ülkeyi aranızda ister misiniz? İstikrarı olmayan ve parçaları arasında barış emaresi olmayan bir ülkeyi ister misiniz? Mesela, Kuzey İtalya, Güney'i tam manasıyla kabul etmiyor. Hâlbuki onlar da İtalyanca konuşuyor, onlar da Katolikler ve dolayısıyla o kültürün ayrılmaz bir parçasılar. İtalya'nın ne ismini, ne edebiyatını, ne medeniyetini, hatta ne de mutfağını, Sicilya'yı dışarıda bırakarak tanımlayamazsınız. Güney'in mafyası olduğundan şikâyet ediliyor. Gerçi Güney ayrılsa, Kuzey'in kendi mafyası ortaya çıkar. Bir boşluk ortaya çıkarsa, o boşluk mutlaka dolar. Fakat İtalya'da barış var. Belçika'da barış var. İspanya'da Bask hâkim çevreleri birlikten yana ve Katalanların çoğu; biz önce İspanyol sonra Katalan'ız havasında. Ciddi kriz olursa hava değişir.

Bu bakımdan bizim de çözmemiz gereken sorunlarımız var. Sizce önceliğimiz ne olmalı?

Bizim esas olarak kendi sorunlarımızla ilgilenmemiz gerekiyor. Bizim ülkemizde bu etnik bölünmenin yanı sıra, başka ne tür sorunlar var? Birleştirici olmaktan ziyade, çok kesin ayrılık noktaları var. Mesela, bir din birliğinden söz edemeyiz. Çünkü açıktır ki aslında İslâm'da mezhep yoktur; çünkü ruhani teşkilat, bir kilise yoktur. Ama birtakım fıkıh mezhepleri söz konusudur ve bu fıkıh mezhepleri farklı yaşam tarzlarını beraberinde getirir. Aslında bunlar itikadi açıdan mezhepler değildir. Bunlar hiçbir şekilde itikadımızla ilgili bölünmeler değildir. Ayrıca bu yapılanmalar içerisindeki insanlar çok farklı tarih katmanlarından gelmişlerdir.

Türkler, bu topraklara İran üzerinden 12. asırda gelmişler. 1000 yıl civarı bir süredir bu topraklardayız ve bunlar bambaşka bir yapılanmadan gelmişlerdir. Dolayısıyla bu yapıların hitap ettiği katmanlar farklıdır. Burada 10., 11. asırda başka bir tarih ve uygarlık katmanında yaşayan insanlar da var. O uygarlık katmanının periferisinde ve marjında yaşayan insanlar, yani İslâmize olmuş bir Ortadoğu medeniyeti var. Bunun marjında yaşayan Kürtler ve Hıristiyanlık da dâhil olmak üzere, çeşitli ırk ve dinler var. Buradaki ayrımlar hiçbir şekilde ne Kuzey ne Güney İtalya'ya, ne de İspanya'nın farklı bölgelerine benzer. Bizdeki ayrımlar çok daha derindir. Burada maalesef artık politik münaferet de başlamış. Belki bunu önce kendimiz kışkırtmışız, belki kendimizden kaynaklanıyor.

Fakat çok kısa zamanda bu dışarıda da karşılık bulmuş. Bunu anlaması çok güç ve öyle gizli bir şey de değil. Mesela bir Germanistik profesörü, Germanistikle değil de Kürtçülükle ilgileniyor. Neredeyse ömrünün yarısını Diyarbakır'da geçiriyor ve diyor ki; "Kütüphanelere gitmek, eski metinlere bakmak bir şey kazandırmaz, çünkü Germanistik tükenmiş." Bu entelektüalizmin bittiğini ve yetiştirdikleri öğrencilerden de çok bir şey çıkmayacağını düşünüyor. "Çünkü onların mesaisine zaten ihtiyaç yok," diyor. Kürtçülük konusunda ise, kendini bir nevi misyoner gibi hissediyor ve kendisini bu konuya adıyor. Belki global bir safhada böylelerini kullanıyor olabilirler. Sonuçta bu insanlar bir ölçüde militan kişiler. Bir toplum düşünün ki entelektüellerini kendi toplumlarında kendileri dışlıyor. Toplumlar bu insanları dikkate almıyor. Bu akademisyenler de saygı görecekleri bir yer arıyor ve buluyor. Bu Bolivya da olabilir, Irak da. Devletlere bağlı askerî, sivil, mülki kuruluşların yanı sıra, birtakım sivil kuruluşlar da müşteri buluyor. Kilise de, kilisenin karşıtları da o ülkelere gidiyor. Bunun için de bu bölgeler kışkırtma bakımından ya da alt örgütlenmeler bakımından kaynıyor.

Bu konuda sizi karamsar görüyorum, neden?

Aslında benim karamsarlığımı hükümetlerin tutumu da tayin ediyor. Hem o kadar naif hem de o kadar radikal üslub kullanıyorlar ki ben bunu anlamıyorum. Zannediyorum ki yaklaşımın böyle olmaması lâzım.

Türkiye için, geleceğimiz için sizi en çok endişeye sevk eden sorunumuz?

Etnik sorundur. Türkiye'nin tek ciddi sorunudur. Eskiden böyle bir mesele söz konusu değildi. İslâmize bir cemiyetti. İmparatorluğun azınlıkları eski Hıristiyan memleketlerdi. Bunlar müstakil vatan parçalarıydı o imparatorluğun içinde. Bu ayaklanmalar imparatorluğu sarssa, çöküntüye götürse ve Birinci Dünya Harbi'ne zorlasa da, içeride Müslüman milletler arasında bir vahdet vardı. Lawrence ve Arab ayaklanması Birinci Dünya Harbi'nin felaketi ve zaafı içinde ortaya çıkmıştır. Bir Arab ayaklanması Birinci Dünya Harbi'ne katılmasak veya Britanya tarafında olsak ayaklanma söz konusu olmazdı. Şimdi 30 yıldır ilk defadır ki bir çatışma çıkıyor. Bunu nasıl halledeceğiz? Bu çok mühim. Halletme yolları bir yana, bazen gerçeğin bile doğrusunu söylemeye çekiniyoruz.

Nedir bu çatışma; konuşalım, açıklayalım ilk önce. Doğru dürüst teşhis koyalım. Bu yapılmıyor. Ama alışıldığı gibi bir tarafı kastetmeden, BDP ve derin devleti analiz eden tekerlemeleri değil, bazı kavramları ele alalım. Herkes için geçerli bu. Mesela Türkiye mozaik denir; niye mozaik? Değil. Mozaiğin rengi olur, sağlamlığı olur. Eğer bu sizin kültürel azınlık dediğiniz gruplar içinde, bunların dili ve edebiyatını işleyen bir öncü elit grubu yoksa muasır dönemin mozaik kültürü pek söz konusu değil. Eğitim diyorlar; o halkın istediği eğitim kurumlarını verseniz öğrencileri okutacak altyapısı hazır durumda değil. Burada mozaik söz konusu değildir. Demek ki kusur ve noksan bir tarafa ait değil. Sürekli "faşist Türkler"den bahsederek problemin çözümüne yaklaşılmaz.

Son iki yüzyılı inceleyince tarihsel perspektif bize, gelecek için sağlıklı öngörü şansı sunmuyor mu?

Tarihsel perspektif fazla bir şey söylemiyor. Günümüzde "Demokrasi içinde çoğulcu bir toplum olarak gelişelim," gibi bir slogan kullanılıyor. Fakat bunları nasıl yapacağız? Tarihsel perspektif çoğulcu olmasa da, çoğul bir toplum olan Osmanlı'nın ortadan kalkması bize numunelik miras bırakmıyor. Mevcut etnik renkliliğin o tip çoğulculukla ilgisi yok. Bugünün çoğulunda gayrimüslim az ve eriyor. "İslâm" diye tanımlanan unsurlarda bir kıpırdanma var. Bu azınlık gruplar okul, edebiyat, cemaat idaresi gibi temel yapısal unsurlara sahip değil; asıl önemlisi, bunların okumuşu kendi dil ve tarihini merak edip kendini geliştirmemiş. Geçmişin orta ve doğu Avrupa'daki azınlık hareketlerine göre en zayıf ve desteksiz yönleri budur ve kendi içlerindeki zaaftan kaynaklanıyor. Atatürk, imparatorluk parçalandıktan sonra Türklerin devletini kuruyor. Yeni vatan, yeni cemiyet dediği o. Cemaat değil artık cemiyet, toplum (societé veya Gesellschaft). Bu toplumlar o tarihe kadar geçmiş asırlarda bu modern kalıpları, yaşam ve davranış biçimlerini, vatandaşlık kültürünü benimsemekte gecikmiş ve toparlanamamış.

Etnik sorun açısından tarih buralarda nasıl akar bu noktadan sonra? Bölünmeler mi beklenir?

Bu bir sorun tabii. Tahmin bile edilemez. Tahmin edemiyorum. Çünkü davranış biçimlerini tahmin edemiyorum. Ama bunu bir sorun olarak kabul etmek durumundayız. Nasıl burada oturacak mı, bu olgunluk var mı, nasıl oturacak?

Büyük devletler ne kertede müdahiller?

Büyük devletler böyle meselelerde olan bir kıvılcımı alevlendirir. Bir yerde bir ısınma, kaşınma ve çatışma varsa onu tabii ki kışkırtırlar.

Peki, büyük devletin kendisinde böyle bir sorun olursa, nasıl davranır? Büyük devlet refleksi nedir?

İspanya'yı ele alalım. Ülkenin azınlıkları olan Katalanlar ve Basklar, en şehirsel, en endüstriyel, en progressive bölümü oluşturur. Yani Katalunya'ya, Barcelona'ya bakınız, zaten gelişmiş sanayi orada. Basklar aynı şekilde, sanayi bölgesi sayılır. Bizde tam tersi bir durum var. Fransa'daki azınlıklar, yani ulusal gruplar ise çok minyatürdür. Ermeni ve Yahudi gibi azınlık gruplarının her biri öbürlerini sayıca geçer. Fransa'nın problemi otantik ve otokton, yerel azınlıklar değil; sorun gelen göçmenlerdir. Koloni imparatorluğunun tasfiyesinden sonra gelenler, yani mağribi Araplar, Afrika'dan gelen azınlıklardır. Çok büyük yaşam problemi var. Gelir farkı var, eğitim farkı var. Devlet ve belediyeler hizmetleri iyi sunamıyor; hatta asayişi sağlayamıyor.

Daha fazla özgürlük veya daha fazla ekonomik kalkınma bu tarz problemleri çözecek reçete midir?

Ekonomik kalkınma sözü hep tekrarlanır. Fevzi Çakmak Paşa'nın "Doğuya çivi çakmayın," talimatı tekrarlanır. Oysa Doğu'dan vergi alınmamış; alınacak hal yok zaten. Osmanlı Devleti'nin bazı Doğu vilayetlerindeki yatırımı, vergi gelirini kat be kat geçmekteydi. Yine Cumhuriyet döneminde Doğu vilayetlerine yapılan yatırımlarla ilgili Sait Aşgın'ın *Cumhuriyet Döneminde Doğu Anadolu'ya Yapılan Kamu Harcamaları (1946-1960)* adlı tezli çalışmasında bu çarpıcı tablo ortaya çıkar. Cumhuriyetin başından beri insanlar o zor coğrafyalarda hizmet götürmeye çalışırlar. O uçurumlarda yol yapmak için dinamitler patlatırlar... 1930'larda dahi uçurumların ortasında tek arabanın geçeceği yol yapılır. Demiryolu uzatılır. Bugünlerin Türkiye'sinin 1930'ların "demirağlar" ören Türkiye'sini geçmek için, Ankara-İstanbul, İstanbul-İzmir, İzmir-Ankara, Ankara-Adana-Gaziantep hattını ve de Ankara-Samsun ve Ankara-Kayseri hızlı tren hattını tamamlamış olması gerek. O zaman belki geçmişe laf edebiliriz. Şimdi bir cumhuriyetin kapasitesi vardır. Yatırım için şartlar mevzu bahistir. Doğu Anadolu'dan vergi alınamamış, çok fazla masraf yapılmış. Varidatı kat kat geçen yatırımları düşününüz, bir yerde kifayet üstüdür. Fakat yatırımın karşılığı nedir? Karşılıksız yatırım. Semeresi kolay alınmayan yatırım. İktisatta bir sınırlılık vardır.

Ama başka sorunlar da var. İstanbul'da iki-üç sene evvele kadar on bin nüfuslu mahalle vardı ama okulu yoktu. Doğuda üç-beş okulu olmayan on bin değil, beş bin nüfuslu yer bulamazdınız. Hatta böyle yerlere şimdi üniversite şubeleri kurmaya çalışıyorlar. Bu ekonomik nedenler, yatırım yaratmakta çok önemlidir. Bunu maalesef teşviklere rağmen yapamıyorlar. Teşvikler mahalli sakinler tarafından yağmalanıyor. Sıfır faizli krediyi Batı'daki tefeci piyasasına aktarıyorlar. Bu bir problem. Biz 21. yüzyılın ilk çeyreğinde bu sorunun üstesinden gelmek zorundayız. Örneğimiz yok; İtalya'nın Napoli'nin güneyindeki bölgeyle çözemediği sorunlar dağ gibi duruyor. Problemleri açıkça ortaya koyup basında tartışmaya gerek yok ama konuşarak çözüm üretmek zorundayız. Tarafların iyi niyetli olması lâzım.

Belki yüz yıldır tezgâhta. Ama son 20 yılda proje tekrar ısıtıldı. Gerçekten bu bölgede bağımsız bir Kürt devleti oluşabilir mi, yaşayabilir mi?

Bu, Amerika'nın ve İsrail'in çok istediği bir şeydir. Arap olmayan herhangi bir unsura "hoş geldin" diyorlar. Ortadoğu'da Arap olmayan ne kadar çok çeşitli unsur varsa, İsrail bakımından stratejik olarak çok önemlidir. Ama onlar açısından da kolay değildir. Türkiye bu işe ne diyecektir?

Türkiye'yi de kaybetmek istemezler, dengeyi nasıl kuracaklar?

Ne Türkiye'yi hatta ne de İran'ı... İran ilelebet fundamentalist kalacak değil ya. Çeşitlilik olarak bakıyorlar meseleye. Kürdistan'ı istiyorlar. Amerika ve İsrail öteden beri bu stratejiyi uyguluyor. ABD niye istiyor? Yahudi'nin dümen suyundan gittiği için (!) diyorlar. Hayır, enerjiye ihtiyaçları var. Enerji koridorunun güvenliği için böyle bir plan uyguluyorlar. Yani Amerika'nın yurttaşlarına kişi başı 50 bin dolar millî gelir sağlamak için, daha çok enerjiye ve güvenliğe ihtiyacı var.

Amerika istiyor, İsrail de öyle. Türkiye'nin içinde Kürt kökenli vatandaşlarımız var. Türkiye'nin sorunu aynı zamanda bir Ortadoğu sorunu. Olayın bize etkisi bakımından ne söyleyebiliriz? Asıl hak ve sorumluluk Türkiye'de değil mi?

Bu popülasyonun en kalabalığı bizde. Bir de Irak Kürdistan'ı var. Oradaki Kürtler bizimkileri zaten pek istemiyorlar. Zihniyetlerini farklı görüyor, yaşam biçimini, görüşlerini değişik buluyorlar. Barzani "Türkiye bunları tembel alıştırmış," dedi. Bu kendince bir mazeret bularak dışlamadır. Ama belli ki bazı şeyleri bir arada götüremiyorlar. Şimdilik götüremeyecekler de. Bu da bir gerçek.

Türkiye ne istiyor, istediğini hangi araçlarla gerçekleştirecek ya da neyi nasıl önleyecek? Takdir edersiniz ki bu, hükümet ve devleti yöneten insanların dehasıdır. Stratejisidir. Bunun akademik tavsiyesi olmaz. Medya yoluyla tavsiyesi hiç olmaz. Devlet adamlığı bu gibi kurgular ve projeler, bunların etrafında dönen taktik ve stratejilerle gerçekleşir. Şu anda bu eylem ve tasarım cihan politikasının bir parçasıdır. Cihan politikasındaki aktörlüğünüzü ne kadar akıllı ve ne kadar etkili kullandığınıza bakılır. Gösterişten çok başarıyla götürebiliyor musunuz? Mesele budur.

Politikacının bir inancı olması lâzım. Onu misyon diye ifade eder. Kendini geliştirmesi lâzım. Ucuz, kısa vadeli menfaatler, kısa vadeli başarılarla sorunu halledemezsiniz. Uzun vadeli bir görüşünüz, uzun vadede bir planınız ve hedefleriniz olursa, bir misyon sahibiyseniz, bilge bir politikacıysanız, daha farklı şeyleri gerçekleştirebilirsiniz. Maalesef politikacıların çoğu birinci gruptadırlar. Kısa vadeye bakarlar. Küçük hesapların ve küçük başarıların insanlarıdır. Yönetenin bilgeliği çok önemlidir.

21. yüzyılın dünyasında Türkiye'nin rolü, fırsatlar ve tehditler nelerdir?

Ortadoğu dünyasında Türkiye öncü ve belirleyicidir. Bazı beklenmedik durumlar vardır; istemezseniz de olur. "Ben karışmayacağım," deseniz de bu konuma gelirsiniz. Hiç kimsenin Türkiye'nin yapısını değiştirmeye, ciddi bir şekilde değiştirmeye yelteneceğini düşünmüyorum. Bu mümkün değil fakat aynı nedenlerden dolayı, caydırıcı nedenler dolayısıyla da karışmaktan vazgeçemez. Askerî teknik yapılanma da bunun başında gelir. Bu olmadan olmaz. Ancak varlık caydırıcı nedenlerle korunamaz. Çok renkli ve hadiseli bir coğrafya etrafındaki güçlerle geçim iyi sağlanmalı. Bu bazen istenmeyen politikaları da gerektirebilir. Ama yapmak zorundasınız. Kafkaslar'daki ilişkiler gözden geçirilmeli. Nihayet bizim konumumuzda olan ülkelerin kardeşleri vardır. Politik olarak Sırbistan, Rusya için kardeştir. Bundan vazgeçemez. Bizim için aynı şey doğuya doğru gidiyor. O cumhuriyetler bizim kardeşimizdir. Bunlarla olan stratejimizi seçime tabi tutamayız. Onlarla birlik mi olacağız? Haşa, aksine çoklu bir dünya olarak kalacağız. İktisadi menfaatlerimiz, kültürel devamımız hiçbir zaman birbirinden kopmayacak. Onlarla iyiyiz diye başkalarına cephe mi alacağız? Hayır. Kafkaslar bizim için vazgeçilmez müttefiktir. Hepsi ile komşuyuz. Menfaatlerimizi bir uyum içinde taşımak zorundayız. Bu çok açıktır.

Zaman zaman gündeme taşınan ve tartışılan federatif sistem Türkiye'de başarılı olabilir mi?

Tekrarlayalım; Avrupa ve Ortadoğu'da federasyonlar 1918'de Avusturya-Macaristan ve Osmanlı monarşilerinin dağılmasıyla bitti. Rusya'nın mirasçısı SSCB de zorlama ve pahalı bir geciktirmedir. Akıbeti belli. Gecikmenin bedelini en pahalı ödeyen de Yugoslavya oldu. Federasyon fantezidir. Türkiye'de federatif sistem olmaz. Her şeyden önce bunun ekonomik maliyetini kim karşılayacak? Belli ki kendileri karşılayamaz. Biz Doğu'dan vergi almıyor, her zaman daha fazla yatırım yapıyoruz. Burada da ortaya çıkacak yeni taleplerin maliyetini kim ödeyecek? Hangi federasyon olacak? Öte yandan, büyük çoğul federasyonlarda denge olur. Doğudaki Kürt unsura karşı bu federasyonu sağlamakta, korumakta üç ve dördüncü unsur olarak kim ayrı bir denge teşkil edecek. Ben böyle bir ihtimal görmüyorum.

O halde ABD modeli Türk coğrafyasına, Türk kültürüne uymaz.

Amerikan federalizmi, İngilizce konuşan kıtadan gelmiş birtakım insanlardan oluşuyor. Elbette bunun temeli Britanya'dır, Britanya'nın kendi renkliliğidir. Bütün federasyonlar gibi orada da dağılma istenmez ve buna müsaade edilmez. Ama diyelim bir grup böyle bir şey yaptı. Sistem devam eder. Burada ise öyle bir şey yok. Ayrı bir dava söz konusu. Bizim kurucu babalarımız, burayı Amerikalı göçmenler gibi kurmadılar. Gramer tavsifinden başka, bunun hiçbir benzer yanı yok. Memleketin adı dahi Kaptan Amerigo Vespucci'den geliyor. Bu mahiyet olarak aynı mı? Bu tür şeylere bakmak gerekir. Nihayetinde, üniter sistemi benimseyen benimser, benimsemeyene denecek bir şey yok.

Yüzüncü yıla giden yolda gelecek Cumhurbaşkanlığı seçimleri hakkında ne dersiniz? Tartışmalı geçeceği anlaşılıyor ve heyecanlı...

%50 küsur rey alan AKP'de böyle sıkıntıların yaşanması enteresan. Çözülemeyen başka bir problem de, Türkiye Cumhuriyeti'nde cumhurbaşkanının temsilî yetkinin ötesinde bazı yetkilere sahip olması. Bu yetkiler hem var hem yok. Devlet-i Aliyye'yi ve memleketi başbakan idare ediyor. Sistemimizin bu olduğunu kabul ediyoruz. Şimdi hem reisicumhur olma, hem de başbakan gibi yetkilere sahip olma gibi bir model öne sürülüyor. Bu modelin ayrıntısını sorduğunuzda ise cevap alamıyorsunuz. Model Fransa mı, ABD mi, Rusya mı? Zaten modelin mükemmel olacağını söyleyenler kendileri sarih bilgi edinmemişler ve modellerini iyi tetkik etmemişler. ABD zaten bir model olamaz. Çünkü bu topraklarda Amerikan bünyesi, hukuku, usul anlayışı, federalizmi yok. Bu sistem burada yürümez. Burası çok daha karmaşık bir yer. Fransa ise son sömürgeleri tasfiye ederken yaşadığı kargaşadan dolayı kuvvetli başkan istedi. General de Gaulle'den sonra da kuvvetli başkan gelmedi. Politikacı dediğiniz, fıtratında yoksa anayasa metniyle kuvvetli lider olamıyor zaten.

"Yeni anayasa yapmalı," sesleri yükseliyor. Sorunlara köklü çözüm getireceğine inanılıyor.

Daha uzun süre yeni anayasa istenecek. Çünkü yürütmede kim ağırlık sahibi olsun tartışması ve benzer kördüğüm duruyor. Bir de başkanlık sistemi tartışmaları var. Eminim ki başkanlık sisteminin tarihî yapısını, gelişimini, nerede nasıl uygulandığını ve bizim ne şekilde idare edildiğimizi hiç kimse yeterince bilmiyor. Yani söyledikleri gibi tarih cahili olan sadece solcular mı? Sağcılar nereden biliyor kendilerinin her şeyi daha iyi bildiğini?

Yeni anayasa taslaklarını ve Başkanlık Sistemi tartışmalarını nasıl karşılıyorsunuz?

Bireyler ve gruplar heyecanla anayasa taslakları hazırlıyor. Bu gayrete girişmeyen vakıf, üniversite çevresi hatta küçük dernek yok gibi. Münferit anayasa taslaklarıyla birlikte sayılar ulaşılmayacak düzeyde. Bütün bu tasarıların ciddiyetle okunabileceğine inanmak güç. TBMM Başkanlığı'na, ilgili komisyonlara, Cumhurbaşkanlığı'na, hükümete tasarılarını takdim edip dikkati çekenler gene de eski bakanlar, milletvekilleri veya iktidar ve ana muhalefet partisinin yönetici çevreleri... Son aylarda belirli kesim başkanlık sistemi etrafında kenetleniyor gibi. Daha evvel bu sistemi tenkit edenler dahi başkanlık sistemi lehinde konuşmaya ve teklifler getirmeye başladı.

Demokrasinin beşiği Britanya'da anayasa metni olmadığını biliyoruz. İngiltere'de temel haklarla ilgili kanunlar, yönetmelikler devlet teşkilatı ve meclisin işleyişi ile ilgili gelenekleşmiş kurallar olup sadece yazıyla ve sözle değil; tavırla vaziyet almalar dahi anayasal sistemi oluşturur. 19. yüzyıl Türk düşüncesinin en orijinal kişiliği Ahmet Cevdet Paşa bu dünyanın takdirkârı, hatta hayranıydı. Fransız İhtilali'ne, onun yöntemlerine karşı olduğu çok açıktır. Metne dökülen bir anayasaya hiç sıcak bakmadığı da bilinir. Buna karşılık anayasa romantizminin babası sayılan (tabir benim değildir, merhum Tarık Zafer Tunaya'nındır) Midhad Paşa'nın teklif ettiği metin de anayasa metni olacak gibi bir nitelikten çok uzaktır.

Bununla birlikte kavgalı komisyon oturumlarıyla hazırlanan 1293 (yani Aralık 1876) Kanuni Esasi'si bir anayasadan beklenen kişisel hürriyetler, yargı ve yasama organı arasındaki işleyişi güvenlik altına alan usul meselelerini halletmeden ortaya çıktığı, daha beteri basın hürriyetini bile temin etmediği ve siyasi partilerden söz etmediği halde halen en uzun yaşayan anayasamız olmak özelliğini muhafaza ediyor.

1908 Meşrutiyeti'nden sonra siyasetçiler kabinenin düzenlenmesi, basın hürriyeti, mebus seçimleri gibi kurumları yani yasama ve yargı organının billurlaşmasını teminat altına aldı. Ve bu anayasal değişiklik bütün Kanuni Esasi metninin ilgili maddelerinin tadili ve ilavesi ile gerçekleşti. Talebesi olmaktan iftihar ettiğim hocam Tahsin Bekir Balta, 1924 Anayasası'nın da (ki cumhuriyetimizin en uzun ömürlü anayasası) bazı kurumlarının açıklığa kavuşturulması ve tadilatın yeterli olduğunu ifade etmişti. 1961 Anayasası birçok şeyleri değiştirdi ama uzun ömürlü olmadı. Uzun ömürlü olmamasında güzel Türkçesinin ötesinde olumlu yapılanmalar kadar noksanlıklarının da tesiri vardır. 1982 bir tepkidir. Bu tepki anayasasının 30 yılı bulmadan ne kadar çok tadilat geçirdiği herkesin malumudur.

Yeni anayasa tekliflerinde gene aşırılıkların olması kaçınılmaz; merkezi bürokrasi ve iktidardan çok şikâyet ediliyor. "Merkezî siyaset, idare ve iktisadi hayata müdahale ediyor" deniyor. Hatta bu alanda iktisadi hayata merkezin müdahalesi sayesinde refaha eren bölgeler bile ölçüyü kaçıran öneriler getiriyorlar. Türkiye'deki tekelcilik hassaten devlet tekelciliği, öngörülen ve özlenen anayasal sistemle hiç bağdaşmaz. Yetiştirdiğiniz çay bitkisini gümrük duvarlarıyla ve tekel sayesinde millete zorla satar gelir edinirken merkeziyetçilik ve devlet monopolünden memnun olacaksınız, sonra her safhada Ankara bürokrasisinden ve yürütmeden şikâyetçi kesileceksiniz. Bu pek tutarlı olmayan bir tavırdır.

Başkanlık sisteminin etkin denetimi sağlayacağını ifade ediyorlar. Bunun için fevkalade yetişmiş bir yargıç ve hukukçular grubu gerekir; baroya girmek gerçekten birtakım zor imtihanlara ve staja, hukuk diploması almak Avrupa'yı bırakın İngiltere ve ABD'deki gibi sosyal bilimler dalında kademeli, uzun ve zor bir eğitime dayanmalıdır. Kimseyi küçümsemek için söylemiyorum, ABD'de hissedilebilir bir yargıçlar hakimiyeti yoktur ama yargıçların ağırlığı vardır ve yargıçlar seçkin insanlardır. Bu bilhassa denetim yetkisine sahip olan yüksek yargı kuruluşunda (Supreme Court) pek açık seçiktir.

Başkanlık sisteminin kuvvetle yürüdüğü ve diktatöryal mahzurların bertaraf edildiği denebilir ki tek ülke ABD'dir. Zira yasama organını oluşturan politikacılar her şeyden evvel çok iyi seçilmiş, iyi yetişmiş insanlardır. Halk dalkavukluğu, hukuktan sapma gayretleri yok değildir; lakin genel kural sayılamaz. Yasamayı meydana getiren elemanlar ve mekanizmaların oluşmadığı ülkelerde başkanlık sistemi ancak Güney Amerika'yı yaratır. "Bu padişahlık yaratıyor" diyorlar; hiç alakası yok, hele II. Meşrutiyet'in padişahlarının böyle bir betimlemeyi hak etmediği açıktır.

Taşralarda kuvvetli politikacı yetiştirecek mekanizmalar yoktur. Bazılarının bir acı gerçeği hatırlaması gerekir; kurulan partilerin ikisine üçüne âdeta hatır gönül zorlamasıyla üye yapılanlar vardır. Taşralarda belediye seçimlerinde, meclislerin teşekkülünde demokratik katılımcılığın yaygın olduğunu kimse söyleyemez. Taşrada politikacı yetiştiremeyen bir toplumun başkanlık sisteminde ideal denetimden söz etmesi ve bunu beklemesi hayal kırıklığı ile sonuçlanabilir. Galiba bu alanda hiç değilse mutedil bir yarı başkanlık sistemine iltifat edilmesi daha gerçekçi olacaktır.

Çağımızda demokratik temsil ve katılım ve sadece meclis ve siyasi partilerle olmuyor. Maalesef Türkiye'de sivil toplum kuruluşları son derece güçsüzdür. Bu kuruluşların en büyük zaafı üye sayısı ve aidat toplayamamalarıdır. Batı'daki parlamento, varlığını ve zamanını bu gibi kuruluşlara harcayan geniş vatandaş kitlesi Türkiye'de hayaldir. Sivil toplum kuruluşlarımız devlet desteğinden ve varlığından geçinmek hevesindedir. Bazıları ise dış destek aramak zorunda kalırlar. Böyle bir mekanizmayı Batı demokrasilerinde pek bulamazsınız. Sivil toplum kuruluşçuluğu maalesef anayasa metinleri ile gerçekleştirilemiyor.

1982 Anayasası'ndan Türkiye'de hiçbir zümre ve ferdin memnun olmadığı açıktır. O takdirde o anayasanın en büyük zaafını teşkil eden "Bizim gibi düşünenler, bizler" tutumundan kurtulmak gerekir. Acele ile yasanan anayasalar çok kısa zamanda da işlemez hale gelir. Türkiye toplumu kadar sık anayasa değiştiren bir ulus yoktur; bu nakıs şöhretimizi düşünerek davranmalıyız.

Bizi Cumhuriyet'in birinci asrına götürecek anayasa nasıl olmalı?

Birinci asra götürmesine lüzum yok. 1924 Anayasası'nı devam ettirebilirdik. Onu yapmadık. Şimdi yine aynı sistem tarzında bir şey yapabiliriz. Ama bu anayasa artık tadil edilir olmaktan çıkmıştır. Bence esas olarak 1924 Anayasası'nın müesseselerini geliştirmekten başka çare yoktur.

Peki 90 yıl öncesinin anayasası bizi 21. yüzyılın dünyasına gerçekten taşıyabilir mi?

Neden olmasın? Anayasa dediğimiz şey hukuktur, bir hukukî metindir, belli hukukî normlara dayanır. 20. ya da 21. asır fark etmez. Yeter ki kısa ve özgürlükçü olsun. Unutmayalım, zaman kavramı hukuk normlarını eskitmez, hukukçunun kendisi eskir.

Cumhuriyet'in henüz tamamlanmamış bir proje olduğunu söylüyorsunuz.

Cumhuriyet maalesef büyük savaşların (Balkan Harbi, Birinci Cihan Harbi) yıkımının yarattığı bir ortamda kuruldu ki daha kötü de olabilirdi. Her şeye rağmen Kemalist deha, yani Atatürk kendi dehasıyla bazı şeyleri kurtardı. Bugünkü Türkiye Cumhuriyeti, Batı Türkiye'ye sahip olmadan kurulabilirdi. Bu durumda, bunun hiçbir anlamı kalmayacaktı. Bunları rövanşist amaçlarla söylemiyorum ama bu unsurların coğrafyası Türk'tür. Burada Türkler yaşardı. Eğer komuta heyetinin başındaki başkomutanın inadı olmasa, biz bugünkü Batı Türkiye'ye de sahip olamazdık ve onsuz bir Türkiye Cumhuriyeti ortaya çıkardı. Böyle bir cumhuriyet, ne ölçüde Türkiye Cumhuriyeti olurdu? Onun için, ulusal Cumhuriyet için elbette bazı şartlar gerekli.

Bu aşamadan sonrasını tahmin etmemiz fevkalade zor. Hâlâ Türkiye'de, ülkenin sürekli yeni çıkan politikacılar tarafından yönetilmesi, tecrübeli kadroların bulunmaması ya da mevcut tecrübeli kadroların dinlenmemesi yüzünden çok garip projeler ortaya çıkıyor. Şöyle bir bakıldığında, şu anki üç partide ortak politika götürecek bir insan yok.

"Model ülke Türkiye" sloganını sık kullanırız. Böylesine kaotik bir dünyada Türkiye'nin özellikleri nelerdir? Özellikle de halkının Müslüman olması ama sisteminin demokratik ve laik olması bakımından.

Türkiye demokrasi, seçim sistemi ve laiklik konusunda ciddi bir yol aldı. Bugün Türkiye'de kalabalık bir laik kitle var ki bu çok önemli. Bu bakımdan ülke 1920'lerdeki gibi değil. Maalesef her zümrenin her zaman çok olumlu davranışları da olmuyor. Kaba, provokatif yönleri var. Laikler artık 1930'larda Atatürk Bulvarı'nda yahut İstiklal Caddesi'nde yürüyen, şık insanlardan ibaret değil. Yakın geçmişte kavga çıkaran öğretmenleri, birbirini vuran insanları düşünün. Ama şurası da bir gerçek ki bugün laiklik var. Bu ideoloji, bu hayat tarzı, bu düşünce insanlara verilmiş. Ayrıca özünde laik anlayışa girmemekle birlikte, Türkiye'deki kalabalık İslâmi mezhep yaklaşımı da -ki bunların arasında da ortak ruhani bir sınıf yoktur- bu politikayı benimsedi. Mesela, Tunceli (Dersimliler) yıllar boyunca Kemalist partiye oy verdiler. Demek ki bazı şeyleri benimsemişler.

Bütün bunlar, sözünü ettiğiniz o üçlü istikbali vaat ediyor ama çok kuvvetli çatışmaların da gerçekleşebileceğini gösteriyor. Bir ülke için en büyük talihsizlik iç harptir. Rusya, Çin, İspanya ve Yunanistan örneklerini düşünün. Bunların ortak bilançosu, utanılacak deneyimlerdir. 70'lerde, 80'lerde İspanya'yı gördüm. Herkes birbirine şüphe ve temkinle bakıyordu. Düşünün, José Ortega y Gasset gibi bir insan iç savaş öncesi için; "İspanya omurgası olmayan bir ülkedir," dedi. Bu doğrudur ve bu iç savaş İspanya'nın çok değerli evlatlarını bir hiç uğruna kurban etmiştir. Mesela büyük şair Federico García Lorca'yı solcu diye yok etmiştir. Ünlü İspanyol düşünürü ve yazarı, Salamanca Üniversitesi Rektörü Profesör Miguel de Unamuno ise sağ cephededir ve onlarla nasıl bir diyalog kurmuş, anlaşılmaz. Bir konferans sırasında aynı salonda bulunan General Millan Astray; "Kahrolsun aydınlar! Yaşasın ölüm!" demiş: "Muera la inteligencia! Viva la muerte!"Adamın üstüne saldırıyorlar, muhtemelen linçten General Franco'nun eşi ona siper olarak kurtarıyor. Unamuno çok geçmeden, ev hapsinde ye'sinden ölüyor. Rusya "sosyalizmin en ıstıraplı biçimini; kapitalizmden kapitalizme geçişi" yaşadı. Kuşkusuz kayda değer sahifeler de var ama devrimin sonu ortada. Yunanistan İç Savaşı bunlarla dahi mukayese edilemeyecek bir faciadır.

Türkiye'de böyle bir tehlike var mı, iç savaş riski görüyor musunuz?

Böyle bir tehlike olabilir. Bu inanç temelinde olursa, çok daha fazla utanılacak ve çok hazin sonuçları olacak bir sorun olur. Etnik bakımdan böyle bir durumun ortaya çıkması, maalesef ona göre biraz daha anlaşılır, izah edilir bir şeydir. İnşallah ikisi de yaşanmaz.

Bunu önlemenin yolu ise akıldır. Sadede gelerek daima, itidalle ve keskinlikten kaçınarak hareket etmek gerekir. Hiçbir dâhili harp geçiren ülke kendisini aklayamaz. Yunanistan'ın durumu ortada. İç Harp'te ünlü devrimci bir anne babanın çocuğu olan Dimitri Kitsikis bir toplantıya çağırılmış ve nutuk atanlara sinirlenerek "Bütün korkaklar gibi, ürkmüş canavarlar gibiydik," demiş. İnsanoğlu korktuğunda yapmayacağı şey yoktur. İnsanlara yapılan eziyetleri, katliamları, şüphesiz asil davranışlar yanında utanmazca hareketleri bilmek gerekir... Başka zaman tımarhaneye atılacak insanlar ciddiye alınırlar. Mesela İspanya İç Harbi'nde Cumhuriyetçiler cüzzamlılara silah vermiştir. O zamanlar tedavi imkânları iyi değildi ve cüzzamlılar tecrit edilirdi. Onlar ise günışığına çıkarılıyor ama ellerine tüfek veriliyor. Yunanistan'da bir sürü çocuğu Çekoslovakya'ya gönderiyorlar. Çekler bugün bu çocukları kabul etmiş olmaktan ötürü utanıyor. Bu çocuklar bir daha dönemediler. Yunan dilinden koptular. Düşünebiliyor musunuz, Yunanlılık gibi bir imtiyazlı doğumdan kopartılıyorlar ve güya Çekya'da komünist liderler olarak yetişeceklermiş.

Halkımız binlerce yıldır süren gündelik yaşam pratikleriyle bu meseleyi çözmüş değil mi?

Bunlar, bu sorunları yaşayan her memlekette söylenir. Denir ki "Biz iyi geçinirdik." Bunlar güzel şeyler. Zaten 6–7 Eylül'de mahalledeki komşular Rum-Ermeni komşularının malını yağmaladı ve yaktı diyemeyiz. Ama oraya birtakım serseriler geliyor ve Beyoğlu'ndaki bir dükkânı yağmalıyorlar. Bunu yapan kişiler bu işi başlatan insanlar değiller. Gösterileri başlatanlar yağmacı değil, gösteri yapıyorlar, niçin yapıyorlar? Bir hınçları var. Oysa hınç duyacakları insanlar bu unsurlar değil. Aslında Balkanlarda başkalarına hınçlanarak gelmişler. Devlette kabahatli yok; kimi saysanız, başbakan, dâhiliye vekili, hariciye vekili kabahatsiz, herkes kabahatsiz diyebilir miyiz? Kim yaptı bunu o zaman? Kimler bu işe göz yumdu? Altı asırlık imparatorluğumuzda böyle bir şey yok. O Varlık Vergisi nedir? Açıklaması da şu: "Köylüden bu kadar ağır vergiler aldık, angarya tatbik ettik, üstüne de dört yıl boyunca askere yolladık. Bu insanlar da vergi versin." Bu ilkel bir devlet anlayışıdır. Ama ırkçı sonuçları görmez, alt kademede bazı berbat bürokratlar bu vergiyi tamamıyla olmasa da, büyük ölçüde Yahudilere tatbik etmişler. Belli ki alt komisyondaki bazı iş bilmez ve kötü niyetli bürokratların işi bu. Öyle görünüyor ki ellerinde bir dosya yok, kimin ne kadar parası olduğunu vesikayla bilmiyor ve dedikoduyla (ona bu bürokrasinin içinde nasılsa karîne deniyor) hareket ediyor. Bunlar, hiçbir sebepsiz, ispatsız, delilsiz şekilde ağır vergiler koymanın mazereti olamaz. Bu tür hadiseler imparatorlukta olmamıştır. İşte tam burada, Osmanlılık burada bitmiştir. Çünkü bu iki parti aynı partidir. Yani DP de asılında bu iklimden ve zümreden çıkar.

2015, 1915'in üzücü olaylarının yüzüncü yıldönümü. Ermeni Tehciri üzerine ne söylersiniz? Hasan Cemal'in konu üzerine yeni bir kitabı çıktı: "Ermeni Soykırımı" ifadesini kullanıyor.

1915 tehciri kendine göre birtakım sebeplere dayanıyor. Hasan Cemal bu konuyu başka bir açıdan ele alıyor, onun tercihidir. "Dedem bu işe karışmadı," demek, Cemal Paşa'yı bu karar ve işlemin dışına çıkarmıyor. Kaldı ki "genocide" lafı geçen yerde şahıslar değil, toplumlar suçlanır. Üç sene sonra, 2015'te tehcirin 100. yılı meselesi gündeme gelecek. 100. yıl törenleri Ermeniler tarafından sürüklenecek ama Papalık başta olmak üzere bütün Hıristiyan dünya bunu destekleyecek. Kimse buna komünist kışkırtması diyemez, artık ortada öyle bir şey yok. Bu Amerikan kışkırtması, Amerikan çevrelerinin düzenlemesiyle ilerliyor. Ama kimse buna da bir şey diyemeyecek. Mavi Marmara'dan sonra Yahudi lobisini de yanımızda bulamayacağız. Ne yapacağız peki? Hiçbir şey yapamayacağız tabii ki. Bu bilgisizlikle çok zor. Neşriyatımız, lobi faaliyetimiz, müttefikimiz yok. Olan neşriyatları da "Türkler parayla yazdırıyor," iddiasındalar. Tamamen yalan.

Guenter Lewy,[19] Justin A. McCarthy[20] tamamen kendi istekleriyle hareket etmiştir. Birkaç tane tarihçi, Batı düşüncesinin verdiği eleştirel yaklaşım dolayısıyla, her zaman Türkler lehinde tezlere girerler, ama bunlar birkaç kişidir. Çoğunluk ise, romantik yaklaşımı ve Hıristiyanlığı dolayısıyla Ermeni tezini savunur. Sonuçta bunların hiçbiri jenosit değil, jenosit denen şeyin tarifi yok. O tarifi maalesef bu insanların bilmediğini görüyoruz. Dışarıda belki bilmezlikten geliyorlar ama buradaki Türk-Ermeni savunucuların, yani bizimkilerin de bu işi hakikaten bilmediğini söyleyebilirim. Çünkü çok naif bir eğitimleri var. Hukuk ve tarih terimlerinin mukayeselerine girebilecek bilgileri yok.

Bu konu yüzünden mahkûm edilirsek de, aldırış etmemek, reddetmek gerekir. Ermenistan'la da doğru ilişkiler kurulmalıdır. Çünkü bu çevrede Yahudilerle Ermenilerden başka iş yapacağımız, bir şeyler inşa edeceğimiz bir unsur yok.

Ortadoğu'da 100-150 yıl önceki gibi paylaşım kavgalarının olduğu ve bugün yeniden hareketlenerek, biçim değiştirerek sürdüğü tezi doğru mu?

Bu bir paylaşım kavgası değil. Öyle görmek istiyorlar ama değil. "Amerikalılar gelip bizi bu hale getirdiler. Daha evvel İngilizler bunu yaptılar. Türkler yüzünden geri kaldık," iddiaları tamamen gülünçtür. Ama şurası bir gerçek: Ortadoğu artık bir arada yaşaması mümkün olmayan insanların toprağı haline geldi. Bu toprakların sahibi kim? Araplar mı? Suriyeliler çöl Arabı gibi değil, Aramilerdir. Yani milattan önce 2. asırdan itibaren orada hâkim olan grup Aramiler. Bir kısmı Hıristiyan, başka bir kısmı ise Müslüman olmuş. Bunların Arapça konuştukları açık, ama hiçbirinin bilinci bu değil. Onlar ayrı. Artık ayrı bir cum-

19 Guenter Lewy, *1915 - Osmanlı Ermenilerine Ne Oldu?*, Timaş Yayınları, 2011.
20 Justin McCarthy, *Ölüm ve Sürgün, Osmanlı Müslümanlarına Karşı Yürütülen Ulus Olarak Temizleme İşlemi*, 1821-1922, İnkılap Kitabevi, 1995.

huriyet kuracaklarını da söylüyorlar. Bir de Kürtler var. Iraklı, Türkiyeli, Suriyeli Kürt ne kadar iyi geçinir, üzerinde düşünülür. İran Kürtleri zaten diğerlerine katılmaya pek niyetli değil. Çünkü onlar bambaşka bir gruptur ve onların entelektüelleri çok zariftir. Benim hayatımda mesleki bakımından rastladığım İran Kürtleri çok mükemmel insanlardı. Bir tanesi Tahran Müzesi'nin müdürüydü. Bu kadar zeki, anlayışlı ve rafine kişilik az görülür. Avrupa'da bile o kadar dinamik ve çalışkan bir müze müdürü görmedim. Bir başkası da, daha önce Kültür Bakanı iken Hatemi'nin maiyyetindeydi. Farsça öğretmeniydi. Bu insanların, dindarlıklarına rağmen, seküler bir kafaları vardır.

Bu bakımdan Ortadoğu henüz haritası tamamlanmamış bir coğrafya. Ama hedefler tamamıyla etnisiteye dayanırsa bu topraklar çok bedel öder. Bu, İsrail'in hoşuna gider, çünkü parçalanmış bir dünya onlar için güvenlik unsurudur. Ne kadar Arap olmayan olursa, İsrail için o kadar iyidir. Amerika için de aynı şey geçerlidir. Yani İsrail'in ve Yahudiliğin Amerika'yı idare ettiği gibi bir fantezi çok basit bir açıklama. Türkiye'nin Ortadoğu'da aktif bir rol istemesi ise yanlış bir şey değil, ama bunu züccaciye dükkânına giren fil gibi yaparsa çok yanlış olur.

Modern Türkiye'nin uluslararası şöhreti açısından bazı iddialı projeleri var. Önümüzdeki on yıl içerisinde Türkiye, Olimpiyatlar gibi büyük enternasyonal organizasyonlara talip. 2020'de olursa yüzüncü yılın arifesinde, 2024'de olursa hemen sonrasında. Ne dersiniz?

Bu benim saham değil, ama iyi hazırlanırsak, bu hem bir düzen getirir, hem de ekonomik katkısı olur. Bu konuda en beceriksiz şehir Atina'ydı. Son anda durumu kurtardılar. Bu, Atina Belediye Başkanlığı yapmış Dora Bakoyanni'nin başarısıdır büyük ölçüde... Metrosu düzeldi, yeni tesisleri oldu. Ben Türkiye'nin böyle bir imkâna sahip olmasını isterim. Ama yapılabilecek mi, emin değilim. "Bu ihaleyi benim adamlarım alacak, illa benim hemşehrilerim olacak," denilirse muvaffak olunamaz. Maalesef 2010 Kültür Başkenti organizasyonu bu şekilde oldu. Kültür Bakanlığı ile komite kavga etti. Bu arada bu durumdan mesul bir grup istifa etti.

Kentleşme konusunu konuşmuştuk. Peki kentlerimizin ruhu hakkında ne söylersiniz? Estetik kaygıdan niye böylesine uzağız?

Böyle bir kentleşmede ruh olmaz. Ankara gençken bir nevi bozkırdaki bir Balkan şehriydi. Bugün Ankara'da geceleri insanın ruhu kararır. Bekâr bir insan orada yaşayamaz. Oysa Paris'in %49'u bekârdır. Şu bakımdan söylüyorum: Öyle bir şehirdir ki bekâr insan Paris'te sıkılmaz. Sokaklarda içi açılır. Aşağı yukarı bütün Avrupa böyledir. İstanbul'da belki yaşanabilir ama orada da bir katliam başladı.

İstanbul son derece büyümüş bir şehir. Nüfus çok artıyor. Peki bunun sebebi nedir? Çünkü insanlar artık köylerden nefret ediyor. Köylüler artık toprağa eğilmek istemiyor ve ekili biçili, altyapısı olan toprakları bırakıp, İstanbul'a geliyor. Bir işleri, toprakları yok ama mafya aracılığıyla bir yeri çevirip mülk ediniyor. Hayali de orayı kiraya verip gelir elde etmek. Avrupa tarihinde bu tip bir şehircilik düşünebiliyor musunuz? Ne Viyana, ne Paris, ne de Manchester böyle büyüdü. Böyle bir şey dünyada yok.

"Türk vatanının ziyneti, Türk tarihinin serveti, Türk milletinin gözbebeği İstanbul..." 100. yılda, bir dünya kenti olarak nasıl bir İstanbul ve onun için nasıl yönetim beklersiniz?

Evvela, cebi dolu olmasa bile gözü tok olmalı. Şahsi namus eğilimi yetmez; parti genel merkezindekilerin İstanbulluların sırtından genel merkez masraflarına karşı (!) talep ettiği meblağa da "hayır" diyebilmeli... Geçmişte "hayır" diyen bir-iki kişi oldu;

onlarla birlikte hemşehriler de kaybetti ama zaman en iyi hekimdir. Bu gibi mağdurların başı gene taçlanır; hemşehriler mutlu yönetilenler ve onlar da iyi yöneticiler olarak tarihe geçer. Çünkü İstanbul arşınla ölçülemeyecek kadar dağınık ve büyük, kendine has gelişmesi olan bir dünya şehridir. İstanbul yarım akılla kavranmaz. Her şeyden önce İstanbul'a inanmak gerekir. Onun geleceğine inanan, onu seven ve bu dünyada İstanbullu olduğu için yaşamına şükreden insanlar bu şehri yönetebilir. İstanbul'un belediye başkanı olmak, İstanbullu olmaya yetmez. İstanbul belediye başkanı bu şehri yönetmenin çileli bir imtiyaz ve bir misyon olduğunu anlamalıdır.

İstanbul'u her gün gezdiği yerleri inceleyen ve tespit eden adamlar yönetebilir. İstanbul belediye başkanı güzellikten anlayan değil, ona âdeta tapınan biri olmalıdır. Belediye başkanı paraya, mevkie değil, muhteşem şehrin vereceği hazza tırmanmaya çalışan biri olmalıdır. İstanbul'un belediye başkanı avamfiribane (popülist) tavırlarla şehri dolduran, arazilerini yağmalayan hatta su kaynaklarının üstüne yayılan kitleleri değil; şehrin sağlığına, orada yaşayan canlı cansız bütün İstanbulluların yani sadece insanların değil, kuşların ve ağaçların hukukunu da koruyan adam olmalıdır. Bu keyfiyeti havsalası almayan ve kendine ait olmayan tapuları dağıtarak oy satın almayı düşünen adamlara bu şehir rey vermemelidir.

İstanbul belediye başkanı en çok İstanbul'u sevmelidir. İstanbul'u kendi bölgesinin hemşehrilerine ve sülalesinin gönencine kurban edenlerin veya onun dünyanın en güzel şehri olduğuna inanmayan, aklı ermeyenlerin bu şehri yönetemeyeceği açıktır. Bol muhafazakârlık nutukları atıp, Süleymaniye-Fatih camileri arasındaki tarihi kültürel zenginlik dolu alanı, bir alay acayipliklere ve yağmacılığa terk edenlerden olmamalıdır. İstanbul'un güzelliğini umursamayanlara, sınıfları ve ekonomik durumları önemli değil, devlet adına gudubet binalar diken bürokratlar da dahil olabilirler. Miri arazilere gecekondu ve beton bloklar diken, İstanbul'un eski eserlerini tahrip eden, ağaçlarını kesen haydutlar da olabilirler. Onun güzelliğine inanmayanlar ise akıllarınca bu şehri güzelleştirmeye kalkıştılar; manasız yollar ve çarpık meydanlar açtılar; imar düzenini altüst ettiler. 1500 yıldır İstanbul'u İstanbul yapan Romalı seleflerimizi ve kendi muhteşem ecdadımızı görgüsüz ve zevksiz adamlar olarak düşündüler. Onların kubbeli, şahnişinli eserlerinden mezbele diye iğrendiler. Dünyanın 2 bin yıllık ana meydanı Sultanahmet'te bin yıllık sarnıçların temeli üzerine çok katlı binalar diktiler. New York kendi çevresinde görkemiyle herkesi çarpabilir. Bizim görgüsüzler ise İstanbul'u New York yapmaya kalktılar. Biz dünyayı tanıyan, İstanbul'u da İstanbul olarak seven, kadın veya erkek, partili veya partisiz bir yönetim bekliyoruz.

Bir de Ege'nin incisi İzmir. Son on yılın tartışmalarında hep var.

İzmir'in durumu da çok karışık. TOKİ evleriyle oraya bir nüfus yığılıyor. Şehir o nüfusu kaldırmaz, çünkü İzmir'de yatırım çok geniş değil. İzmir'in becerikli ve dinamik bir girişimci sınıfı yok. Bu nüfus Doğu'dan geliyor. En çok göç eğilimi Doğuda var. Bir nebze Kastamonu'dan ve Giresun'dan göç var.

Şehrin kültürel hayatında Ankara'nın aksine son 20 yıl içinde kıpırdanmalar başlamıştır. İnsanlar tiyatro ve müziğe düşkün. Kitap fuarları canlanıyor. Okuma seansları yapıyorlar. Resim ve heykel kursları gençleri celbediyor. Üniversitelerde kültürel faaliyetler ve konferans tertipleri artmaktadır. Türk üniversitelerinde görülmeyen ilk branşlar burada doğdu. Modern Yunanistan tetkikleri bunun başında gelir. Su ürünleri üzerinde tetkikler yapıldığını fen adamları söylüyor. Tıb fakülteleri hamleler yaptı. Bütün bu olumlu gelişmeleri rayında tutabilmek için aşırı nüfus hücumunu getiren politik amaçlı operasyonlardan vazgeçmek gerekir.

Modern ve güçlü bir devlet olmanın gereklerinden sağlıklı üniversiteleşme meselesi...

Bu sorun, benim için hiçbir zaman halledilmemiş bir sorundur. Kendiliğinden bir düzelme ihtimali ortaya çıktı. Batı Avrupa'da bile olmayan bir kurum olan vakıf üniversiteleri ortaya çıktı. Vakıf üniversiteleri durumu biraz düzeltecek, ortalamayı yükseltecektir. Toplum en azından şunu anlayacak: Eğitim pahalı bir şeydir. İyi eğitim daha pahalı bir şeydir. Ayrıca hâlâ sanayi eğitimi başlamadı. 4+4+4'te sanayici, sanayi işçisi eğitimi planlanmış değil. Midhat Paşa işe sanayi eğitimiyle başlamıştı. Cumhuriyet döneminde henüz ortada sanayi yok ama kız-erkek zanaat mektepleri hazırlanıyor. Şimdi ise çeşit artıyor. Bunun güzel örnekleri de var istisnai olarak. Mesela turizm-otelcilik okulları. Bütün problemlere rağmen, Türkiye'deki otellerdeki hizmet kalitesinin farkında mısınız? Çünkü oradaki çalışan okuldan geliyor, staj görüyor. Belki halen en iyisini yapamıyoruz ama iyiyiz. Peki, bunu niye elektrikçi, bilgisayarcı, marangoz, tornacı için de yapamıyorsun? Ortalık bilgisayar mezarlığı, daha da beteri tıbbî cihaz makine mezarlığı halinde. Üstelik de sanayi bünyeni ıslah etmek zorundasın. Bizim bir de sanayimizin bünyesini değiştirmemiz gerek; yani ikinci sanayi toplumu olmak durumundayız. Nitelik değiştireceğiz. Ben bu bakımdan, 4+4+4 gibi projeleri çok ihtiyatla karşılıyorum.

Türk toplumunu, çok yüksek bir iç göç olgusu, kabuk değiştiren bir toplumsal yapı, yüksek bir sınıfsal geçişkenlik ifade ediyordu. Peki, biz şu anda nasıl bir toplum haline geldik?

Türk toplumu 19. asra göre büyük bir kabuk değişimi geçirmektedir. İdeallerini büyük ölçüde gerçekleştirmeye doğru yürüyor. Bir sanayi ülkesi olmuştur ve daha bu yolda gelişecektir. Kırsal nüfus süratle azalıyor, daha da azalacak; vatandaşlık toplumunun şartları hazırlanıyor. 19. asırda insanlar kendine sahip bilinçli bir tebaa toplumu niteliği arzu ediyorlardı. Bugün vatandaşlık toplumuna gidiyoruz ama en önemli sorun etnik yapı ve bu yapıdaki biçimlenmeler... Tanzimat döneminin esas özlemi gerçekleşiyor ve Türkiye'nin ordusu geçen asırdan daha kuvvetli. Çünkü geçen asırda beynelmilel düzeyde komutanları ve kurmayları vardı, fakat silah sanayimiz bu orduyu doyuramazdı. Fakir bir orduydu bu, imkânları dardı, bu eksikliğin sıkıntısını çekti girdiği harplerde. Bugünkü ordunun komuta kademelerinin eğitimi fevkalade yükseldi ve dünyada eğitim veren ordulardan biri halinde. İş idaresi alanında büyük bir devrim yaptık ama yeterli değil. O yüzdendir ki şirketler büyüyor ve tıkanıyor. Tıkandığında batma tehlikesi vardır, satılıyor. Satış mecburi, ideolojik bir tercih değil. Menajer yok. Yetiştiremiyorsunuz. Dışarıda yetişip gelen genç menajerleri üst kademedekiler yeterince değerlendiremiyorlar. Bu neye dayanıyor? Kültürel devrime. Kültürel devrimini ve değişimini güçlü olarak geçiremeyen bir toplum, kültürel mirasını da muhafaza edemiyor ve dünyaya kültürlü bir toplum olarak kendisini gösteremiyor. Sanatlar alanında kendisini ifade edemiyor. Bir ucuzluk, bir kalitesizlik hâkim. Şöhret ve reklam düşkünlüğü var ama geçerli, kaliteli ve ustaca bir reklam değil. Kalitesizliği teşvik eden bir yapı söz konusu. Şarlatanlık hâkim. Bilim alanında mesela intihal çok yaygın. Bilgi hırsızlığı çok. Bunları temizlemek gerekiyor. Kısa dönemde Türkiye hümanist devrimini yapamazsa, yani Batı kültürünün kökü olan klasik dilleri, Doğu kültürünün kökü olan klasik şark dillerini -ki eskiden bu vardı- yeniden harekete geçirip filolojik devrimini yapamazsa tarihçi de olamaz, hukukçu da olamaz, içtimai ilimlerde de atılım yapamaz. Tıb ve mühendislikle bir toplumun ilanihaye gitmesi, ilerlemesi mümkün değildir. Bunu halletmesi lâzım. Türkçeye karşı hoyratlığımız, eski eser tahribatımız da bundan ileri geliyor. Çok açık görebilirsiniz bunu. Bu, ahlaksızlıkla izah edilemez. İtalyanlar da her toplum kadar yolsuzluğa ve rüşvete meraklılar. Buna rağmen hiçbir zaman oturup da eski eserlerini tahrip etmiyorlar, onlara hoyrat davranmıyorlar. Bu, Türkiye için çok önemlidir. Bugün Türkiye kasabaları Beypazarı gibi bir-iki örnek hariç - Murat Katoğlu'nun nüktesindeki gibidir; "Ankara'da Dışkapı'ya, yani Yıldırım Beyazıt Meydanı'na git bak, bütün Türkiye bu hale gelmiştir," der. Bir yanda sözde kalıntı eski eserler, onun yanında gecekondular ve gecekondu gibi apartmanlar. Görgüsüz bir refah. Maalesef bu bütün Türkiye'nin manzarası haline gelmiştir. Özellikle Anadolu kasabaları hep böyledir. Büyükşehirler de öyle. Bu, hızlı şehirleşme dediğimiz sürecin yansıması. Aile yapısı yavaş yavaş parçalanıyor; belki Avrupa'dan daha iyi durumdayız ama boşanmalar artıyor, başarısız evlilikler artıyor, çocuklar perişan oluyor ve nesiller arasındaki ilişki kopuyor. Dinî kurumlara bakıyorsunuz, ananeyi savunan, götüren bir dinî yapılaşmadan çok, aşırılığa ve militanlığa kayıyor, yeni bir politik katılıma ve kasabalı tipi liderliğin hâkim olduğu hızlı iktidar kavgası, hızlı sınıf değiştirmeye yönelik örgütlenmeler bunlar. Daha kaba tabirle bir yağma sistemi (spoil/patronage system)...

Çok kısa zamanda, yani 50 yıl içinde kırsal Türkiye, sanayileşmiş Türkiye oldu, kentsel oldu. Bu çok kısa bir dönem. Bizim hayatımız ve bir milletin toplumun hayatı için çok kısa bir süre. Bunu taşıyabilmek kolay değildir. Bir toplum, bu gibi değişimlerde çok büyük sarsıntılar geçirir, çok büyük acemilikler sergiler ki bugünkü Türkiye'de de bunu görüyorsunuz. Eğer eğitim konusunda ciddi bir elitist politika izleyip, zeki ve akıllı çocukları tespit edip, bunların eğitimine yönelmezsek sonumuz iyi değil. Bugünkü üniversiteye giriş sistemi adildir fakat deha sahibi çocukları değerlendirecek bir sistem değildir. Bunu uzmanlar söylediler. Üstün zekalıları tespit edip, bunların yetiştirilmesini temin edemeyen bir toplum sistemi ayakta kalamaz. Dolayısıyla Türk eğitiminde iki amaç olmalı: Birincisi, düzgün ve nitelikli bir proleter sınıf yetiştirmek ki bunu yapamıyoruz. 19. asırda "Sanayi Mektebi" ile başlayan sanat okulu-endüstri mekteplerimiz henüz yeterli nitelikte değil. İkincisi de, üstün zekâlı çocuklarımızı tespit edip, bunların iyi yetiştirilmesini sağlamak. Bunu da pek yapamıyoruz. Durumumuz o açıdan iç açıcı değil. Sadece iyi kullanamadığımız genç bir menajer sınıfı yetiştirdik.

Bundan başka, 50 yıl içinde sanayileştik, enerji kaynakları yarattık ki yeterli değil diye düşünmemiz lâzım. Çevremizi çok tahrip ettik. Bunu düzeltmemiz lâzım. Barajlarla Türkiye enerji sağlayamaz. Yeni enerji politikası ve teknikleri uygulamalıyız. Boyuna, olur olmaz vadileri doldurup durmayalım. Bütün Çoruh Vadisi gidiyor ve bunu söylemiyor insanlar. Ayrıca görünen o ki o vadideki insan unsuru dahi lehçesi ve âdetleriyle kaybolacak. Burada da garip ideolojik tercihler var insanlarda, bunun halledilmesi lâzım. Çevre kirleniyor bunun üzerinde durmuyoruz. Orman tahribi üzerinde durmuyoruz. Şehirlerin yapılaşması gittikçe beter vaziyet alıyor.

Cumhuriyet şu anda bizi hangi noktaya taşıdı?

Şurası bir gerçek; Türkiye 19. asırdan daha müreffehtir, nispet olarak 19. asır imparatorluğundan daha kuvvetlidir. Müesseseleri daha güçlüdür. Ordusu, endüstrileşmesi, kırsal yapının değişimi, eğitimi, tıbbı, mühendisliği çok daha öndedir. Ama maalesef gereken kültürel transformasyonu, yani büyük dünyaya, kuvvetli bir cemiyete yakışan kültürel dönüşümü ve asıl önemlisi hukuk ve adalet devrimini tamamlayamamıştır. Bunları halledecek diyoruz, gelecek için çok ümitvarız.

"18. yüzyılda başlayan, 19. yüzyılda Osmanlı İmparatorluğu'nu ateş yerine çeviren milliyetçilik dalgalarının bugün bile söndüğünü söylemek mümkün değildir," diyordunuz.

Balkanlarda ve Ortadoğu'da o süreç devam ediyor. Halledilmiş değil. İmparatorluğu yıktı, daha çok şeyler yıkılacak. Hâlâ devletler yıkılıyor, devletler kuruluyor. Bir Yugoslav arayışına bakın. İşte o gün başlayan ateşin kıvılcımları bunlar.

İç dünyamızı yansıtarak, bize uygun duygu olarak nasıl bir milliyetçilik desem?

Dünyada bu yeni milliyetçiliğin Balkanlarda, bilhassa Ortadoğu'da uğradığı şu değişim devrinde bizim ağırlığı olması gereken toplumumuzda hadiseleri yönlendirecek, hâkim olacak bir millî anlayış ve milliyetçi düşünce ve tutuma sahip olamadığımız görülüyor. Bizim milliyetçiliğimiz maalesef kasaba milliyetçiliğidir. Balkanlarda da öyledir, Ortadoğu'da da öyledir. Avrupa ve Orta Avrupa milliyetçiliği hele Rusya gibi gümrah fikri nitelikli kaynaklardan beslenemiyor. Osmanlı İmparatorluğu'nun sınırlarındaki milliyetçilikler de yüksek nitelikli kaynaklardan beslenemiyor. Sorun bu ve onun için gayet yavan ve gülünç tarih tezleri, gayet gülünç sanat eserleri çıkıyor. Siyasi ideolojiyi, stratejiyi besleyecek bir literatür kalabalığı yok bu ülkelerdeki milliyetçiliklerin arkasında. Bu bütün havalide böyle ve bir nevi gerilik. Yani öbürünün Hegel'i var. Balkanlarda ise Hegel'in taklitleri var. Slavlarda Hegel tartışmaları ve uygulamaları üzerine yapılan incelemeler var; Slavlar Hegel'i anladıklarını sanıyorlar ama yanlış anlıyorlar. Vakıa Hegel de bugünkü dünyaya ışık tutabilecek bir düşünür değil zaten. Mezkûr toplumlarda çok kötü ve sapmalı bir felsefe var; şiarlı, ideolojili ve hedefli milliyetçilikler var. Teleolojik (gai) yorumun kendine özgü sapmaları bunlar. Üniversal milliyetçilik değil. Üniversal, filolojik, tarihî kaynaklara dayanan o nitelikteki bir milliyetçilik yok burada ve bu milliyetçilik onun için doğrudan doğruya insanların birbirini kesmesine ve etnik sınıflandırmaya dayanıyor ve hiçbir şeyin değişmediğini gördük. Bosna olaylarının 10 sene sonra tekrarlanmayacağını kim temin edebilir?

Milliyetçilik denen, nasyonalizm denen düşünce ve politika ne olabilir, neye yaslanır? Evvela millet olur; o toplumun kendi zihninin sübjektif olarak onu kapsama durumudur. Böyle bir milliyetçilik olduğundan şüphem var. Bu imparatorlukta milliyetçilik konusunda en geç uyananlar Türkler ve Arnavutlardır. Arnavutlara sorsanız Arnavutluk'a ve Arnavut kimliğine toz kondurmaz ama onun modern anlamda uyanışı da geçtir. İlginç bir şey, Arnavut milliyetçiliği önderlerinden olan Şemsettin Sami (Fraşeri), Türk milliyetçiliğinin de öncülerindendir. Bizim ansiklopedimizi yazmış (*Kamusu'l A'lâm*). Bunu, aldığı yabancı eğitimle yapıyor. Birtakım kelimelerin etimolojisini aynı yöntemle izah ediyor. Tercihan her şey Arnavutça veya Türkçe kökenlidir. (!) Yazdıkları da böyle. Mamafih Türkiye'de milliyetçiliği mektep, basın değil, yaşanan tarihin bizzat kendisi öğretmiştir. Ne zaman ki 1912-1913'te Balkanlarda, 1914'te Birinci Dünya Harbi'nde insanlar perişan olarak yerlerinden edilmiş, ölmüş ve öldürülmüştür; ne zaman ki insanlar Çanakkale'yi savunmak zorunda kalmıştır, işte orada o vesileyle öğrendiler. Bu öğretildi. Onun için hâlâ milliyetçilik bir yaşanan tarih ürünü... Türk edebiyatının bunu getirdiğini söylemek mümkün değil, son derece zayıftır. Milliyetçilik zor bir şeydir, sanıldığı gibi öyle kasaba hayatıyla edinilecek bir dünya görüşü ve ideoloji değildir. Geniş bir gözlem, tecrübe olacak, yaygın olacak. Üniversal bir görüş, tecrübe gerekir. Bunu yapanlar ancak farklı milliyetçilik getirirler. Ona göre bilgi birikimiyle konuşacaktır. Bazıları diyor ki, "Milliyetçiliği Türkiye'de birtakım solcular yapıyor." Elbette onlar yaparlar. Çünkü bu vasıfların çoğu yaklaşık olarak onlarda, onun için öyledir. Milliyetçilik zayıftır ama buna rağmen kendini Türk olarak görenler kalabalıktır. Ne demek bu toplumda Türkiyelilik, neyi ifade ediyor? Gariptir bu. Bunlar belirli hazırlık neticesidir. Olmayan şeyleri arzu edilen, özlenen şeklinde getirmenin bir mânası yoktur. Arzu edilen, istenen şu da olabilir; "Bir eski Anadolu kültürü vardır, bizim İyonyalılarla bağımız vardır." Hayır yok. İnsanın üretimini tayin eden en önemli şey, lisandır. Hoşuna gitsin gitmesin, orayla bağ yok. Kültürel kalıntıları, kültürel mirası kısmen devralma olabilir. Ama o başka bir renk ve unsur. Türk etnie'si üzerinde en ilginç felsefî antropolojik denemeyi Yalçın Koç *Anadolu Mayası* kitabında kaleme aldı.[21] Ne kadar etki yaptı bilmiyorum, ama bugün olmasa yarın yapar.

Dünya üzerinde özellikle 17. yüzyıldan itibaren tebarüz eden bir Batı Kültürü mevcut. Bu kültürün değişim dinamiklerini neler oluşturuyor ve bu süreçte sizi en çok etkileyen ülke hangisidir?

Avrupa kültürü benim kişisel dünyamın önemli bir bölümüdür. Birisi Alman kültürü, diğeri Rus kültürü. Bu ikisine çok düşkünümdür ama Rusya'yı Almanya'dan daha çok severim. Rus kültürü benim uykusuz gecelerimin kazancıdır. Rus kültürüne dair çok kitap okudum, asıl önemlisi hayatım boyu mülteci beyazlarla ve komünistleriyle görüştüm; gayri-Rusların reaksiyonunu tanıdım. Rusya tıpkı bizim gibi değişen, modernleşen bir toplumdur. Ama mazide Batılılaşma konusunda bizden daha başarılıdırlar ve özgün olmayı bilmişlerdir. Bizim küresel kültürel noksanlığımız Rusya'da yoktur. Batılılaşmanın kültürel boyutunu da ihmal etmemişlerdir. Ama şu kadarını söyleyeyim; muasır Avrupa'nın kökeni Yunan-Roma, Batı kadar İslâm ve Yahudi dünyasında da yer sahibidir. Bundan maada Doğu'nun edebiyatını, hele Fars edebiyatını geçecek bir Batı şiiri düşünülmez. Doğu kültürü için Türk kültürü bakirdir. Bunu bilmek için, Osmanlıca ve belirgin ölçüde Arab-Fars dünyasına girmek lâzımdır. Uzun yıllar boyu bu anlayış bizden uzaktı; yeni gençlik bu alanlara da giriyor. Birçok Türk gibi ben de Batı'ya yöneltildim; ama çevremizde Şark kültürü de yaşadı ve birçok Türk dün ve bugün

21 Yalçın Koç, *Anadolu Mayası*, Cedit Neşriyat, 2007.

Doğu'ya yöneliyor, bu kaçınılmaz. Türkler Doğu-Batı sentezini izlemek zorundadır. Doğu da Allah'ın, Batı da Allah'ın…

Kültürümüzü hem evrenselleştirirken hem de millileştirmenin yolunu bulmamız gerekir. Modernleşmede bu, çok önemli bir konudur.

Edebiyat ve kültür adamları toplumsal dönüşüm içinde ne kadar önemlidir? Sanki modernleşmemizin eksik yanı burası…

Büyük edebiyat adamları toplumun vicdanıdır, namusudur ve Aristotalyen anlamda söylersek, bir toplumun "katarsisi"dir, boşalımıdır. Yani bir toplumda güzelliklerin, estetik unsurların ön plana çıkması için edebiyat adamları kötü ve çirkin şeyleri söyler, altını çizer, ortaya koyar. İnsanların beyinlerine ve vicdanlarına bunları kazırlar ki ortaya güzel şeyler çıksın. Bunu yapanlar hakiki edebiyat adamlarıdır.

Türk edebiyatında siyasette büyük insanlar vardır; Mehmed Âkif Ersoy gibi, Nazım Hikmet gibi, dil ve edebî sanat olarak Ahmet Haşim, Necip Fazıl Kısakürek gibileri vardır ama mesela Rusya'da Puşkin'in yaptığı gibi bir ekol yaratmak, başkaları tarafından izlenmek, edebiyatı doğrudan yönlendirmek ve etkilemek bizde gerçekleşmemiştir. Türkçe hoyrat kullanılıyor, bu da bir gerçek. Edebiyatta ucuzluğun hâkim olduğu da gerçektir. Ama bunları aşabiliriz.

Modernleşmemizde bu eksikliği gidermemiz gerekir. Bu tamamlanmadan modernleşme layıkıyla gerçekleşemez.

"Bugünkü Türk aydınını bilmek için Osmanlı aydınını tanımak gerekir," demiştiniz bir kitabınızda. Aydın portresi çıkarmak… Bununla neyi kastediyorsunuz?

Bugünkü Türk aydını, Osmanlı aydınından birtakım şeyleri tevarüs edememiştir. İyi bir mirasyedi olamamak durumu söz konusu. Ama unutmayın; bunlar aynı dili konuşuyorlar. Aynı kavramları kullanıyorlar. Son devrin Osmanlı aydınları arasında klasik şark kültürü dediğimiz kültürün içinden çıkan ve saniyen bununla geçinen, buradan türeme meselelere bu zaviyeden yaklaşan adam çok azdır. Cevdet Paşa, Elmalılı Ahmed Hamdi Efendi gibi, belki bir dereceye kadar Şehbenderzâde Ahmed Hilmi Bey sayılabilir. 19. ve 20. asır başındaki Türk aydını da Osmanlıca okumayı bilmesine rağmen, klasik şark dünyasıyla ilgilenmekten çok Batı tercümelerini ve Batı yorumlarını dinlemeyi tercih etmiştir; özellikle Fransız literatürünü. Binaenaleyh bugünküyle arasında çok bir fark yoktur ve bunda da çok yayadır. Çünkü Batı kültürünü ihata edecek bir genişliğe sahip değildir. Mesela Fransızca okusa, Almanca okuyamaz, oysa felsefe bakımından çok önemli. 19. asırda İngilizce bileni azdır. Bunlar Batı dili bilirler ama Batı medeniyetinin temeli olan Yunan ve Latin kültürüne inememişlerdir. O lezzeti alamamışlardır. Gördüğünüz gibi hastalık aynıdır. Bugünkü Türk aydını ile Osmanlı aydınının Batı karşısındaki hastalığı aynıdır, her ikisi de yüzeyseldir.

Aydınımızın bir diğer eksikliği de Doğu dünyasıyla hiçbir alakası olmamasıdır. Alakası olan vardır ama ona da aydın demeye şahit ister. Arapça bilir, Kur'ân tefsiri yapar, ama İbranca, Aramca bilmez.

Türkiye'de dil eğitimi çok kötü. Dilden anladığımız şey başka şey. "Yani biraz İngilizce öğren". Rahmetli Vehbi Koç'un verdiği düstur: "Otomobil öğrenin, daktilo öğrenin ve dil öğrenin." Bu tamamen bir firmanın satış sorumlusuna gereken bir vasıf ve nitelik. Bu tarif entelektüelin tarifi değil. Bu tarif hatta üstün bir menajer sınıf üyesinin tarifi de değil; akademik bir uygarlık yaratma peşindeki kadroların tarifi hiç değil; dolayısıyla Türkler lisan öğrenmiyorlar. Bu konuda son derece laubaliler. Günümüz aydınları ne klasik Batı dillerini (Yunanca, Latince) ne de klasik Şark dillerini artık öğrenmiyorlar. Ticaret yapan adamın diliyle münevverin dil bilgisi farklı olmalıdır. Aydınlarımız dar görüşlüler ve zamanları ve mekânları fetheden bir toplum olamayan, gerçek anlamda Atatürk politikasının ne olduğunu anlamamış zümreler. Bu çok açık. Yerküreyi anlamak, o anlamda fethetmek uzak bu anlayıştan.

Kültür, edebiyat derken, siz medeniyet gelişimi ve günlük hayat kalitesi bakımından sporu da önemsersiniz...

Benim zamanıma göre çok arttı ama yeterli mi? Değil. Niye 70 milyonluk ülkeden kimse buz pateni şampiyonasına katılmıyor? Niye kayak şampiyonalarına kimse katılmıyor? Buradaki dağlar Avrupa'dakinden çok daha yüksek. Niye yüzme şampiyonlarımız, sutopu şampiyonlarımız, takımlarımız yok? Çünkü yeterli tesis yok, yeterli genç sporcu tespiti yok ve gelişme olmasına rağmen yetersizlik hâkim. Niye ata binilmiyor? Bu millet mazide süvari bir millettir. Türkçede müthiş bir at vokabüleri vardır. Belli ki atla Asya'yı geçtik, atla devlet kurduk, at organizasyonu ile askerlik oldu bizde ve öldü bu. Arabistan'da deveciliğin ve deve kültürünün öldüğünü düşünebilir misiniz? Türkiye'de bu ölmüş.

Türklerin zengin bir sınıf oluşturmaları sanat ve kültür alanına katkı yapacak herhalde...

Sanatla ve diğer alanlarla esaslı biçimde ilgilenmeleri için üçüncü neslin yetişmesi lâzım. Bismarck'ın deyimiyle "Birinci nesil kurar, ikincisi idare eder, üçüncüsü sanat tarihi okur, dördüncüsü batırır," demiş. Daha yolun başındayız. Türk sanayicisi ve tüccar sınıfı üçüncü nesle yeni ulaşıyor. Bundan sonra gelişmeleri göreceğiz.

Kültürel dünyamızın hali hazır yapısının siyasal yaşamımıza etkileri de yüksek. "Millet olarak vatandaş toplumu tarif ve çerçevesine giremediğimizin en açık göstergesi siyasi partilerimizin yapısı ve vatandaşlarımızın siyasi partilerle olan ilişkisidir," demiştiniz...

Evet. Maalesef o yön çok açıktır. Diyelim Avusturya'da bir adam doktor veya avukat, beş nesildir sosyal demokrat partiye üye. Batı'da böyledir. Adam nesillerdir işçi sınıfının üyesi. Artık kendisi işçi olmasa bile, o ideolojiye sahip. Bunu görüyoruz. Ve parti değiştirmek söz konusu olmaz. Bu çok ama çok nadirdir. Bunların kendileri rahatladıkları ölçüde o partilerin ideolojileri rahatlıyor. Elbette 1920'nin Avusturya sosyalisti ile bugünkü sosyalist aynı adam değildir ama iki tip de o sınıfın kendi rahatlaması ve serencamı içindedir. Memleketleri işgal ediliyor, Nazizm geliyor, cumhuriyet yeniden kuruluyor, neler yaşamıyorlar ki... Partileri aynı. Liderler birbirlerini hapishanede bulup compromise (uzlaşmaya) giriyor. Niye? Çünkü arkasında bir dünya var, dev bir kitle var. Bunu yapmaya mecbur. Burada öyle bir şey yok. Bizim liderler Hamzakoy'a girdiler, dedim ki; "Bu galiba Avusturya'daki gibi bir şey olacak." Hiçbir şey olmadı. Bir parça Deniz Baykal ile Demirel takımı daha bir selam sabah teati eder oldular; o kadar. Hiçbir şey değişmedi. Çünkü arkalarında zaten hesap verecek kitle yok. Bu tip sağlam, nesilden nesile aynı partide kalmış bir kitle yok.

Buna dair; "Partililik, insanın hayatını kapsayan ve Batı toplumunda dededen toruna geçen bir kimliktir," tespitiniz var.

Bunun üzerinde çok durulması lâzım. Maalesef burada böyle bir kimlik yok, bugüne kadar oluşmamış. Partiler geçici, insanlar arasında konjonktürel koalisyonlar. Birtakım adamların sık sık girip çıktıkları yerler. Bir neslin içinde 50 defa adam değiştiriyor bizde partiler. İsim değiştiriyorlar. Sonunda sözü geçmez kasabalılar milletvekili diye geliyorlar. O zaman o milletvekili de olmuyor, belediye reisi de olmuyor. Arkasında bir kitle yok. Çok açık söylemek lâzım; Mussolini devrinde İtalyan taşrasındaki yerel yönetim bizim bugünkünden çok daha işlektir. Çok daha fonksiyonel ve temsil kabiliyeti çok daha yüksektir. "Yerel yöneticimizin gücü" sözü doğru olsa, zengin kasabaların belediye reisleri Ankara'da para bulmak için ne arıyorlar? Bakanların kapılarında neden bekliyorlar? Çünkü etrafında o parayı ona verecek vatandaş, hemşeri yok. Adam gerçek anlamda mahalli bir önder değil, (deus ex machina) yani yukarıdan zembille gelenin seveni ve itibarı da o kadar olur.

Mahalli idarelerden bahsediyorsunuz. Bu bağlamda "Avrupa demokrasisinin çekirdeği güçlü mahalli idare geleneğinde yatar," görüşündesiniz. Bizim siyasal kültürümüzün eksikliği böyle bir köke sahip olmayışı.

Bu gelenek batıda hep güçlüdür. Hep vardır. Yani onu bir ölçekte Nazizm silmeye çalıştı ama o dahi tam silemedi. Harpten sonra Solingen denen küçük zanaatçıların kentinde, Alman yakın tarihinin tek komünist belediyesi vardı. 12 yıl boyu ideolojiyi içlerinde tutmuşlar. İtalya'da Mussolini faşizmi o geleneği sarstı ama o kadar; gelenek devam etti. Bizde yerel demokrasi yok, kurulamıyor. Merkezden emir almak üzerine kurulu düzen var. Mahalli şahsiyet yok. Oradaki gibi yerel anlamda şahsiyet olan, arkasında belirli grupları toplayan insanlar yok. Bunlar yoksa demokrasi işte bu kadar oluyor. O zaman lider sultası deniliyor, iyi ki lider sultası var. Lider sultası da olmasa hiç parti olmayacak. Karşısında hiçbir kuvvet olmadığı için lider sultası mecburen var oluyor.

Türkiye 150 yıllık kabuk değişiminde, yapısal dönüşüm içinde. Size göre bu değişimin etraflı ve derin bir tasvirini yapacak edebiyatımız ve düşüncemiz neden olmamış?

Kendini bilmen için bu önemlidir. Kendini tanımadan, kendini tasvir etmeden olur mu? Kendini tanıman lâzım. Her şeyden önce edebiyat bunu yapacak. Sonra bilimsel ve fikri eserlerini verecek. Ama asıl önemlisi edebiyattır. Fransa niye kendini bilir? Edebiyatı sayesinde. Balzac gibi bir adam var o değişimi anlatan.

Rusya'da Puşkin gibi…

Evet, Puşkin de öyledir. Rusların köylüden aristokrata hepsinin yazarıdır. Hatta Rusya'nın asıl büyük adamları Tolstoy'dur, Çehov'dur.

Dostoyevski de Rusya'nın büyük adamı?

Dostoyevski Rusya'nın büyük adamı değil, toptan büyük adam. Dünyanın büyük adamı. O bambaşka bir olay. Tataristan Cumhuriyeti'nin, (Kazan) Kültür Bakanı hanım, çok ilginç bir şey söyledi: "Tolstoy her şeye rağmen Rusluğu yükseltmiştir ve o dünyanın içindedir. Dostoyevski'nin öyle bir derdi yoktu, o insanın dramını yazıyordu," dedi. Doğru. Dostoyevski Rus ama her yerin adamıdır, çok büyük adamdır. Mühim olan nedir? Bu edebiyatla Rusya kendini tanıyor. İyisiyle kötüsüyle. Değişimini ve değişmezliğini tanıyor. Bugün Rus edebiyatını okuyan kişi Rusya'yı tanır, birtakım kokular alır. Çok önemli bir olay. Siz bunu bizim için söyleyebilir misiniz? Mazideki bir iki başarılı yazarımız dışında maalesef hayır.

"Osmanlı ülkesinde İslâmcılık bile batı kurumlarına ve batı kültürüne karşı Hint Müslümanları ve Rusya Müslümanları gibi şüpheci, itici bir eğilim içinde değildir," diyorsunuz. Bunda, Avrupa diline, bilimine, tekniğine karşı bütüncül ve tartışmacı olmaktan çok pragmatik bir yaklaşımın söz konusu olmasının etkisi var mı?

Bu, Türkiye'nin Batılılaşmasının özetidir. Çünkü çok pragmatist bir millettir. Türkiye'nin anti-Batıcılığı bile hiçbir şekilde rahatsız edici değildir, tam tersine tutarlıdır. Ne demiş şair Tyutçev; "Akılla Rusya'yı anlayamazsın, arşınla da ölçemezsin. Bu Rusya kendine özgü bir şeydir. Ona sadece iman edilir." Bunu Rusya için söylüyor. Bizde, bu kuvvette ülkesini tasvir edebilen bir kimse var mı?

Yaşadığımız değişimin sancıları değil mi bunlar?

Bakın, Türkler bir yandan da çok akıllı ve çok dinamik bir cemiyete sahiptir. Onu da söylemek lâzım. Zamanın gereklerini anlamıştır. Değişimin sancıları vardır. Ama Türkiye ne olursa olsun yaşadığı büyük değişim için büyük bir kan diyeti ödememiştir. Bunu ödetmemek de lâzım. Bir şekilde bundan kaçınmak lâzım. Türkiye'yi iç harbe götürecek eğilimlerin karşısında durmak lâzım.

NASIL BİR CUMHURİYET?

Cumhuriyet'in 100. yılı hakkında ne düşünüyorsunuz?

Evet, böyle bir 100. yıl tutkusu başladı. Yıldönümleri çok şey ifade etmez. Fakat mademki bir hedef tutturdular, bilanço nasıl olacak? 100. yılın Türkiye'si hem nüfus, hem millî gelir, hem altyapı, hem de köylü-şehirli oranı bakımından çok farklı olacak. Cumhuriyet kurulduğunda %90'a yakın nüfus köylüydü. 2023'te %90'a yakın şehirli nüfusu olacağını zannetmiyorum. İnşallah da olmaz. Fakat çok dengesiz bir şehirleşme var. İstanbul'un bugünkü kadar sayıyı taşıması mümkün değil. Onun için, devletin, hükümetin arazi ve enerji sorununu radikal ve süratli bir şekilde tespit etmesi ve çözmesi lâzım. Sanayinin Orta Anadolu'ya kayması lâzım. Sonraki düzenlemeler daha kolay olacak. Cumhuriyet'in yüzüncü yıl vizyonunda bu son derece önemli.

Cumhuriyet'in yüzyıllık hikâyesine bir başarı öyküsü diyebilir miyiz?

Kaçınılmaz olarak büyük bir imparatorluk yıkılacaktı. Bu, bize öğretildiği gibi bir facia değil; imparatorluklar yıkılır. Ama 1912'de elden giden imparatorluk değil, Rumeli'deki anavatandır. Birinci Dünya Harbi'nin asıl büyük kaybı, eğitimli aydınlar ve nitelikli zanaatçı ve köylü gençlerdir. Türkiye bu kaybı çok uzun zamanda telafi edebildi. Çünkü imparatorluk olarak zaten hiçbir siyasi heyetin kadrosu kalmadı, ama Türk imparatorluğunun ana vatanın insanları hayata devam ettiler ve kendilerini yenilemeyi bildiler. Bu yenilemede bazı aksaklıklar olabilir. Ama devam etmeyi, intibak etmeyi, aramayı bildiler.

Eğer Sovyetler Birliği 1960'larda yıkılsaydı, Türkiye Sovyetlerdeki halklarla bugünkü kadar rahat ve aktif bir ilişki kuramazdı. Çaresiz, fakir bir partner olurdu. Bu gelişme 90'larda olduğu için daha aktif bir bağ kuruldu. 1960'larda birtakım insanlar Sovyetlerin yıkılacağını düşünüyorlardı. Oradan gelenler, muhalif entelektüeller, Sovyet uzmanları bu görüşteydi ve çok yakın bir tarih veriyorlardı. Bu daha geç bir tarih oldu ama sonuçta yıkıldı. Sovyetler 1960'larda yıkılsaydı, 90'larda böyle her yere giren, aktif, okullar açan, sanayide atılımlar yapan bir kitle olabilir miydi? Öyle zamanlar oldu ki Orta Asya'daki sefirler her hafta bir açılışa koşuyorlardı. İnşaat sektörü muazzam gelişti. Yüzlerce öğrenci okumak için oralara gitti. Binlerce öğrenci buraya geldi.

Cumhuriyet bize neler kattı?

Cumhuriyetimiz çok şey başardı. Tarihte aktif rolünü kaybetmeyen ordu, modernleşmesine devam etti. Geçirdiği son sıkıntılı durumlara rağmen, kuvvetli bir ordumuz var ve her zaman kendini yeniliyor ve yenilemeye açık. Cumhuriyet, insanlarını eksik ya da zor şartlarda olsa da eğitti. Cumhuriyet sanayi kurdu, tarım yapısını değiştirdi ve memleketin düzenini sağladı.

Fakat Cumhuriyet köylülüğü maalesef çok kötü bitirdi. Bu 1980'lerin hoyratlığıdır. Sıkıntısını çekiyoruz, çekeceğiz. Yapılan büyük hukuk reformuna rağmen hukukçu yetiştiremedi ve hukukçularımız zayıf kaldı. Cumhuriyet yaptığı doğru reformlara rağmen (alfabe, Türkçe gibi) edebi bakımdan, tarihçilik ve felsefi düşünce bakımından zayıf bir entelijansiya yetiştirdi. Türk entelijansiyası bir kültür ortamı yaratacak bir muhit değil maalesef. Bir dönem solcular "Ne varsa bizde var" derlerdi. Şimdi sağcılar öyle olduklarını zannediyorlar. Evvelâ her iki taraf da donanımsız. Bunun düzeltilmesi, hatta yenilenmesi gerekiyor. Dünyaya açılan, dünyayı tetkik eden, kendine bakmayı bilen, değerlerine sahip çıkan, maziye bakan insanlara ihtiyacımız var. Maalesef Türk halkı için, büyük babasının kullandığı yazı Çince gibi. İnsanlar dedelerinin, ninelerinin mektuplaşmalarını okuyamıyorlar. Artık bu kopukluğu gidermemiz lâzım. Bu, bir Japon ya da Rus ailesinde tasavvur edilemez. Eski edebiyatı gönüllü olarak ve bazı yerlerde mecburi olarak öğretmemiz lazım. Gençler istiyor. Edebiyat liseleri (yani Sosyal Bilim deniyor) öğrencileri inanılmaz derecede arzulu. Divan edebiyatını bilmeyen ve öğretmeyen hocaları birçok lise öğrencisi küçümsüyor.

Artık millet Cumhuriyet'le, devletle barıştı diyebilir miyiz?

Milletimizin ne imparatorlukla ne de Cumhuriyetle problemi vardı. Ama hâlâ bu ikisi üzerinden nemalanmak isteyenler, gürültü çıkartanlar var. İstiklâl Harbi komutanlarını sıralamaya çalışanlar, abartılı bir Cumhuriyet tarihi yazmaya çalışanlar var. Bunların geçerliliği yok. Türk halkı bilgisayar başından kalkmıyor ve internette ciddi bir bilgi kirliliği var ama bir müddet sonra bunların kayda değer olmadığı anlaşılacak.

"Cumhuriyet insanı yetiştiremedik maalesef, bizim eksikliğimiz bu," şeklinde bir sözünüz var. Bununla ne kastediyorsunuz?

Evet, Cumhuriyet'in insanını ve hukukçusunu yetiştiremedik. Cumhuriyet'in hukukçusunun fevkalade bilgin, entelektüel, hukukun kurallarına, tekniğine sahip ve fevkalade bağımsız aydın niteliğinde kişiler olmalarını isterdik. Bu Amerika'da, Fransa'da, faşist bir geçmişten gelmesine rağmen Almanya'da dahi vardır. İsrail'de vardır ama burada yoktur. Ezcümle Türk hukukçusu çoğunluğu itibariyle iyi bir hukukşinas ve etkin bir aydın grup değildir.

Peki Türk insanı Cumhuriyetşinas mı?

Hayır, Türk halkı Cumhuriyet'i anlamadı. Çünkü tarih ve toplum şuurunda noksanlar var. Ama buna karşılık, Türk insanının bir sağduyusu vardır, çalışkandır, yaratıcıdır ve her zaman daha değişik bir hayatı özler. Bu çok ilginçtir. Ama muhafazakârı da, sağcısı da, solcusu da Cumhuriyet'in içinde yaşıyor ve rejim olarak bundan başka bir özlemi yok, çaresi de yok.

Cumhuriyeti sıralama gayretleri görüyoruz. "1923 Cumhuriyeti bitti," diyorlar. Gerçekten öyle mi, bizim Cumhuriyetimiz numaralandırılabilir mi?

1920'lerin Türkiye'si başka bir dünyadaydı. O dünyada demokrasiler iflas ediyordu ve iflas eden demokrasilerin ortasında çok açık bir şey, Kemal Atatürk ve yakın arkadaşları ki onlar da birkaç kişiyi geçmez, Fransız laikliğine ve Anglo-Sakson demokrasisine saygıyı muhafaza ediyorlardı. Çok ilginç bir yaklaşım; bunlar demokrasi istiyorlar. Şüphesiz ki o cumhuriyetin modeli Fransız modelidir ve buna gayret ediyorlar ama bunun olması mümkün değil. Çünkü bu Cumhuriyet daha kurulurken iki akıma karşı, bunlardan birisi Marksist solculuk. Sovyetlerin Bolşevizm'i ile ittifak yapmışlar, müttefik edinmişler, fakat onların ideolojisini ve yürüyüşünü tasvip etmeyen Mustafa Kemal Paşa ve arkadaşı Kâzım Karabekir Paşa gibi elenen takım dahi iltifat etmiyor, hiç bu değerlere yanaşık değiller. Karabekir zaten monarşinin ve hilafetin tasfiyesinde çok ölçülü davranıyor. Mürteci katiyyen değil ama bütün imparatorlukta doğanlar gibi belirli değerleri var. İkincisi, şedid bir şekilde, tarikatlara, Müslüman fundamentalizmine, adı konmamış bir akıma, irtica diye ifade ettikleri bir dünya düzenine, görüşüne karşılar. Bunu tasvip etmeleri, yapıları icabı mümkün değil. Asıl mücadele de bu. Çünkü 1920'lerde, 1930'larda Türkiye'de sol fantezidir. Bir ciddi tehlike teşkil etmediği şuradan belli ki, devlet sola karşı hakikaten "haylazlık yapan çocuğa" davranan baba pozisyonundadır. Pekâlâ, gördüğünüz gibi, içeri girip çıkan, mahkûm edilen, komünist denen kimseleri alıp istihdam da ediyor, genel müdür de yapıyor. Bunu hep biliriz; Şevket Süreyya ortada, Vedat Nedim Bey ortada. Sola sempatik görünen insanlar, yazarlar ara sıra tevkif edilse de gene devletin içinde. Kadro hareketine katılanlar, Burhan Belge gibi, hiçbir zaman gözden çıkmış değil ve daha başka marjinal sol, İsmail Hüsrev Bey gibileri de benzer durumda. Çekindikleri ehl-i tarik ve aksi yönde İttihatçılar da var. 1920'lerde muhtelif grupların direnişi demokrasinin tehirini gerektirdi; zaten Osmanlı zabit ve mülkî sınıfında demokrasi arzulanır ama bunu yürütecek usule bağlılık ve sabır için daha uzun zaman isterdi. Demokrasi usule riayet rejimidir. Grupların kendi kolayına kanunsuz kural ve hukuksuz kanun ihdas ettiği bugün dahi bir gerçektir.

Kuruluşundan bu yana iki büyük mücadele alanı var, biri etnik ayrılıkçılık, diğeri irtica. Tehdit algılaması ne kadar gerçektir?

Cumhuriyet daha çok irticadan çekiniyor. Menemen hadisesindeki reaksiyon bunu gösteriyor. Bir ara sol dünyada kuvvetliydi; bugün solun vaziyeti malum. İrtica denilen ikame ise iktidara geldi deniyor; pek öyle değil. Niye değil? Çünkü zamanlar değişti. Türkiye artık üreten kapitalist dünya sisteminin içinde rol alan en önemli aktör değilse de, sahnede adı geçenlerden, dünya dış ticaret hacmindeki payı artmış, dış dünya ile bağlantıları büyümüş ve mahiyet değiştirmiş bir ülke. Bu tür ülkelerde hiçbir zaman bu gibi akımların, ifratçı denen akımların taraftar bulması ve hatta idareyi ele geçiren insanların bile sürekli uç davranışlar göstermesi mümkün değil. Uyum (consensus) içinde olmak zorunda. Bu çok önemli bir nokta ve ikincisi şunu unutmayınız; biz işe hep menfi açıdan bakıyoruz ama konunun bir de başka türlü değerlendirilmesi lâzım. Bu memleketin insanları, bu memlekette fundamentalist denen takım, İran'daki gibi bir zümre yetiştirebilmiş mi? Bu çok önemli; İran sağı yazıyor, çiziyor, entelektüel bir çevre yaratabiliyor, kendine göre (her entelektüelin solcu olması, laik olması şart değil) kitleleri etkileyebiliyor, içlerinde hatipleri var. Etkili hukukçuları var, kendi içinde siyaseti yapabiliyor. Bizzat Humeyni böyle biriydi ve onun gibi başkaları da var. Hiç şüphesiz şehit Mutahhari, Behişti gibi müçtehitler vardı. Orada felaket solcuların hazırcı, hazırlıksız olarak ittifaka girmeleriydi; kendi açılarından bedelini de ödediler.

İran'dan sözü açmışken; Türkiye'nin İran'dan en önemli farkı, ciddi bir parlamenter geleneğinin olması mıdır gerçekten?

İran parlamenter geleneği Türkiye'den aşağı kalmaz. 1876 hariç, Türkiye Rusya ve İran'a göre erkencidir. 1905'te bir inkılap yaptılar. Tebriz ve Azerbaycan başı çekti. Biliyorsunuz tutunamadı; İngiliz, Rus müdahalesi ile bitti. Evet, doğrudur, 1920'lerde onların da parlamentosu vardı ve her zaman vardı. İran'da olmayan şey, TUDEH'in dışında doğru dürüst parti olmamasıydı. Mollaların partileri de molla oldukları için vardı. İran'ın Türkiye'den en büyük farkı bunlar değildir; İran'ın entelektüeli buradakini katlar. Bugün bile İran'ın yıllık kitap basımı ve tercüme sayısı bizimkinden fazladır. Ne yok? Orada üretim yok. Petrolün dışındaki kalemler listede miktar ve nitelik olarak birdenbire aşağı iniyor. Maalesef, Sovyetler Birliği'nin kalıntısı olan Rusya'da da böyle bir eğilim var; bu çok daha keskin bir paradoks. Çünkü ilmî ve fennî bilgisi ve geleneği var Rusya'nın ama altyapısını tahrip etmiş. Petrol zenginliğinin nelere sebep olacağını görüyorsunuz. SSCB Bilimler Akademisi'nin yaptığı bütün icatların hepsi raflarda ve kasalarda. Oysa bazılarını hayata geçirse, sanayide patlama yapar. İran da böyle; petrolünü benzine çeviremez, petrokimya sanayii felaket. Tümen tümen mühendisi uzmanı var, hayata geçen endüstri dalları ise yok.

Peki, "İkinci Cumhuriyet" tanımlaması yapanlara nasıl yanıt verirsiniz?

Bunlar boşuna tasniflerdir. İnsanlar daha evvel solcuydu, o hareketleri çıkmaza girince başka sloganları başka hedefleri benimsediler. Bunların hiçbirinin ciddi olarak benimsendiği kanısında değilim. Politika, çalışmak ister ve disiplinli çalışmak ister; bunu yapamayan insanlar cumhuriyeti sıralarlar. Öyle birinci, ikinci, üçüncü cumhuriyet olmaz. Fransa'da bir ve üç cumhuriyet arasında monarşiler vardır. Onun için birinci, ikinci, üçüncü oluyor. Yoksa numaralı cumhuriyetçilerin genel seçim, genel oy, parlamenter örgütlenme veya sendikalizme bakış gibi zamanla gelen değişiklikler dışında önemli dünya görüşü değişiklikleri olduğunu söyleyemeyiz. Dördüncü cumhuriyet dediğiniz, işgal ve Vichy rejiminden sonra gelmiştir. Fransa'da bir kesinti vardır, memleket işgale uğramıştır. Bütün devlet mekanizması boşalmıştır, gitmişlerdir. Arada gelen işbirlikçi rejimin adı Vichy'dir. Paris'i bile terk etmişlerdir başkent olarak ve ayrı bir rejim kurarlar, işgal dönemidir. 1945'teki ABD destekli zaferle gelen yeni Fransa ki direnen General De Gaulle, Fransa tarihinin mutlaka en inatçı, en kabiliyetli, duyguları itibariyle en Fransız başkanıdır ve yönetimden çekildiği ve öldüğü zaman arkasından solcuların bile ağladığı bir adamdır; Fransa'yı bir ölçüde yenilemiştir. Tabii general geldi ve 4. Cumhuriyet Anayasası'nı radikal olarak değiştirdi. Sokaktaki Fransız diyor ki "Bıktık partilerin politikasından, Generalin geldiği iyi oldu," ve General akıllıca bir girişimle sömürgeleri tasfiye ediyor. Herhalde Fransa'nın haritadaki sömürgeleriyle evvela o da öbür sağcı Fransızlar kadar iftihar ediyordu, ama aklını kullananlardandı.

Bu numaralanan cumhuriyetler önemli olaylar silsilerine tekabül eder. Türkiye'de öyle bir şey yok. Türkiye'nin olayı, "Birinci Cumhuriyet"le bitmiştir. Ankara Meclis Hükümeti ve 1923 ilanı ile biter. Arada siz cumhuriyeti numaralayacak hangi büyük olayı gerçekleştirdiniz? Efendim, çok partili demokrasiye geçtik. Geçtik de ne değişti? İdareciler mi değişti, coğrafi yapı mı değişti, sömürgeler mi tasfiye edildi? Hatay'ın katılmasıyla 1939'da son şeklini alan bir Türkiye vardı, hepsi bu. 1960'ta anayasa ile devrim yapmışlar; ne olmuş? Evet, hayatımızda değişiklikler oldu ama ne değişiyor, temel strüktürünüz ne? Bana sorarsanız, 1961 Anayasası'ndan daha önemli bir devrim, 1970'lerde tamamlanan Türkiye'nin elektrifikasyonudur. İnsanlar uzak köylerden televizyonlarla, telefonla dünyaya açıldı, matbuat değişti. Dolayısıyla Türkiye'deki değişimler, cumhuriyet numaralamasıyla alakası olan şeyler değil. Anayasalar yaptık; daha da yaparız. O işin de tadını kaçırdık. Anayasa yapmak yakında neredeyse herhangi bir değerli müzik kompozisyonu yapmaktan daha kolay ve yaygın hale gelecek. İnsanlar basit tadilatı, maalesef büyük gürültülerle bütün anayasa metnini değiştirerek yapıyorlar. Türkiye'nin bu konudaki faciası aslında 1924 Anayasası'na sahip çıkamamaktan ileri gelir. Rahmetli Tahsin Bekir Balta Hoca, o anayasa çalışmaları sırasında bunu açıkça söyledi. "Değişiklikleri yaparsınız," dedi; "Ne diye 1924'ü değiştiriyorsunuz, üslubu harika, felsefesi harika." Orada Türkler dendiği zaman o ırkçı görüşle çizilen Türkler değil, vatandaşlık anlamında Türkler kastediliyor. Bunu düzenlemek yerine yeni bir anayasa getirdiler. 1924 Anayasası'nın güzel bir dili, güzel maddeleri var, yeni müesseseler getirdi ama ne oldu? 1981'de gitti. Hâlâ değişiklikten bahsediliyor. Bu anayasaların üçü de bir cumhurbaşkanlığı seçimini halledemedi. Demek ki o zaman yaptığınız iş çok takdire şayan olsa da hukukşinas abideler değil.

Cumhuriyetin kurucu ilkeleri temelinde de böyle değerlendiriyorlar. O dönemin kendine özgü koşullarındaki Cumhuriyet'in kurucu değerleri ve ilkeleriyle bugünkü arasında fark var demeye getiriyorlar.

Hiçbir fark yok. Hepimiz Türk vatandaşıyız anlamında Türk'üz. Sistem değişikliği söz konusu değil. İnsanlar aynen devam ediyor. İdareci kadrolar devam ediyor. Yaş ve ölüm dışında devam ediyor. Hangi cumhuriyeti numaralıyorsun; tek gerçek var, o da monarşiden cumhuriyete geçerken büyük bir rejim değişikliği yaşadığımız...

Cumhuriyet projesi tamamlanmış, başarılmış bir proje midir?

Hayat devam ediyor, Türkiye değişiyor ve çok büyük sorunları var. Cumhuriyet'in başında var olan etnik sorun bugün bambaşka bir hal almış. Gene milletlerarası bir problem haline dönüştürülmüş, orada problemin çözümünde taviz vermemek lâzım. Federasyon modeli 1918'de Avusturya-Macaristan ve Osmanlı imparatorluklarının çöküşüyle bitti. Bugünkü dünyada gerçek federatif yapıların yaşama şansı yok. Milliyetçi tutumdan ötürü söylemiyorum; içinden çıkamazsınız, çözümü zorlaştırır, nitekim zorlaştırıyor da. Türkiye 20. yüzyılın son on yıllarına kadar köylü bir memleketti. Bir sürü ülke köylüydü. 20. yüzyılın ilk yarısında İngiltere ve bir nebze Almanya ve tabii Amerika haricinde şehirli cemiyet yoktu. Fransa bile İkinci Dünya Harbi'ne %55'i köylü olarak girdi. Bütün mahrumiyetiyle köy hayatı yaşarlardı. Motorize ordusu olan, önemli sanayi ülkelerinden biri olan Fransa kırsal nitelikleri de içinde barındırdı. Bizde bu oran çok daha yüksekti. Bu değişti, yani Türkiye artık köylü toplumu mu? Değil. Köylüler geldi, yerleşti, o dediğiniz kasabalılar onlar. Kendilerini, modern dünyaya, yeni hayata ayarlayamayan; görse de, bilse de yapamayan adamlar. O başka bir şey. Onu tenkit edebilirsiniz. Ama böyle sınıflama yapamazsınız, köy toplumu diye. Hiçbir şey ifade etmez. Artık Türkiye köy toplumu değil, köy toplumunun da kendine göre dayanıklılıkları vardır. Oysa ortada kasaba değerleri geziyor. Sorun bu...

89 yıl, bir Cumhuriyet için nasıl bir ömür telakki edilebilir?

89 yılı, Cumhuriyet için ömür telakki etmeye gerek yok. Türkiye 89 yılda çok şey yaptı. Bu süre zarfında ilk safhada iki önemli demokrasi denemesi yaşandı, becerilemedi bu demokrasi girişimi, öyle bildiğimiz bugünün üçüncü dünya ülkelerindeki demokrasiler gibi değil; yani bayağı tabanı olan, kimisi eski tarikatlara, kimisi İttihatçılar gibi ciddi örgüte dayanan, kimisi illegal komünist partiye dayanan birtakım muhalif gruplar oluşmuş, (bunlar birçok üçüncü dünya ülkesinde olmayan örgütler) içinde yarım da olsa bir fikir yapısıyla ortaya çıkmışlar. Buna rağmen 1946'da çok partili sisteme geçildi. Dış tesirler bunu çabuklaştırdı. İkinci Harp sonrası, demokrasilerin zaferidir. Bu demokrasilerin zaferinin oluşturduğu bloka girmek şart. Çünkü Sovyet tehlikesi var. Onun için her şeyi yapar Türkiye. Bir an evvel çok partili rejime girdik. Eleştirel bakışlar da var. "Mustafa Kemal bu Cumhuriyet'i İttihatçı kadrolarla kurdu," tezini dayanak göstererek birtakım eleştiriler getiriyorlar. Biraz bunları konuşalım...

İttihatçıların, temelde Atatürk'ün yanında olduğu, Atatürk'ün kendisinin de İttihatçı olduğu küskün, kopan İttihatçı olduğu, İsmet İnönü'nün de öyle olduğu açık bir durum. Dahası Bayar gibi, Memduh Şevket Esendal gibi İttihatçılar da bu tarafa geçmiş. Celal Bayar DP genel başkanı olmuş, cumhurbaşkanı olmuş; hâlâ "benim partim" diye İttihat Terakki'den bahsediyor. Mete Tunçay'la bir mülakatında bunu vurguluyor. İnkılap yapılmış, 27 Mayıs hareketi mahkemelik olmuş, Yassıada'lık... "Ben komitacıyım," diyor. Ama Atatürk'ün ve hâkim grup olan etrafının İttihatçılardan nerede ve nasıl ayrıldığını bilmeden bu yorumları yapanlara itibar etmeyin.

"Çöken bir imparatorluğun ve ona son darbeyi vuran kadroların bütün hastalıkları, olduğu gibi Cumhuriyet'e geçti," yorumlarını getiriyorlar.

Şüphesiz o kadrolar Cumhuriyet'i kuruyorlar. Ama Fransa'nın İstanbul'a giren işgal komutanı Franchet d'Espèrey'nin dediğini de unutmayalım; "Ne varsa bu Jön Türkler'de var. Bütün dinamizm bunlardadır," diyor. Beyaz atla İstanbul'a giriyor ama o kadar da Türk düşmanı değil. Bütün askerler gibi, Birinci Cihan Harbi komutanlarının hepsinde olduğu gibi Türklere karşı bir saygısı var.

"Ne Batı ne Osmanlı, ne din ne de Kürtler konusunda Cumhuriyet'in net bir tavrı vardı," tezini işliyorlar…

Kürtler konusunda çok net bir tavrı ve politikası vardı. "Siz bizden ayrılamazsınız," diyor. Atatürk'ün İzmit mülakatı bunu gösteriyor. "Kürtler ayrılmaz," diyor. Türklük tanımını dönemi için çok güzel yapıyor, kapsayıcı ve kucaklayıcı; çok Fransız benzeri…

Dersim Harekâtı'nda ezildiler. Dünya o zaman öyle değildi. Mesela Milletler Cemiyeti, küçük devletlerin ezilmesine, onlara hücum edilmesine karşı çıkıyor ama siyasi birliğin içindeki azınlık veya halk grubunun direnmesini desteklemiyor. O zamanki dünya öyleydi. Polonya Cumhuriyeti'nin içinde Galiçya vardı yani Batı Ukrayna… Onların hiçbir hareketi desteklenmezdi, terörist denirdi. Onun için böyle bir dünyada kimse kalkıp da onlara, özgürlüklerini desteklemedi diyemez. Türkiye'nin tutumu çok açıktır. "Orası bizimdir," diyor. Bunlar imparatorluğun generalleri, oraları kolayca bırakmazlar. Dersimlilerin de öyle bir kararı olduğu söylenemez.

Din konusunda belirsizlik var mıydı peki?

Din konusunda belirleyici model Rusya mı olacak? Önce manastırları kapatacaksın, rahip ve rahibeleri ya süreceksin ya öldüreceksin, sonra Nazi Almanya'sı saldırmaya kalkınca Slavlık ve Ortodoksluk diye ortaya çıkacaksın. O eski manastırları toparlayacaksın, birkaç parti komiserini de metropolit tayin edeceksin ve yeniden bu işi götüreceksin. Kızıl Meydan'daki zafer töreninden sonra, Rusya'nın "bir autocephal (özerk) patriklik oluşunun 500. yılını" kutlayacaksın; yani bu mu tutarlı tutum oluyor? İnsanları önce ateist politikalarla ezeceksin, sonra illüzyonist bir politikayla yanaşman tutarlı tutum mu oluyor? Tutarlı tutum şudur, Gazi Paşa "Bu din bilginleri veya din görevlileri zümresinin ruhban niteliği yok, binaenaleyh bunlardan bazılarının halkın önüne geçip hükümetin önüne çıkmasına cevaz vermeyiz," görüşündedir, bunu açıkça yapmış. "Diyânet işlerini de bırakmayız, kontrol edeceğiz," diyor. O an için tutarlıdır, kaldı ki İslâm toplumunda din adamı zümresi devletin uzvudur, din kontrol edilir. Hiçbir zaman da ayrılmayacak. Bunu tartışanların da tutarlı ve geçerli bir model önerdiklerini görmedim.

Batı konusundaki politikada tutarlılık var mıdır?

Çok tutarlıdır. Batı dediğiniz zaman anlaşılan Fransa'dır; "kültürümüzün anası" diyorlar ona. Abdullah Cevdet "ruhumuzun anası" demişti. İngiltere'nin demokrasisine son derece saygımız vardır, hayranızdır. Bunun tutarsızlık neresinde? Cumhuriyetin Alman kültürüne hiçbir şekilde yakınlığı yoktur. Alman kültürüne yakınlık duyan frankafon bildiğim iki münevver grubu var; bir tanesi Mehmet Ali Haşmet Kırca, Almanya'da tarih doktorası yaptı. İkinci grup ise Bekir Balta, Muammer Aksoy, Yavuz Abadan gibi hukukçulardır. Sonra bu âdet de bitti. Hitler'den kaçan insanları getirerek, üniversitesini kurdurarak biraz Atatürk diriltmeye çalışmıştır ama anlaşılmamıştır. Yani Batı'nın temeli olan filoloji ve müzik. Bunlar maalesef Atatürk devri ile sınırlı olan iki unsur; onun arkasından anlaşılmamıştır. Ondan sonrası maskaralığa dönüşmüştür ama yapı budur. Hiçbir zaman da insanlar Almanya ile çok sıkı fıkı olmamışlardır. Birinci Cihan Harbi'nin hataları, onları bu konuda çok tedbirli olmaya sevk etti. Hiçbir zaman dizginleri onların eline verecekleri bir ittifak söz konusu değildir.

Bir Osmanlı tipi vardır. Peki bir Cumhuriyet tipi yaratabildik mi?

Maalesef Cumhuriyet tipi yaratamadık. Şöyle bir şey oldu. Kendisine "Cumhuriyetçiyim" diyen belli bir görüşü veya sloganları savunan bir grup var ama bunun cumhuriyet tipiyle ne kadar uyuştuğu çok su götürür. Cumhuriyet kendi tipini etraflıca tarif etmiş mi? Hayır. Kendi adamını yetiştirmiş mi yeterince? Hayır. Bu bir maarif, bir okullaşma meselesiydi. Atatürk'ün ömrü buna yetmedi. Bazı örnekler koydu ama arkadan gelenler bunu doğru devam ettiremedi. Ettirselerdi bu "cumhuriyet tipi" okullardan yetişecekti. Ve onlar da başkalarını bu okullardan yetiştirecekti. Bu iş oldukça gecikti. En azından bundan sonra dikkat etmeliyiz. Hakikaten yemeyi, içmeyi, spor yapmayı, serbest yaşamayı, okumayı ve en az bunlar kadar millî değerlere bağlı, dünyayı tanıyan insanların yetişmesi gerek. Bu çocukların yetişeceği okullar kurmak lâzım. Ne kadar kurulup, başarı gösterildiği ortada. Sıfır düzeyde değiliz ama hedef saptı. Bunu müfrit bir cumhuriyetçilik ve laiklik tutumu olarak görmeyin. Modern dünyada dindar ve muhafazakârlar da kendilerini bu ortamda geliştirip ifade edebilirler ancak. Son zamanlarda Mümtaz'er Türköne ki ilginç düşünceli ve müdekkik bir yazar, Ali Bulaç arasında bir tartışma gidiyor. Bulaç aksini savunsa da; Türköne, İslamcı akımın ezcümle muhafazakâr bir modernleşmeye dönüşmekte olduğunu ve dönüşeceğini söylüyor diyebiliriz. Türk modernleşmesi ve gençleşmesi Doğu-İslam dünyasındaki bazı kalıp ve eğilimlerin farklılaşmasına neden oluyor.

Kitabımız Cumhuriyetimiz hakkında. "Tarihimizin gür sesi" olarak sizden Cumhuriyetimiz'e dair son bir değerlendirme alabilir miyiz?

Estağfurullah, "Tarihimizin Gür Sesi" değil, sadece "tarihçi hocamız" derseniz daha münasip olur kanaatindeyim. İslâm dünyasının ilk cumhuriyeti kronolojik olarak Azerbaycan'dır. Azerbaycan Cumhuriyeti kendini öyle takdim eder; Fransızca, Rusça yazdığı broşürlerde bile. Biz ikinci oluyoruz. Ama gerçek Cumhuriyet biziz. Hilafet müessesesinin kaldırılışı diyorlar, aslında bence mahiyet değiştirişidir. Modernleşmemiz, reformlarımızdır. Türkiye bir cumhuriyettir. Ve İslâm dünyasının en önemli cumhuriyetidir. En sağlam müessesedir. Cumhuriyetin kurumları onun teminatıdır.

DİZİN

31 Mart Vakası 94, 105, 124
147'likler 179
1876 Anayasası 81, 83
1915 Tehciri 64
1922 Mudanya Mütarekesi 91
1924 Anayasası 98, 178, 245, 247, 278
1960 Darbesi 35, 93, 169, 171, 177, 179, 183, 280
1961 Anayasası 99, 177, 178, 181, 245, 278
1971 Darbesi 169, 195
1980 Darbesi 198

A

ABD 157, 162, 172, 195, 211, 213, 218, 221, 225, 226, 240, 242, 243, 246, 277
Abdülbâki Gölpınarlı 185
Abdullah Gül 217
Adalet Partisi 179, 180, 199
Adnan Kahveci 206
Adnan Menderes 67, 109, 143, 145, 154, 166, 181, 206
Adriyatik 42, 227
Afrika 146, 238
Afyon 170
Ahmed Cevdet Paşa 19, 22, 32
Ahmet Haşim 264
Ahmet İsvan 208
Ahmet Zogu 102
AKP 210, 214, 215, 243
Alexander Rustow 113
Ali Babacan 215
Ali Bulaç 283
Ali Çetinkaya 100
Ali Fuat Cebesoy 66
Ali Kemal Bey 39

Alparslan Türkeş 171, 189, 190
Amerigo Vespucci 243
Amerika 73, 129, 161, 162, 163, 191, 194, 208, 211, 213, 226, 240, 246, 253, 273, 279
Amiral Horthy 42, 83
Anadolu 18, 20, 21, 22, 29, 42, 43, 45, 46, 47, 49, 50, 53, 54, 56, 57, 60, 61, 74, 83, 85, 86, 92, 105, 107, 126, 142, 146, 156, 161, 181, 182, 183, 193, 198, 239, 259, 262, 263, 271
Anna Karenina 115
Antakya 44
Arap Baharı 220
Arap İzzet Paşa 35
Aristidis Stirgiadis 64
Arnavutluk 102, 136, 262
Asım Kocabıyık 181
Aşkale 148
Asya 18, 20, 43, 76, 85, 206, 266, 272
Atatürk 65, 66, 67, 68, 73, 74, 75, 76, 78, 79, 80, 81, 82, 83, 85, 86, 87, 88, 89, 90, 91, 92, 94, 95, 97, 98, 99, 100, 101, 102, 103, 104, 105, 107, 109, 110, 111, 112, 113, 114, 115, 116, 117, 118, 119, 123, 124, 127, 133, 134, 135, 136, 137, 138, 139, 140, 141, 142, 146, 153, 155, 167, 237, 247, 248, 266, 274, 280, 281, 282, 283
Avner Levy 137
Avrupa 4, 18, 19, 23, 24, 36, 37, 42, 48, 52, 59, 61, 62, 77, 81, 88, 96, 97, 114, 118, 137, 138, 142, 144, 148, 156, 157, 159, 162, 164, 168, 170, 174, 178, 185, 191, 193, 209, 210, 211, 212, 213, 215, 218, 219, 221, 227, 233, 234, 237, 242, 246, 253, 254, 257, 259, 261, 263, 266, 268, 269
Avusturya İmparatorluğu 37, 207
Aydın Bolak 141
Aydınlanma 95, 98
Aydın Yalçın 153, 160
Azerbaycan 229, 276, 284

B

Bağdat 221, 224
Bahriye Üçok 122

Balkan Harbi 37, 38, 48, 83, 94, 105, 112, 247
Balkanlar 20, 44, 59, 135, 160, 191
Barcelona 238
Barzani 221, 226, 240
Bask 157, 234
Basra 224
Batı Kültürü 263
BDP 236
Bebek Karakolu 54
Behice Boran 146, 164
Behişti 276
Bekir Ağa Bölüğü 63
Bekir Balta 177, 245, 278, 282
Bektaşî 105
Bela Kun 42, 57
Belçika 160, 234
Bernard Lewis 61
Beşşar Esad 220, 221
Beyoğlu 23, 168, 250
Beypazarı 259
Beyrut 30
Bilal Şimşir 102, 135
Birinci Cihan Harbi 40, 41, 44, 52, 67, 75, 82, 95, 102, 107, 112, 114, 115, 144, 180, 220, 225, 227, 229, 247, 281, 282
Birleşmiş Milletler Örgütü 148
Birmingham 207
Bolivya 236
Bolşevik Partisi 180
Bolşevizm 274
Bosna-Hersek 37
Britanya 27, 42, 54, 63, 123, 157, 162, 212, 223, 225, 236, 242, 244
Bülent Ecevit 129, 184, 187, 188, 189, 197, 216
Bulgaristan 38, 42, 48, 76, 108, 109, 197, 227, 229
Burhan Belge 275
Burhan Oğuz 181
Büyük İskender 76

C

Caetani 78, 79
Cahit Kayra 147
Cebel-i Lübnan 33, 220
Cebel-i Lübnan Nizamnamesi 33
Celâl Bayar 70
Celil Gürkan 169
Cemal Bardakçı 104

Cemal Paşa 225, 251
Cevdet Paşa 19, 22, 32, 33, 52, 244, 265
Cezayir 178
CHP 125, 127, 128, 129, 140, 141, 143, 148, 149, 154, 156, 160, 162, 166, 168, 171, 180, 184, 197, 199, 214
Claus von Bülow 115
Coşkun Kırca 174

Ç

Çehov 269
Çekoslavakya 250
Çin 212, 249
Çoruh Vadisi 260
Çukurova 43, 146

D

Damad Ferit 46, 49, 57
Darülfünun 30, 45, 47
Dârü'l-Hilâfetü'l-Aliyye Medreseleri 124
David Paşa 33
De Gaulle 88, 277
Deniz Baykal 267
Dersim 281
Deutsche Bank 29
Dimitri Kitsikis 250
Divân-ı Muhakemat 67
Divanyolu 31
Diyânet 123, 142, 222, 282
Dora Bakoyanni 253
Dostoyevski 269
DSP 198
Durkheim 62

E

Elmalılı Ahmed Hamdi Efendi 265
Elza Niyego 148
Emeviyye 185
Enver Paşa 35, 36, 37, 38, 39, 46, 47, 48, 51, 52, 75, 77, 78, 79, 92, 112
Erdel 42, 212
Erkan-ı Harp Mektebi 75
Erzurum Kongresi 53
Eskişehir 20
Evliya Çelebi 170

F

Falanjist 140, 157
Faşizm 102, 171
Fazlurrahman 186

Fehim Paşa 35
Ferruh Bozbeyli 141
Fethi Okyar 65, 66, 67, 83, 160
Fevzi Çakmak 48, 66, 82, 136, 238
Forum 153, 160
Franchet d'Esperey 39, 43, 46
Fransa 27, 36, 37, 41, 43, 54, 59, 77, 96, 99, 100, 115, 118, 126, 137, 146, 157, 164, 212, 225, 226, 227, 238, 243, 268, 273, 277, 279, 281, 282
Fransız İhtilâli 95, 125, 126
Fransız Konvansiyonel Meclisi 59
Franz Ferdinand 36
Franz Joseph 52
Fuat Paşa 22, 33, 79

G

Galatasaray 120, 135, 174, 228
Galiçya 36, 37, 281
Gazne Devleti 21
Gelibolu 35, 44
General Bem 52
General de Gaulle 243
General Franco 51, 136, 137, 157, 249
General Metaksas 43
General Millan Astray 249
George H. W. Bush 221
Giritli Venizelos 43
Goltz Paşa 65
Guenter Lewy 252
Gürcistan 30

H

Habsburglar 41, 55, 57
Haleb 29, 44, 91, 220
Halife Abdülmecid 63, 118, 119
Halil İnalcık 4, 185, 204
Hamidullah 186
Hamit Algar 121
Hamzakoy 267
Hans Freiherr von Wangenheim 38
Harbiye Nezareti 53
Hariciye Nezareti 32
Harold Laski 190
Harp Mecmuası 36
Hasan Celâl Güzel 205
Hasan Cemal 251
Hasan Saka 148
Hatay 40, 220, 278
Hegel 261
Helen 88

hilafet 26, 60, 61, 62, 64, 119, 155
Hindistan 61, 178, 225
Hitler 45, 59, 127, 135, 137, 282
Hırvatistan 42
Horasan 20, 21
Hükümeti 59, 83, 92, 117, 277
Humeyni 198, 276
Hümeyra Hanım Sultan 56
Hürriyet Partisi 35
Hüseyin Cahit (Yalçın) Bey 39
Hüseyin Nihal Atsız 185
Hz. İbrahim 222, 223

I

Irak 206, 220, 221, 222, 223, 224, 225, 226, 236, 240

İ

İbrahim Tali 137
İdris Küçükömer 180
İhsan Doğramacı 174
İhvan-ı Müslimin 220
İkinci Cihan Harbi 41, 91, 107, 109, 110, 122, 135, 139, 143, 146, 148, 153, 155, 157, 190, 217, 225
İllirya 27
İlya Ehrenburg 128
İngiltere 27, 36, 37, 38, 39, 43, 53, 54, 59, 92, 96, 100, 115, 126, 146, 155, 164, 190, 191, 196, 207, 212, 218, 225, 226, 227, 244, 246, 279, 282
İran 18, 20, 21, 34, 107, 186, 198, 220, 224, 225, 226, 229, 235, 240, 253, 276
İran Kürtleri 253
İrtica 275
İşçi Partisi 181
İslâm Abbasî İmparatorluğu 27
İslâmiyet 104
İsmail Hakkı Tonguç 109
İsmail Hüsrev 275
İsmet İnönü 62, 65, 66, 70, 99, 127, 134, 136, 139, 142, 143, 144, 149, 280
İspanya 58, 136, 137, 157, 164, 233, 234, 235, 238, 249, 250
İsrail 123, 165, 188, 218, 220, 225, 226, 240, 253, 273
İstanbul 2, 20, 23, 30, 31, 39, 42, 43, 45, 46, 53, 54, 56, 57, 60, 61, 63, 70, 80, 81,

83, 84, 85, 101, 103, 110, 118, 124, 137, 144, 153, 154, 156, 157, 158, 162, 167, 168, 169, 170, 177, 182, 184, 193, 194, 207, 208, 215, 216, 228, 239, 254, 255, 256, 271, 281

İstiklal Caddesi 248

İstiklâl Harbi 60, 94, 99, 112, 120, 160, 273

İsviçre 67, 159, 172, 198

İtalya 38, 43, 54, 58, 59, 91, 100, 102, 115, 139, 157, 204, 227, 234, 235, 239, 268

İttihat ve Terakki 31, 32, 33, 38, 39, 51, 63, 82, 83, 104, 138, 139, 160, 180

İzmir 20, 43, 53, 64, 65, 100, 106, 117, 138, 157, 193, 239, 256

J

James Callaghan 196

Japonya 157, 172, 218

Jean-Jacques Rousseau 98

Jön Türkler 34, 217, 281

José Ortega y Gasset 249

Justin A. McCarthy 252

Jüstinyen 76

K

Kaddafi 186

Kafkaslar 241, 242

Kahire 215

Kanuni Sultan Süleyman 224

Kasımpaşa 216

Kastamonu 170, 256

Kastilya 164

Katalunya 157, 238

Kayseri 92, 239

Kâzım Karabekir 45, 48, 50, 61, 62, 64, 66, 70, 77, 79, 83, 101, 149, 274

Kemalist 126, 247, 248

Kemalizm 126, 127

Kilikya 43

Kilyos 177

Kızılay 160

Kızıl Ordu 92, 128

Komünist Parti 181

Komünizm 102, 111

Kongo 160

Konya 20, 30, 124, 198

Korkut Özal 170

Köy-Kent 188, 189

Kral Abdullah 103
Kraliçe Beatrix 96
Küçük Asya 43, 76
Kudüs Üniversitesi 137
Kur'ân 103, 142, 265
Kürdistan 225, 226, 240
Kürtler 221, 222, 223, 235, 240, 253, 281
Kuveyt 27
Kuzey Irak 206

L

Latife Hanım 118
Lawrence 223, 236
Lenin 58, 59, 111
Leninizm 171
Leon Caetani 78
Lev Tolstoy 115, 269
Liberalizm 171
Lizbon 168
Lozan 62, 65
Lüksemburg Dükalığı 32

M

Macaristan 41, 42, 57, 77, 83, 108, 115, 206, 228, 242, 279
Macar Krallığı 77
Madrid 157
Mahmud Nedim Paşa 23, 24, 34
Mahmutpaşa 156
Makbule Atadan 100
Makedonya 4, 32, 52, 76, 79
Malta 83
Manchester 207, 254
Mareşal Geoffrey 36
Mareşal Mannerheim 83
Marksizm 171
Mavi Marmara 251
Max Weber 113, 166
Mazhar Müfit Kansu 63
Mazhar Şevket 50
Meclis-i Ahkâm-ı Adliyye 67
Meclis-i Mebusân 83
Meclis-i Vâlâ 67
Medine 29, 44
Megali İdea 42
Mehmed Âkif Ersoy 264
Mehmed Cavit Bey 106
Mehmed Emin Âli Paşa 22, 34, 172
Mehmed Zahid Kotku 216
Mehmet Ali Haşmet Kırca 282
Mekke 44
Memduh Paşa 35

Memduh Şevket Esendal 280
Memluk Devleti 224
Mesut Yılmaz 184, 187
Mete Tunçay 93, 101, 280
Mevlevî 105
Mezopotamya 20, 29, 183, 226
Midhat Paşa 23, 257
Miguel de Unamuno 249
Mihail Kutuzov 128
Milletler Cemiyeti 281
Millî Cephe 129
Millî Görüş 186, 210
Millî Mücadele 39, 43, 46, 47, 53, 56, 57
milliyetçilik 18, 66, 191, 214, 217, 260, 261, 262
Mimar Sinan 156
Misâk-ı Millî 40, 65, 91
Mısır 24, 27, 226
Mondros Mütarekesi 50
Muammer Aksoy 178, 282
Mübeccel Kıray 146
Müdafaa-i Hukuk Cemiyeti 51
muhafazakâr 33, 133, 139, 164, 165, 192, 283
Mümtaz'er Türköne 283
Mümtaz Soysal 178
Murat Bardakçı 84, 128, 138, 168
Murat Katoğlu 259
Mussolini 135, 136, 267, 268
Mustafa Kemal 35, 36, 44, 46, 47, 48, 49, 50, 51, 52, 53, 55, 59, 60, 62, 63, 64, 65, 66, 70, 73, 74, 75, 76, 77, 79, 80, 82, 83, 85, 86, 87, 88, 92, 105, 107, 110, 113, 125, 127, 160, 274, 280
Mustafa Kemal Palaoğlu 66
Mustafa Reşit Paşa 22
Musul 44, 65, 91, 224
Mutahhari 276

N

Nakşibendî 105, 121, 122
Namık Kemal 34
Napoli 239
NATO 162
Nazizm 102, 267, 268
Nazım Hikmet 264
Necip Fazıl Kısakürek 264
Necmettin Efendi 122
Necmettin Erbakan 164, 184, 185, 187, 198
Neda Armaner 122

Nejdet Egeran 183
Neolitik devrim 191
Neuilly Antlaşması 42
New Mexico 215
New York 256
Nihal Atsız 172, 185
Nutuk 24, 135

O

Olimpos 187
Oniki Adalar 91
Orgeneral Faruk Gürler 169
Orhan Şaik Gökyay 172, 185
Orta Asya 18, 20, 272
Ortadoğu 27, 30, 47, 160, 209, 221, 222, 223, 224, 225, 227, 235, 240, 241, 242, 252, 253, 261
Osman Fuad Efendi 36, 120
Osman Hamdi Bey 111
Osmanlı İmparatorluğu 4, 7, 25, 26, 27, 37, 41, 54, 85, 113, 228, 260, 261

Ö

Ömer Faruk Akün 89
Ömer Faruk Efendi 56, 120
Özbekler Tekkesi 122

P

Paris 4, 41, 43, 254, 277
Perestû Kadınefendi 25
Pertev Naili Boratav 185
Peter Alford Andrews 154, 194
Polonya 41, 52, 58, 77, 83, 127, 191, 227, 281
Pontus 49
Potsdam 115, 120
Prusya 47, 115
Puşkin 264, 269

R

Rahmi Bey 65
Rauf Orbay 61, 65
Recep Peker 139, 142
Recep Tayyip Erdoğan 186, 187, 211, 216, 217
Refah Partisi 198
Refet Bele 48
Reval 37, 39, 75, 226
Reval Görüşmesi 37, 39
Ridaniye 224
Rıza Nur 65, 118, 182
Roma 4, 26, 27, 28, 127, 167, 170, 178, 203, 228, 263
Romanizasyon 80
Romanov Hanedanı 41

Romanya 42, 108, 212, 227, 229
Rönesans 211
Rousseau 62, 98
Ruanda 160
Rumeli 44, 91, 105, 181, 271
Ruşen Eşref Ünaydın 102, 135
Rusya 4, 22, 23, 24, 27, 33, 34, 36, 37, 38, 40, 41, 46, 47, 52, 53, 61, 68, 103, 111, 115, 123, 125, 128, 156, 157, 170, 191, 207, 208, 212, 217, 226, 227, 242, 243, 249, 261, 263, 264, 269, 276, 281, 282

S

Sabiha Sultan 70, 84
Saddam 221
Sadrazam Said Halim Paşa 21
Said-i Nursî 124
Sakarya Meydan Savaşı 92
Samandağı 221
Samsun 53, 63, 239
San Francisco Konferansı 148
Sao Paulo 215
Sarıkamış 44
Sasaniler 27, 28
Sedan 41
Sedat Hakkı Eldem 168
Selanik 30, 51, 76, 79, 80, 91
Sema Erder 193
Sevr Antlaşması 42
Sevres Porselen Fabrikası 43
Sivas Kongresi 53
Siyonizm 225
Sırbistan 37, 54, 227, 229, 242
Sırpsındığı Savaşı 74
Slovakya 42
Sofya 4, 48, 109
Sovyetler 59, 68, 93, 128, 133, 155, 162, 225, 272, 276
Sovyetler Birliği 68, 93, 128, 155, 272, 276
Split Limanı 42
SSCB Bilimler Akademisi 276
SSCB Komünist Partisi 139, 140
Stalin 58, 59, 103, 125
St. Germain Antlaşması 41
St. Petersburg 115
Süleyman Demirel 170, 181, 182
Sultan Abdülaziz 23, 24, 34, 55, 61
Sultan Abdülhamid 21, 22, 23, 25, 26, 27, 29, 30, 31, 65, 120, 228

Sultan Abdülmecid 22, 24, 25, 60
Sultanahmet 256
Sultan Mahmud 23, 31
Sultan Murad 23
Sultan Reşad 26, 50, 118
Sultan Vahdeddin 54, 116
Sünniler 220, 224
Suriye 76, 77, 154, 220, 221, 225, 226
Suudi Arabistan 220

Ş

Şahrastanî 185
Şakir Zümre 48
Şam 29, 30, 51, 52
Şehbenderzâde Ahmed Hilmi Bey 265
Şehr-i Zor 224
Şemsettin Günaltay 122
Şerif Mardin 124, 160
Şevket Raşit Hatipoğlu 109
Şevket Süreyya Aydemir 94
Şeyh Said 66, 121
Şeyh Şamil 52
Şiar Yalçın 39
Şiiler 223, 224
Şükrü Kaya 136
Şükrü Sina Gürel 225
Şura-yı Devlet 67

T

Tahran 165, 253
Tahran Müzesi 253
Tahsin Banguoğlu 141
Tahsin Bekir Balta 177, 245, 278
Tahtakale 156
Talabani 221, 226
Talat Paşa 39, 51
Tannenberg 36
Tansu Çiller 182, 184, 187
Tanzimat Fermanı 203, 204
Tarık Zafer Tunaya 179, 204, 244
Tataristan 269
TBMM 59, 61, 62, 83, 92, 141, 160, 244
Tebriz 276
Tekin Arıburun 169
Temeşvar 42
Terakkiperver Fırka 66, 70, 101
Teşvikiye Köşkü 84
Tevfik Paşa 56, 60, 189
Ticani hareketi 155

TİP 164, 190
Tîrimüjgan Kadınefendi 25
TOKİ 205, 256
Topkapı Sarayı 22, 103
Toprak Mahsulleri Ofisi 145, 155
Trablusgarp 135
Trakya 20, 53, 91, 137, 148, 228
Tunceli 248
Turan Dursun 142
Turgut Göle 154
Turgut Özal 168, 184, 204, 205, 209
Türkân Saylan 107
Türkiye Büyük Millet Meclisi 59, 164
Türkmenistan 21
Tyutçev 269

U

Ukrayna 42, 229, 281
Ulviye Sultan 56
Unkapanı Köprüsü 54

Ü

Ümit Hassan 35
Ürdün 103, 220

V

Vahit Erdem 205
Varlık Vergisi 134, 146, 147, 148, 250
Vatan Caddesi 156
Vatan ve Hürriyet Cemiyeti 51
Vedat Nedim 275
Versailles Antlaşması 41
Vichy rejimi 100
Viyana 4, 74, 77, 120, 207, 209, 254
Viyana Muhasarası 74

W

Washington 212

Y

Yahudilik 224
Yahya Kemal 70
Yakup Kadri Karaosmanoğlu 126
Yalçın Küçük 109
Yassıada 39, 172, 173, 280
Yavuz Sultan Selim 224
Yemen 52
Yeniçeri Ocağı 52
Yenilikçiler 210, 211

Yeni Osmanlı 34
Yılmaz Öztuna 87
Yugoslavya 42, 163, 242
Yunanistan 38, 42, 43, 76, 88, 91, 98, 229, 249, 250, 256
Yusuf Hikmet Bayur 142
Yusuf İzzettin Efendi 120

Z

Zeki Kuneralp 39

Türklerin Altın Çağı

İLBER ORTAYLI

**ASYA'DAN AVRUPA'YA
ORTADOĞU'DAN KAFKASLARA
TÜRKLERIN ALTIN ÇAĞI...**

"Koca bir kavmin binlerce kilometreyi üç asır içinde geçtiğini düşünün… Bu, dünyayı değiştirmez de ne yapar? İşte Türkler dünyayı böyle değiştirdi."

İlber Ortaylı

İlber Ortaylı Seyahatnamesi

İLBER ORTAYLI

İLBER ORTAYLI'NIN REHBERLİĞİNDE MUHTEŞEM BİR YOLCULUK

"Türkiye gibi önemli bir coğrafyayı ve tarih alanını öğrenmek için onun kuzeyindeki Güney Rusya ve Kafkasya, doğusundaki İran ve Hindistan, güneyindeki Suriye, Filistin ve Mezopotamya'nın yanı sıra Balkanları ve Akdeniz ülkelerini anlamak da kaçınılmazdır"

İlber Ortaylı

Sultanın Casusları

16. Yüzyılda İstihbarat, Sabotaj ve Rüşvet Ağları

EMRAH SAFA GÜRKAN

"Akdeniz dünyasındaki siyasi gelişmeler, korsanlık faaliyetleri gibi konularda gerçekleştirdiği ilmî çalışmalarla öne çıkan isimlerden olan Emrah Safa Gürkan'ın elinizdeki kitabı, imparatorluk çağının doruk noktası olarak genel kabul gören XVI. asırda casusluk ve karşı istihbarat meselesini, orijinal yerli ve yabancı belge ve kitabî kaynaklara dayalı olarak incelemekte; çok az ciddî çalışmaya konu olmuş haber alma "ameliyesi" hakkında doyurucu sayılabilecek ilginç bilgiler sunmaktadır."

Feridun M. Emecen

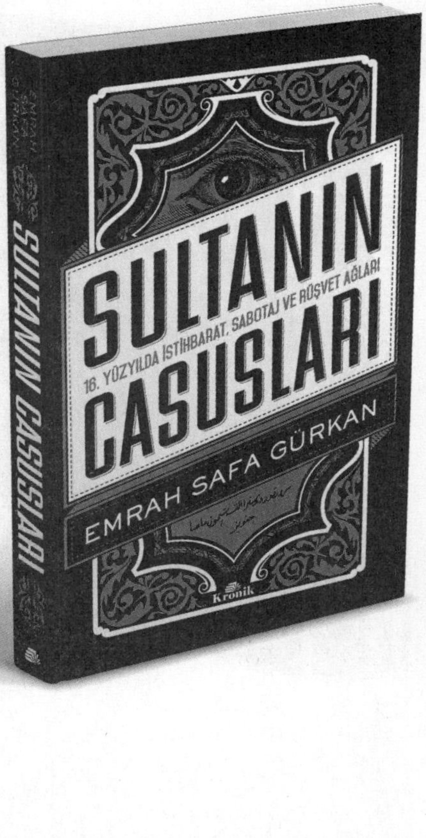

Osmanlı ve Avrupa

Osmanlı Devleti'nin Avrupa Tarihindeki Yeri

HALİL İNALCIK

OSMANLI DEVLETİ'NİN AVRUPA TARİHİNDEKİ YERİ

"15. ve 16. yüzyıllar Avrupa'sı, zamanın büyük politik-ekonomik gücü Osmanlı'yı hesaba katmadan anlaşılamaz."

"Avrupa tarihiyle Osmanlı tarihi iki paralel tarihtir; bu nedenle iki dünyanın tarihi karşılaştırmalı olarak incelenmelidir."

Halil İnalcık